高等职业院校旅游管理专业系列教材
"互联网+"新形态立体化教学资源特色教材

旅游礼仪

（第二版）

李　丽　孙彦逢　主　编
李　婷　李　默　副主编
谢红芹　杨　旭　参　编

中国轻工业出版社

图书在版编目（CIP）数据

旅游礼仪／李丽，孙彦逢主编．—2版．—北京：中国轻工业出版社，2021.8

高等职业院校旅游管理专业系列教材

ISBN 978-7-5184-3542-5

Ⅰ.①旅…　Ⅱ.①李…　②孙…　Ⅲ.①旅游业—礼仪—高等职业教育—教材　Ⅳ.①F590.63

中国版本图书馆CIP数据核字（2021）第110866号

责任编辑：张文佳　韩　泽　　责任终审：李建华　　整体设计：锋尚设计
策划编辑：张文佳　　责任校对：朱燕春　　责任监印：张　可

出版发行：中国轻工业出版社（北京东长安街6号，邮编：100740）
印　　刷：三河市国英印务有限公司
经　　销：各地新华书店
版　　次：2021年8月第2版第1次印刷
开　　本：787×1092　1/16　印张：15.5
字　　数：375千字
书　　号：ISBN 978-7-5184-3542-5　定价：48.00元
邮购电话：010-65241695
发行电话：010-85119835　传真：85113293
网　　址：http://www.chlip.com.cn
Email：club@chlip.com.cn
如发现图书残缺请与我社邮购联系调换
191063J2X201ZBW

第二版 前言

《旅游礼仪》自出版发行以来，得到了广大读者的肯定和厚爱，被许多高等职业院校当作首选教材，发行量不断增加。

随着近几年社会的不断变化和发展，为了更好地满足广大师生的需求，我们对本书进行了第二次修订。在修订过程中，教材设计总体思路仍然是以“德辉动于内，礼行诸于外”这一思想为主导，加强礼仪内涵的挖掘，重构基于工作核心能力导向的课程教学内容，比较完整系统地训练学生职场交往的各种礼仪规范，培养学生良好的职业素养。全书还是分为个人礼仪和职业礼仪上下两篇，包括打开礼仪这扇门、怎样让人喜欢你、学会和身边的人交流、尽显岗位服务风采、迈好职场第一步五个学习情境。与第一版教材相比，第二版教材具有以下变化：

（1）在教材内容更新上选取了近几年的社会热点问题，如由目前社会上频频出现的火车“霸座”现象，中国人过洋节现象，引出继承、传播、弘扬和保护中国优秀传统礼仪文化的重要性。

（2）教材中更新了一些案例，充实了一些适应社会发展需要的新的礼仪知识，如由网络发布虚假信息这一问题引出网络礼仪，在网络礼仪中增加了网络上散布谣言需要承担的相应的法律责任这一内容，以达到教育、警示学生遵纪守法的目的。

（3）教材中增加了面试交谈禁忌、简历制作误区等内容，实用性、可读性更强，能够帮助学生在激烈的竞争中稳中求胜。

（4）教材中增加了习题答案及二维码等现代化教学手段，使本书更好地满足广大读者的需求。

本教材由李丽、孙彦逢担任主编，李婷、李默担任副主编，教材编写分工如下：谢红芹（学习情境1），杨旭、李婷（学习情境2），孙彦逢（学习情境3），李婷、李默（学习情境4），孙彦逢、李丽（学习情境5），由李丽、孙彦逢负责统稿与定稿。

本教材编者均为长春职业技术学院教师。由于编者水平有限，殷切希望广大读者及各界朋友提出批评与建议，以使本书更加完善。

编 者

2021年6月

第一版 前言

随着2008年北京奥运会和2010年上海世博会的成功举办，中国的国际化开放式旅游概念已经形成。中国旅游业的快速发展对旅游业从业人员的素质提出了更高的要求，培养高素质旅游人才也成为我们的光荣使命。在此前提下，本课程开发团队通过对《旅游礼仪》课程改革与实践的摸索，将这些改革成果整理出来，与大家共同分享与探讨。

《旅游礼仪》教材设计总体思路是以“德辉动于内，礼行诸于外”这一思想为主导，加强礼仪内涵的挖掘，重构基于工作核心能力导向的课程教学内容，比较完整系统地训练学生职场交往的各种礼仪规范，培养良好的职业素养。全书分为个人礼仪和职业礼仪上下两篇，包括打开礼仪这扇门、怎样让人喜欢你、学会和身边的人交流、尽显岗位服务风采、迈好职场第一步五个学习情境。与同类教材相比，本教材具有以下亮点：

（1）在内容设计上突出能力目标的培养。本教材围绕课程目标，以强化职业能力培养为主线，按照“理论知识以必需够用”为度，有针对性地选取教材内容，注重旅游接待与服务工作的延伸性和与其他相关行业的相互渗透性，体现了教学内容的实用性、时效性和可操作性。

（2）在教材的内容选取上融入了中华民族传统文化礼仪。针对目前学校礼仪教育在普及和加强传统文化礼仪教育方面存在的缺失现象，将传统礼仪文化中蕴含的合理思想提炼出来，以内在的德行修养为灵魂，使传统礼仪在与时俱进中得到延续。

（3）在教材内容的表述形式上加强了对礼仪内涵的挖掘。没有内在的修养，外在的形式就失去了根基。本教材以此为起点，深入挖掘礼仪教育中的德育内涵，有助于学生逐步把社会的道德规范内化为自身的道德品质，树立内心的道德信念和礼仪修养准则。

（4）在教材结构设计上遵循学生职业能力培养的基本规律，且将职业素质教育贯穿于学生大学时代始终，体现了职业素质教育的持续发展性。

本教材由李丽担任主编，花立明担任副主编。教材编写分工如下：谢红芹（学习情境一），杨旭（学习情境二），李丽、孙彦逢（学习情境三），花立明、李婷（学习情境四），孙彦逢（学习情境五），由李丽、花立明负责统稿与定稿。

本书在编写的过程中，融合了作者对“旅游礼仪”课程的研究、教学、实践活动的成果和经验，也广泛吸取了国内外现有的研究成果，引用了大量的文献资料，谨向这些作者致以诚挚的感谢！在此，也要感谢学院领导为本书的出版做出的贡献。

由于学识有限，书中存在不妥之处在所难免，我们真诚地希望专家、学者、同仁不吝赐教，也希望使用本教材的师生们能给予批评指正。

编　者

2011年9月

目录

上篇
个人礼仪篇

下篇

职业礼仪篇

上篇

个人礼仪篇

学习情境1

打开礼仪这扇门

学礼完善自我，懂礼形神俱佳，守礼诚信社会，用礼耀我中华。

情境描述

本学习情境作为学习旅游礼仪课程的开篇：首先，从思想上唤醒学生的文明礼仪意识，使学生接受并逐步养成良好的文明礼仪习惯，领悟礼仪养成对于个人自我完善及事业发展的重要性；其次，通过对中国传统礼仪文化的了解与学习，培养学生的民族自豪感与责任感，使学生意识到继承和发扬中国传统优秀礼仪文化的必要性，从而将保护中国传统优秀礼仪文化内化为学生的一种自觉行为。为了实现教学目标，该学习情境设置了文明礼仪意识唤醒和保护中国优秀传统礼仪文化两个学习任务。

学习目标

· 知识目标

1. 礼仪的起源与发展
2. 礼仪的概念与内涵、礼仪的功能、礼仪的特征与原则
3. 中国传统礼仪文化的精髓，传承与发扬中国传统礼仪文化的价值，中国传统礼仪文化传承的现状，如何保护和弘扬中国传统礼仪文化

· 能力目标

1. 能够唤醒学生的文明礼仪意识，领悟礼仪养成对于个人自我完善及事业发展的重要性
2. 将保护中国传统优秀礼仪文化内化为学生的一种自觉行为

· 素质目标

1. 培养学生的民族自豪感与责任感
2. 培养学生的爱国主义精神

学习任务1 文明礼仪意识唤醒

引导案例

究“霸座”问题之源

◎ **材料一：**

吉林市至沈阳市的某次列车上，乘警接到报警称3号车厢有旅客霸座，一位乘客占了3个座位，霸座旅客刘某态度蛮横，工作人员多次劝阻无效后，最终在车站派出所民警的配合下，民警将霸座者刘某强制传唤，并处以行政拘留5日的处罚。

◎ **材料二：**

2018年8月21日上午，在从济南站开往北京南站的G334次列车上，一名男乘客霸占别人靠窗的座位。网友所拍视频内容显示，该名男子强行霸占女乘客座位，称自己不能站立，需要轮椅才能移动，不听列车工作人员劝阻。

8月24日，中国铁路济南局集团有限公司通报处理情况：济南铁路公安对“霸座”男子孙某给予治安罚款200元处罚，铁路客运部门也将其列入“黑名单”，在一定期限内限制其乘坐火车。

“霸座”一词最近两年居然在网上火了，对于层出不穷的霸座奇葩，他们丑陋的嘴脸自然是受到公众舆论的谴责，然而这种效果甚微，霸座者仍频频发生，叫人困惑。凭票坐自己的座位是天经地义的事，对于霸座者而言，遵守规则就有这么难吗？就做不到吗？这种强行霸座的行为应该究问题之源，治问题之本。

针对频频出现的火车“霸座”现象，广东出台规定联合惩戒，不再只是耐心劝导。10月9日，广东省人大常委会发布公告，《广东省铁路安全管理条例》已获省人大常委会通过，自12月1日起施行。其中明确，旅客应当按照车票载明的座位乘车，不得强占他人座位（10月10日《信息时报》）。

上述案例发人深省，中华民族是一个历史悠久的礼仪之邦，决不允许这种不良习气扰乱社会风气。因此，为遏制这种不文明现象，铁路部门进行了相关管理条例的修订；根据不文明的现象，将霸座者纳入限制乘车名单，以及给予其不同程度的行政处罚。

讨论题：

（1）要想彻底解决这类问题，就要究问题之源，治问题之本。除了按照相关管理办法对霸座行为进行处置外，我们还应该如何去做呢？

（2）“仁、义、礼、智、信”是一切社会成员理性的沟通原则。请问你是如何理解这几个字的？现实生活中你做到了吗？

自古以来，我们的祖先就已用礼仪文化来教育民众，让他们潜移默化地被道德所“化”。如今，虽然我们身边存在着文明缺失的现象，但我们已经开始觉醒，并意识到继承、传播和发扬我们优秀礼仪文化的重要作用。要继承并发扬优秀的传统礼仪文化，首先我们应该唤醒国人的文明意识，增强人们的礼仪文化知识与修养。

一、礼仪概述

（一）礼仪的起源与发展

1. 礼仪的起源

关于礼的起源，说法不一，归纳起来有五种起源说：一是天神生礼仪；二是礼为天、地、人的统一体；三是礼产生于人的自然本性；四是礼为人性和环境矛盾的产物；五是礼生于理，起源于俗。

礼仪作为中华民族文化的基础，有着悠久的历史，它随着人类社会的产生而产生，早在原始社会时期，就出现了礼仪的萌芽：

（1）对神灵的敬畏。那时人类与变幻莫测的大自然相比显得十分稚弱，无法解释千变万化的自然现象和突如其来的自然灾害，于是认为鬼神、祖先是主宰这一切的力量。人们开始用一些当时最精致、最豪华的食具作为礼器进行祭祀，以表示他们对神灵、祖先的敬畏，祈求神灵、祖先的保佑。这种祭祀活动是礼仪的萌芽。因此，有了“礼立于敬而源于祭”的说法。

（2）对家庭成员言行的规范。做父母的要抚养、关爱幼小的尚不能独立生活的子女，当子女长大成人之后，则要赡养年老的父母，兄弟姐妹之间也要互相关爱。尧舜之时，五礼已备，则对家庭成员之间的关系做出了明确的规定，即父义、母慈、兄友、弟恭、子孝。这时，礼仪把家庭成员的言谈举止规范化了。

（3）人们交往沟通的需要。在社会活动中，人类逐渐形成了最初级、最原始的礼仪。在狩猎、耕种和部落之间的争斗中，同一群体中的人要不断地用眼神、点头、拉手来示意互相之间如何配合。在日常生活中，人们不自觉地用击掌、拥抱、拍手来表达欢快的感情，用手舞足蹈来表示狩猎获得食物的喜悦，人们之间这种相互的呼应、模仿，逐步形成了一种习俗，这便是最初待人接物的礼节。

（4）维系等级差别的需要。随着社会的发展，人们在生产和生活中的分工越来越细，产生了发号施令的领导者和听从指挥的被领导者，这样就出现了尊卑有序、男女有别的现象。每当大家聚会席地而坐时，就逐渐有了一定的座次，首领坐在哪里，一般人坐在哪里，男人坐在哪里，女人坐在哪里等，这些都不断为礼仪增添了新的内容。

商朝的甲骨文中出现了“礼”字之后，礼仪典籍也随之出现。商朝礼制的出现则规范了社会中人们之间的关系。后来，周人开始区分贵贱、尊卑、顺逆、贤愚等人际交往准则，逐渐产生了“吉、凶、宾、军、嘉”五种礼制。祭祀之事为吉礼，丧葬之事为凶礼，宾客之事为宾礼，军旅之事为军礼，冠婚之事为嘉礼。

2. 礼仪的发展

礼仪在其传承沿袭的过程中不断发生着变革。从历史发展的角度来看，其演变过程可以分为以下阶段：

（1）礼仪的起源时期：夏朝以前（公元前21世纪前）。礼仪起源于原始社会，在原始社会中晚期（约旧石器时代）出现了早期礼仪的萌芽。整个原始社会是礼仪的萌芽时期，礼仪较为简单和虔诚，还不具有阶级性。内容包括：制定了明确血缘关系的婚嫁礼仪；区别部族内部尊卑等级的礼制；为祭天敬神而确定的一些祭典仪式；制定一些在人们的相互交往中表示礼节和表示恭敬的动作。

（2）礼仪的形成时期：夏、商、西周三代（公元前21世纪—前771年）。人类进入奴隶社会，统治阶级为了巩固自己的统治地位把原始的宗教礼仪发展成符合奴隶社会政治需要的礼制，礼被打上了阶级的烙印。在这个阶段，中国第一次形成了比较完整的国家礼仪与制度。比如："五礼"就是一整套涉及社会生活各方面的礼仪规范和行为标准。古代的礼制典籍也多撰修于这一时期，如周代的《周礼》《仪礼》《礼记》就是我国最早的礼仪学专著。在汉以后2000多年的历史中，它们一直是国家制定礼仪制度的经典著作，被称为礼经。

（3）礼仪的变革时期：春秋战国时期（公元前771—前221年）。这一时期，学术界形成了百家争鸣的局面，以孔子、孟子、荀子为代表的诸子百家对礼教给予了研究和发展，对礼仪的起源、本质和功能进行了系统阐述，第一次在理论上全面而深刻地论述了社会等级秩序划分及其意义。

孔子（图1–1）对礼仪非常重视，把"礼"看成是治国、安邦、平定天下的基础。他认为"不学礼，无以立""质胜文则野，文胜质则史。文质彬彬，然后君子"。他要求人们用礼的规范来约束自己的行为，要做到"非礼勿视，非礼勿听，非礼勿言，非礼勿动"。倡导"仁者爱人"，强调人与人之间要有同情心，要相互关心，彼此尊重。

孟子把礼解释为对尊长和宾客严肃而有礼貌，即"恭敬之心，礼也"，并把"礼"看作是人的善性的发端之一。

荀子把"礼"作为人生哲学思想的核心，把"礼"看作是做人的根本目的和最高理想，"礼者，人道之极也"。他认为"礼"既是目标、理想，又是行为过程。"人无礼则不生，事无礼则不成，国无礼则不宁。"

管仲把"礼"看作是人生的指导思想和维持国家的第一支柱，认为礼关系到国家的生死存亡。

（4）礼仪的强化时期：秦汉时期到清嘉庆年(公元前221年—公元1796年)。公元前221年，秦王嬴政吞并六国，统一中国，建立起中国历史上第一个中央集权的封建王朝，秦始皇在全国推行"书同文""车同轨""行同伦"的政策。秦朝制定的集权制度，成为后来延续2000余年的封建体制基础。

在我国长达2000多年的封建社会里，礼仪文化具有不同的社会、政治、经济、文化特征，却有一个共同点：礼仪一直为统治阶级所利用，是维护封建社会等级秩序的工具。这一时期礼仪的重要特点是尊君抑臣、尊夫抑妇、尊父抑子、尊神抑人。纵观封建社会的礼仪，内容大致有涉及国家政治的礼制和家庭伦理两类。这一时

图1–1 孔子

期的礼仪构成中华传统礼仪的主体。

（5）礼仪的衰落时期（公元1796年—公元1911年）。自清代中后期，礼仪开始走向衰落。满族入关后，逐渐接受了汉族的礼制，并且使其复杂化，导致一些礼仪虚浮、烦琐，如清代不同品级官员的相见礼。清代后期，清王朝政权腐败，民不聊生，古代礼仪盛极而衰。伴随着西学东渐，一些西方礼仪传入中国，也加速了封建礼仪的衰落。

（6）现代礼仪时期（公元1911年—公元1949年）。

辛亥革命以后，受西方资产阶级“自由、平等、民主、博爱”等思想的影响，中国的传统礼仪规范、制度，受到强烈冲击。五四新文化运动对腐朽、落后的礼教进行了清算，符合时代要求的礼仪被继承、完善、流传，那些繁文缛节逐渐被抛弃，同时接受了一些国际上通用的礼仪形式。新的礼仪标准、价值观念得到推广和传播。

（7）当代礼仪时期（公元1949年至今）

中华人民共和国成立后，昔日束缚人们的封建礼教被摒弃，逐渐确立以平等相处、友好往来、相互帮助、团结友爱为主要原则的具有中国特色的新型社会关系和人际关系。1978年党的十一届三中全会以来，改革开放的春风吹遍了祖国大地，中国的礼仪建设进入新的全面复兴时期。随着中国与世界的交往日趋频繁，西方的礼仪陆续传入我国，同我国的传统礼仪一道融入社会生活的各个方面，在继承中华民族优秀礼仪文化传统、吸收世界各民族优秀礼仪文化传统元素的基础上构成了社会主义礼仪的基本框架。

（二）礼仪经典著作

在礼仪的起源中，中国有三部礼仪经典著作，即通常所说的“三礼”：《周礼》《仪礼》和《礼记》。“三礼”是古代礼乐文化的理论形态，对礼法、礼仪作了最权威的记载和解释，对历代礼制的影响最为深远。古代中国的礼乐文化，早在秦汉之际就形成了精深的体系和博大的规模。“三礼”是后世学者研究礼法、礼仪的本源，也是执政者制定礼乐制度的依据，影响非常深远。

1.《周礼》

《周礼》原名《周官》，是一部通过官制来表达治国方案的著作。自古以来以古奥难读而著称。《周礼》的作者不可考，有学者认为，此书体大精深，非圣贤不能作。

《周礼》全书分为天官、地官、春官、夏官、秋官、冬官六篇，六官的间架，暗含着天地四方六合的宇宙格局。六官即六卿，每卿统领六十官职。所以，六卿的职官总数为三百六十。众所周知，三百六十正是周天的度数。可见，“周官”的本意是“周天之官”的意思。六官的大致分工是：天官主管宫廷，地官主管民政，春官主管宗族，夏官主管军事，秋官主管刑罚，冬官主管营造，展示了一个完善的国家典制，一切井然有序，富于哲理，令人有“治天下如指诸掌中”的感觉。

此书还涉及社会生活的各个方面，内容之丰富，大至天下九州，天文历象；小至沟洫道路，草木虫鱼。其中礼制的体系最为系统，有祭祀、朝觐、封国、巡狩、丧葬、车骑制度、服饰制度等，堪称上古文化史之宝库。

此外，《周礼》具有鲜明的理想主义色彩。比如：作为国都中心的王城，必须建立在“地中”，就是不东、不西、不南、不北之地。“地中”是天地、四时、风雨的交会之处，也是宇宙间阴阳冲和的中心。从这可以看出《周礼》具有理想化的成分，理论色彩浓郁，是理想国的蓝图。

《周礼》对官员、百姓采用儒法兼容、德主刑辅的方针，不仅显示了相当成熟的政治思想，而且有着驾驭百官的管理技巧。难怪清代著名学者孙冶赞美它是从黄帝、颛顼，直到周武王的八代典制精华之集萃。历代学者用“体大思精”这四个字来评价它，这是一个博大的世界，此书中博大的理论，值得我们后人借鉴和研究。

2.《仪礼》

《仪礼》是我国现存最早的记载上古礼仪程式的典籍。它是以人生礼仪为主的先秦仪轨的集锦，一共有十七篇。所谓人生礼仪，是指从成年、结婚，一直到丧葬、祭祀的许多礼仪。除此之外，还有某些国与国之间的外交礼仪以及一些贵族的礼仪。人的一生涵泳在礼乐之中，揖让周旋，诗歌唱和，变化气质，涵养德行，其乐融融。这是一部典雅的著作。《仪礼》是“三礼”中最先取得经的地位，是礼的本经。此书作为一部上古经典，学术价值很高。

3.《礼记》

《礼记》是孔门七十子探讨礼学思想的文集，一共有四十九篇。书中既有对礼仪的阐发，又有对礼节的点评；既有对人生的感悟，又有对道的体味。书中有许多流传千古的典故。用记叙文形式写成，一些篇章具有相当的文学价值。其中，最著名的是《檀弓》中“孔子过泰山侧”一节。孔子感慨“苛政猛于虎也”！此语成为后世反对暴政和苛捐杂税的思想武器。有的则用短小的生动故事阐明某一道理；有的气势磅礴、结构严谨；有的言简意赅、意味隽永；有的擅长心理描写和刻画。书中还收有大量富有哲理的格言、警句，精辟而深刻。例如：“毋不敬，俨若思，安定辞，安民哉。”“一张一弛，文武之道也。”“君子乐得其道，小人乐得其欲”等，《礼记》中的格言家喻户晓，代代流传，这也正是它的魅力之所在。《礼记》一书是在“三礼”中最晚取得经的地位，却有后来居上之势。《礼记》的文字可与《周礼》《仪礼》联系，是打通《周礼》《仪礼》的桥梁。

二、礼的概念与内涵

（一）礼的概念

1. 礼、礼貌、礼节与礼仪

（1）礼。礼的本意为敬神，后引申为表示敬意的通称。礼的含义比较丰富，它既可以指表示敬意和隆重而举行的仪式，也可泛指社会交往中的礼貌礼节，是人们在长期的生活实践中约定俗成、共同认可的行为规范。在《中国礼仪大辞典》中，礼定义为特定的民族、人群或国家基于客观历史传统而形成的价值观念、道德规范以及与之相适应的典章制度和行为方式。礼的本质是“诚”，有敬重、友好、谦恭、关心、体贴之意。“礼”是人际间乃至国际交往中，相互表示尊重、亲善和友好的行为。

（2）礼貌。礼貌是人们在交往过程中相互表示敬意和友好的行为准则和精神风貌，是一个人在待人接物时的外在表现。它通过仪表及言谈举止来表示对交往对象的尊重。它反映了时代的风尚与道德水准，体现了人们的文化层次和文明程度。

（3）礼节。礼节是指人们在日常生活中，特别是在交际场合中，相互表示问候、致意、祝愿、慰问以及给予必要的协助与照料的惯用形式。礼节是礼貌的具体表现，具有形式化的特点，主要指日常生活中的个体礼貌行为。

（4）礼仪。礼仪包括“礼”和“仪”两部分。“礼”，即礼貌、礼节；“仪”即“仪表”“仪态”“仪式”“仪容”；礼仪是对礼节、仪式的统称。

礼仪是人们在各种社会的具体交往中，为了相互尊重，在仪表、仪态、仪式、仪容、言谈举止等方面约定俗成的、共同认可的规范和程序。

从广义的角度看，它泛指人们在社会交往中的行为规范和交际艺术。

从狭义的角度看，通常是指在较大或隆重的正式场合，为表示敬意、尊重、重视等所举行的合乎社交规范和道德规范的仪式。

2. 礼、礼貌、礼节、礼仪之间的关系

礼是一种社会道德规范，是人们社会交际中的行为准则。礼、礼貌、礼节、礼仪都属于礼的范畴。礼貌是表示尊重的言行规范；礼节是表示尊重的惯用形式和具体要求；礼仪是由一系列具体表示礼貌的礼节所构成的完整过程。“礼貌”“礼节”“礼仪”三者尽管名称不同，但都是人们在相互交往中表示尊敬、友好的行为，其本质都是尊重人、关心人。三者相辅相成，密不可分。有礼貌而不懂礼节，往往容易失礼；谙熟礼节却流于形式，充其量只是客套。礼貌是礼仪的基础，礼节是礼仪的基本组成部分。礼是仪的本质，而仪则是礼的外在表现。礼仪在层次上要高于礼貌、礼节，其内涵更深、更广，它是由一系列具体的礼貌、礼节所构成的；礼节只是一种具体的做法，而礼仪则是一个表示礼貌的系统、完整的过程。

（二）礼的内涵

“礼”是中国文化的核心，是中国人文精神的体现。我国的传统礼仪，强调内在德行的能动作用，把道德作为礼仪的依据，而不是把礼当作外在的、技术性的东西。因此，礼的传授，一定要把人文精神作为重心。

第一，“德”是礼的灵魂。社会的安定与和谐，要依靠道德来维系。礼的种种规范，之所以值得我们去遵行，是因为它符合道德的要求。《左传》说：“礼者，理也。”学礼首先要立德，让德在内心扎根，并且时时加以培植。《礼记》把“德辉动于内，礼发诸外”作为礼仪教育的最高境界。品德高尚的君子，是因为他有“德辉动于内”“德”字存在于心中；所以当“礼发诸外”时，他的言谈举止就能“从心所欲不逾矩”。

第二，“敬”是礼的核心。《礼记·曲礼》开篇就说“毋不敬”。郑玄说“礼以敬为主”，朱熹认为“毋不敬”是全篇的纲领。我们心中要有一个大写的“敬”字，树立严肃恭敬的人生态度，把“敬”字扩大到敬己、敬人、敬业等各个方面。

以往的教材中谈到的礼仪，往往重视仪而忽视礼。我们所研究的礼仪指广义的礼仪，包括内在修养和外在形式两方面。“德辉动于内，礼发诸外”，你内心要有一个“德”字，这个“德”字在闪耀着光辉，你的合于礼的行为就会自然流露于外，内外兼修。古人讲“礼”是包括形式和内涵的，是有思想的仪式；“仪”主要是指仪式，两者有很大的区别，所以古人批评某些形式主义的时候，往往会说：“这是仪，不是礼。”形式与思想的完美结合才称其为礼仪，形式好比是礼的外壳，是为内容服务，思想好比是礼的灵魂。因此，礼的两大要素互为依存，缺一不可，否则就不是真正意义上的礼仪。要想真正领略礼仪的实质，我们应深刻体会那句“德辉动于内，礼行诸于外”。

三、礼仪的功能

礼仪具有多方面的功能，主要体现在以下方面。

（一）教育功能

礼仪是人类社会进步的产物，是传统文化的重要组成部分。礼仪蕴涵着丰富的文化内涵，体现着社会的要求与时代精神。礼仪通过评价、劝阻、示范等教育形式纠正人们不正确的行为习惯，指导人们按礼仪规范的要求去协调人际关系，维护社会正常生活。让国民都来接受礼仪教育，可以从整体上提高国民的综合素质。

（二）沟通功能

礼仪行为是一种信息性很强的行为，每一种礼仪行为都表达一种甚至多种信息。在人际交往中，交往双方只有按照礼仪的要求，才能更有效地向交往对象表达自己的尊敬、敬佩、善意和友好，人际交往才可以顺利进行和延续。热情的问候、友善的目光、亲切的微笑、文雅的谈吐、得体的举止等，不仅能唤起人们的沟通欲望，彼此建立起好感和信任，而且可以促成交流的成功和范围的扩大，进而有助于事业的发展。

（三）协调功能

在人际交往中，不论体现的是何种关系，维系人际沟通与交往的礼仪，都承担着十分重要的“润滑剂”作用。礼仪的原则和规范，约束着人们的动机，指导着人们立身处世的行为方式。如果交往的双方都能够按照礼仪的规范约束自己的言行，不仅可以避免某些不必要的感情对立与矛盾冲突，还有助于建立和加强人与人之间相互尊重、友好合作的新型关系，使人际关系更加和谐，社会秩序更加有序。

（四）塑造功能

礼仪讲究和谐，重视内在美和外在美的统一。礼仪在行为美学方面指导着人们不断地充实和完善自我并潜移默化地熏陶着人们的心灵。人们的谈吐变得越来越文明，人们的装饰打扮变得越来越富有个性，举止仪态越来越优雅，并符合大众的审美原则，体现出时代的特色和精神风貌。

（五）维护功能

礼仪作为社会行为规范，对人们的行为有很强的约束力。在维护社会秩序方面，礼仪起着法律所起不到的作用。社会的发展与稳定，家庭的和谐与安宁，邻里的和睦，同事之间的信任与合作，都依赖于人们共同遵守礼仪的规范与要求。社会上讲礼仪的人越多，社会便会更加和谐稳定。

四、礼仪的特征与原则

礼仪与其他的学科相比，具有自身独具的特征与原则。

（一）礼仪的特征

1. 规范性

礼仪，指的就是人们在交际和待人接物时必须遵守的行为规范。这种规范性，不仅约束着人们在一切交际场合的言谈话语、行为举止，使之合乎礼仪，而且也是人们在一切交际场合必须采用的一种“通用语言”，是衡量他人、判断自己是否自律、敬人的一种尺度。总之，礼仪是约定俗成的一种自尊、敬人的惯用形式。因此，任何人要想在交际场合表现得合乎礼仪、彬彬有礼，都必须对礼仪无条件地加以遵守。另起炉灶，自搞一套，或是只遵守个人适应的部分，而不遵守不适应自己的部分，都难以为交往对象所接受，所理解。

2. 限定性

礼仪，顾名思义，主要适用于交际场合，适用于普通情况之下一般的人际交往与应酬。在这个特定范围之内，礼仪肯定行之有效。离开了这个特定的范围，礼仪则未必适用，这就是礼仪的限定性特点。理解了这一特点，就不会把礼仪当成放之四海而皆准的标准，就不会在非交际场合拿礼仪去以不变应万变。必须明确，当所处场合不同，所具有的身份不同时，所要应用的礼仪往往会因此而各有不同，有时甚至还会差异很大。对这一点，是不容忽略的。一般而论，适合应用礼仪的，主要是初次交往、因公交往、对外交往等三种交际场合。

3. 操作性

切实有效，实用可行，规则简明，易学易会，便于操作，是礼仪的一大特征。它不是纸上谈兵、空洞无物、不着边际、故弄玄虚、夸夸其谈，而是既有总体上的礼仪原则、礼仪规范，又在具体的细节上以一系列的方式、方法，仔细周详地对礼仪原则、礼仪规范加以贯彻，把它们落到实处，使之“言之有物”“行之有礼”，不尚空谈。礼仪的易记易行，能够为其广觅知音，使其被人们广泛地运用于交际实践，并受到广大公众的认可，而且反过来，又进一步地促使礼仪以简便易行、容易操作为第一要旨。

4. 传承性

任何国家的礼仪都具有自己鲜明的民族特色，任何国家的当代礼仪都是在本国古代礼仪的基础上继承、发展起来的。离开了对本国、本民族既往礼仪成果的传承、扬弃，就不可能形成当代礼仪，这就是礼仪传承性的特定含义。作为一种人类的文明积累，礼仪将人们在交际应酬之中的习惯做法固定下来，流传下去，并逐渐形成自己的民族特色，这不是一种短暂的社会现象，而且不会因为社会制度的更替而消失。对于既往的礼仪遗产，正确的态度不应当是食古不化，全盘沿用，而应当是有扬弃，有继承，更有发展。

5. 时效性

从本质上讲，礼仪可以说是一种社会历史发展的产物，并具有鲜明的时代特点。一方面，它是在人类长期的交际活动实践之中形成、发展、完善起来的，绝不可能凭空杜撰，一蹴而就，完全脱离特定的历史背景；另一方面，社会的发展，历史的进步，由此而引起的众多社交活动的新特点、新问题的出现，又要求礼仪有所变化，有所进步，推陈出新，与时代同步，以适应新形势下新的要求。与此同时，随着世界经济的国际化倾向日益明显，各个国家、各个地区、各个民族之间的交往日益密切，他们的礼仪也随之不断地相互影响，相互渗透，相互取长补短，不断地被赋予新的内容，这就使礼仪具有相对的变动性。了解了这一点，就不会把它看作一成不变的东西，而能够更好地以发展、变化的眼光去对待它，也不会对礼仪搞“教条主义”，使之一成不变，脱离生活，脱离时代。

（二）礼仪的基本原则

1. 尊重原则

孔子曾经对礼仪的核心思想做过高度的概括，他说：“礼者，敬人也。”《礼记》云：“夫礼者，自卑而尊人。”尊重的原则，就是要求人们在交际活动过程中，把对交往对象的尊重放在第一位。尊重他人的人格、尊严、信仰等。能掌握这一点，就等于掌握了礼仪的灵魂。

2. “一视同仁”原则

在运用礼仪时，可以因人而异，根据不同的交往对象，采取不同的礼仪形式，但是对待所有人都应表示恭敬，在尊重态度上一定要一视同仁。

3. 热情原则

在人际交往中，待人热情之人通常最受欢迎。法国大文豪伏尔泰认为：“没有一点热情将一事无成。”中国人一向以待人热情而著称。在交往中，热情的态度会使人产生受重视、受尊重的感觉。相反，对人冷若冰霜，会伤害别人。如果过分热情，会使人感到虚伪、缺乏诚意。

4. 合宜原则

现代礼仪强调人际交往与沟通一定要把握适度性，注意社交距离，控制感情尺度，应牢记过犹不及的道理。因此，礼仪行为要特别注意在不同情况下礼仪程度、礼仪方式的区别，坚持因时、因地、因人的合宜原则。

5. 宽容原则

礼仪的宽容原则，指不过分计较对方礼仪上的差错过失。在运用礼仪时，既要严于律己，更要宽以待人，要多理解他人、体谅他人，切不可求全责备，斤斤计较，甚至咄咄逼人。面对失礼的要求行为，我们应冷静而耐心地解释，绝不要穷追不放，把宾客逼至窘境。否则，会使宾客产生逆反心理形成对抗，引起纠纷。当别人有过错时，我们要“得理也让人”，学会宽容对方。在别人对我们提出批评意见时，本着“有则改之，无则加勉”的态度，认真倾听。

6. 自律原则

礼仪的最高境界是自律，即在没有任何监督的情况下，仍能自觉地按照礼仪规范约束自己的行为。我们不仅要了解和掌握具体的礼仪规范，而且要在内心树立起一种道德信念和行为修养，从而获得内在的力量。在生活中从自我约束入手，时时检查自己的行为是否符合礼仪规范，在工作中严格按照礼仪规范进行工作，把礼仪规范变成自觉的行为、内在的素质。

知识链接

“礼仪之邦”起源

礼仪作为中华民族文化的基础，有着悠久的历史，它随着人类社会的产生而产生。现在，让我们追溯到公元前1000多年前来了解礼仪之邦的起源。

“礼仪之邦”的起源要追溯到周公（图1-2），就是西周的开国之初。那时，商朝是我们中原地区一个以青铜文明著称的强大

图1-2 周公

王朝。许多最精美、最雄壮的青铜器如司母戊大方鼎、四羊方尊等几乎都是商朝的作品。但是，这个朝代是一个跛足的巨人，它的物质文明非常发达，但在精神上却是一个侏儒。商王非常残暴，因而不得人心。到了商纣王的时候，民众的不满已经到了极点。

当时的周不过是偏处于西北地区的一个小国，它的国力跟商是不能比的，但是周文王懂得要用“德”来收揽人心，所以许许多多小国都愿意归附它。在“牧野之战”的时候，商王调集了七十万人上阵，结果是前途倒戈，士兵在阵前起义了。这场战争，很快就结束了。

由于在这个过程中，周公与武王看到了民众的伟大力量，所以意识到今后的统治政策不能再信什么天命，而要重视民心的背向，要考虑到民众的感受。意识到这一点，他在《酒诰》中引用先人的话，“人无于水鉴，当于民鉴”。这是一个非常了不起的思想，后来成为我国古代民本主义思想的一个主旋律。

周公制定了一整套礼乐制度，史称“周公制礼作乐”，使中国实现了由鬼道向人道的伟大飞跃，这是具有划时代意义的伟大事件。可见，中国在西周的时候已经进入了“人本主义的时代”。所以，在全世界范围，中国是最早出现民本主义思想的地区之一，而且有着非常成熟的思想体系。由此看出，礼仪之邦是从西周时期开始的。

（资料来源：彭林. 礼乐人生［M］. 北京：中华书局，2006.）

学习评价

一、基础知识测试

（一）填空题

1. 礼仪的三部经典著作（　）、（　）、（　）。
2. 礼仪的功能（　）、（　）、（　）、（　）、（　）。
3. （　）是一部通过官制来表达治国方案著作。
4. 礼仪的特征（　）、（　）、（　）、（　）、（　）。
5. 礼仪的基本原则包括（　）、（　）、（　）、（　）、（　）、（　）。
6. 《礼记》把“（　）”作为礼仪教育的最高境界。
7. 礼的内涵包括（　）、（　）。
8. 孔子要求人们用礼的规范来约束自己的行为，要做到“非礼勿（　），非礼勿（　），非礼勿（　），非礼勿（　）”。

（二）单项选择题

1. 礼仪的起源要追溯到（　）。

A. 商朝初期　　B. 夏朝以前　　C. 战国时期　　D. 春秋时期

2.（　）是人们在各种社会的具体交往中，为了相互尊重，在仪表、仪态、仪式、仪容、言谈举止等方面约定俗成的、共同认可的规范和程序。

A. 礼仪　　B. 礼节　　C. 礼貌　　D. 礼

3.（　）是我国现存最早的记载上古礼仪程式的典籍。

A.《礼记》　　B.《仪礼》　　C.《周礼》　　D.《曲礼》

4. 真正形成严格意义上的礼，是形成在夏、商、（　）三代。

A. 明　　B. 宋　　C. 西周　　D. 唐

5.（　）是中国文化的核心，是中国人文精神的体现。

A. 德　　B. 礼　　C. 仁　　D. 孝

6. “毋不敬”来源于（　）。

A.《礼记·曲礼》　　B. 左传　　C. 周礼　　D. 仪礼

（三）判断题

1. 礼仪的唯一功能是加快社会发展。（　）

2. 礼仪是一种社会道德规范，是人们社会交往中行为规范。（　）

3. 我国古代礼学的三部经典是《仪礼》《周礼》《礼记》。（　）

4. 孔子是周礼精神的忠实维护者，主张“礼制”“德治”和伦理等级秩序。（　）

5. 礼仪更重要的是礼的外在的表现形式。（　）

二、能力训练

（一）个人能力训练

每人搜集一则中国古代关于文明礼貌的佳话，向团队成员宣讲。

规则：

（1）团队成员之间内容不可重复。

（2）团队成员之间根据宣讲质量进行自评与互评。

（二）团队能力训练

结合专业特点及本次课所学的知识，学习团队成员之间就下列问题展开讨论：

（1）作为未来的旅游业从业人员，礼仪修养在我们职业生涯发展中的重要性。

（2）如何将自己塑造成为一名德才兼备、具有良好礼仪素养的旅游业从业人员？

规则：

①以学习团队为单位，将讨论结果形成一篇演讲稿。

②每个团队选派一名代表进行演讲。

③教师评价、团队互评、团队自评相结合进行效果评价。

学习任务2 保护中国优秀传统礼仪文化

引导文章

党员干部不应过洋节

平安夜、圣诞节等，这些带有浓郁宗教色彩的西方节日，因其特殊的文化底蕴和异域风情，加上一些机构和个人的极力推介，受到中国一些年轻人的追捧。商家也借机造势，营造气氛，吸引消费者。洋节的社会影响前些年是越来越大，让许多民族节日相形见绌。

年轻人爱标新立异，追赶时髦，商人在商言商，借洋节赚钱，这都可以理解。但一些党员干部也参与其中，糊里糊涂过洋节，这就是政治修养问题了。

那些影响大的洋节，基本上都有宗教背景，是宗教信仰的一部分。我国宣布和实行宗教信仰自由政策并不适用共产党员。共产党员不同于一般公民，是马克思政党的成员，毫无疑问地应该是无神论者，而不应该是有神论者。共产党员和党的干部要树立科学的世界观，不信宗教、不信迷信、不信任何伪科学的东西，这是起码的要求。共产党员不能在政治思想上把自己等同于一般普通的公民，不能像一个普通的公民那样自由地去信仰宗教。无神论者去过宗教性节日，这是信仰不坚定、思想不清醒的体现。

节日是民族文化的瑰宝，每个民族都有其传承的节日，这是民族凝聚力的维系，是一个民族繁荣昌盛的基石，对民族节日的重视和参与，是民族认同感和自信心的外在表现。如果一个民族的群体热衷于另一个民族的节日，这说明文化入侵已是极其严重了。党员干部如果认识不到这点，那就是丧失政治敏锐性，也失去了先进性。

吴王好剑客，百姓多创瘢；楚王好细腰，宫中多饿人。在中国传统文化里，官员的言行具有强大的示范效应。如果党员干部数典忘祖，也去给洋节升温助力，国何以堪？

要求：

（1）独立阅读上述文章。

（2）以学习团队为单位，讨论下面的问题。

①您同意党员干部不应过洋节这个观点吗？

②您如何看待当前一些人特别崇尚过洋节这种现象？

中国传统礼仪文化是中华民族文明的标志，声名播于海外，影响上下5000年，深入到社会生活各个层面，所以中国被称为“礼仪之邦”。大学生增强对传统礼仪文化重要性的认识，弘扬传统礼仪文化，不仅可以提高自身的综合素质，同时也是构建社会主义和谐社会的重要组成部分。

一、中国传统礼仪文化之精髓

中国5000年的文明史，博大精深，从未间断。中国传统礼仪文化塑造了中华民族醇厚中和、刚健自强的人文品格和道德标准，不仅对中国的经济和社会发展发挥着巨大影响，也为中国人的世界观和行为方式的形成奠定了基础，它的影响一直延续至今，其文化精髓体现在以下方面。

（一）自强不息、刚健有为的进取精神

中国古代文化经典《周易》上说：“天行健，君子以自强不息。”就是提倡人应效法日月星辰刚健运行那样奋斗不息、积极进取，坚持独立意志、人格尊严和做人原则。自强不息是中国传统文化思想的主旋律，也是中华民族历经磨难而不倒、中华文明历经浩劫而传承的重要因素。这种精神铸就了中国人民百折不挠、愈挫愈奋的民族品格。

（二）以和为贵、和而不同的和谐精神

早在2000多年前，中国古代思想家就提出“和实生物”“和而不同”等思想，主张国家之间、民族之间、人与人之间和谐共处；不同文明之间和谐共存；人与自然和谐共生。“和”是中华文化的精髓，是中国人民奉行的崇高价值，在中国历史上曾经起到了促进民族团结，增强民族凝聚力，实现睦邻友好的积极作用。

（三）民为邦本、民贵君轻的民本思想

成书于殷商时期的《尚书》中就有“民惟邦本，本固邦宁”的思想。我们提出的“以人为本”是对“民本”思想的继承和发扬。就是通过改革开放，解放和发展生产力，满足人们日益增长的物质文化需求；就是要在平等、自由的条件下实现人的全面发展。

（四）天人合一、民胞物与的人与自然相统一的思想

中国宋代哲学家张载明确提出“天人合一，民胞物与”的思想。就是说，天地犹如父母，人与万物都是天地所生，人民都是我的兄弟，万物都是我的朋友。这充分肯定了人与自然界的统一。人是自然界所产生的，是自然界的一部分，人可以认识自然并加以改变调整，但不应破坏自然。如果破坏了自然，人类迟早会受到自然界的惩罚。

二、传承与发扬中国传统礼仪文化的价值

（一）传承文明的需要

我国是世界四大文明古国之一，古老的中华民族自古以来就享有“礼仪之邦”的美称。中华民族源远流长，在5000年悠久的历史长河中，不但创造了灿烂的文化，而且形成了古老民族的传统美德，在博大精深的伦理文化遗产中，很多优良的、传统的礼仪规范，直至今天仍然有很强大的生命力，它是中华民族宝贵的精神财富。我们知道：童稚时的孔融让梨，尊敬长辈传为美谈；岳飞问路，颇知礼节，才得以校场比武，骑马跨天下；“程门立雪”

更是为尊敬师长的典范。老子在《道德经》中告诉我们“做一天人就要讲一天道德”。这些，淋漓尽致地体现了中国人的礼仪道德所在。作为中华民族的传承人有责任继承和发扬中华民族五千年文化精髓，使中国“礼仪之邦”的美称名副其实，“礼仪之邦”的美名享誉中外。

（二）时代发展的需要

如今，世界发生了巨大变化，人类社会是以文明、和平、发展为主流的信息社会，人与人之间的交往与合作日渐频繁、密切。在交往与合作过程中，人们的礼仪是否周全，不仅显示其修养、素质和形象，而且直接影响到事业、业务的成功。随着时代的发展，人们的精神需求日益发展，人人都在寻求一种充满友爱、真诚、理解、互助的温馨和谐的生存环境，寻求充满文明与友善，真诚与安宁的空间。前进的社会呼唤文明，科学的未来呼唤文明。当前，我国正在进行两个文明建设，正努力跻身于世界先进民族之林。文明礼仪是精神文明的一个重要内容，是一个人道德品质的外在表现，是衡量一个人教育程度的标尺。文明礼仪养成教育不仅是个体道德、品质和个性形成的基础教育，也是提高全民族道德素质、振兴民族精神及建设社会主义精神文明的基础教育。因此，文明礼仪教育不仅是时代的需要，还是提高全民族素质的需要，也是社会主义精神文明建设的需要。

（三）国人成长的需要

一个注重自身修养，重礼仪的人才可能成为优秀的人、有用的人、品行兼优的人。孔子曰：“兴于诗，立于礼，成于乐。”孟子也说过：“敬人者，人恒敬之，爱人者，人恒爱之。”古希腊哲人赫拉克利特也说：“礼貌是有教养的人的第二个太阳。”这些都充分说明“礼”是何等重要。青少年儿童一代是祖国的未来，祖国的希望，加强国人文明礼仪养成教育至关重要。今天的孩子从小就不是“一张白纸”，五颜六色印入脑中，环境影响或多或少对孩子的心灵造成了污染。虽然中华民族的传统美德依然传承，就整体情况看，确实存在弱化的趋势，特别是对青少年儿童的约束力越来越少。有些人在学校里，不会尊重他人，不礼让，不礼貌；在社会上不懂得称呼他人，甚至满口粗言，这些现象不得不引起我们的深思。同时，与人为善、礼尚往来等美德在相当数量的孩子们身上正在淡化。为了孩子们的健康成长，我们必须加强他们的文明礼仪教育。虽然我们没有必要也不可能将孩子培养成一个十全十美的人，但是我们完全可以将有可能影响孩子未来的各种致命的弱点事先予以纠正。

三、中国传统礼仪文化传承之现状

（一）中国传统礼仪文化正在复兴

前些年，韩剧大获人心。大家在议论剧情之余，无不为韩剧中所体现的韩国礼仪文化而赞叹。殊不知，其中大多是韩国人从我们中国学习过去的。我们民族的文化在异国他乡得到继承和发展，而我们自己却丢得支离破碎了。记得有位韩国朋友说：“奇怪了，你们中国学生上课怎么都不起立跟老师问好，下课也不起立跟老师说再见呢？你们在课余时间遇见了老师怎么只是简单地点点头，而不是毕恭毕敬地鞠躬呢？见到了学长，怎么甚至连招呼都不打呢？这要是在我们韩国，一定要挨骂了！”汗颜，我们的文明，我们的礼仪，反倒成了人家质疑我们的利刃。而近几年，中国传统礼仪文化越来越受到国家和广大人民群众的重视，如近期悄然兴起的汉服文化，各地越来越普遍的18岁的成人仪式，以及在全世界各国开设的越来越多的孔子学院等。中国传统礼仪文化的推广被世界各国民众所喜爱，这些都表明了中国传统礼仪文化正在复兴。

曾几何时，有关西方礼仪及商务礼仪的讲座铺天盖地、热火朝天，人们一味地追求和效仿，把中国传统礼仪都抛之脑后了。在这个人人都说“ABC”、吃饭就是“肯德基”、过节必过“圣诞节”的时代，在“全球经济一体化”的今天，在复兴中国梦的今天，我们又该如何去做呢？

文化是民族认同的核心，是回答“你是谁”这个问题的。如果我们把中国传统文化都抛弃了，连“我是谁”都无法作答的话，还谈何民族，谈何国家呢？

现在关于中国传统礼仪文化的培训班在各地纷纷涌现，不只是孩子们在学习中国传统礼仪文化，许多成年人也在通过各种方式进行学习。人们对中国传统节日，如“中秋节”“端午节”等也越来越重视，并遵循传统方式进行庆祝。近几年各地兴建的一些建筑物，设计也越来越具有中国的传统风格，有的借鉴苏州园林，有的遵循古代院落方式，还有的采用了中国古代建筑物的通风设计等。这些都表明了中国传统文化正在复兴，人们对“你是谁”的问题给出了越来越清晰的回答。

（二）与国际接轨的认知误区

“只要是文明民族就必须有礼仪。”可是我们却走入这样一个认知误区——与国际接轨就要连接待礼仪也西化，其实自古以来的外交惯例是“入乡随俗”。到什么地方就用当地的文化礼仪或风俗进行招待才能体现民族性和个性化。曾经有一位台湾人在接待美国友人的时候，倾囊而出自己的全部私房钱到最高级的西餐厅，请那位美国朋友吃了一顿高档西餐，结果是花费不少，人家却领情不多，原本人家是希望吃特色的、用筷子的，结果依然是刀叉加牛排。于是不难发现，用能体现民族礼仪文化的习俗去接待宾客才是“硬道理”。我们去别的国家，人家用当地的风俗习惯对我们进行接待，为什么人家来到我们家里做客的时候，还要用人家的习惯礼节进行招待呢？那我们自己的传统礼仪到底要到什么时候才会派上用场，我们自己的东西还有什么存在的价值和必要呢？

现在又有人对“中国龙标识”提出质疑，到底是忠于我们的传统，还是考虑改换其他西方国家都能接受的图形。不管结果如何吧，这种质疑的提出，就意味着要迎合他人口味，抛弃自身传统的打算。这样的做法无疑跟追求全球文化一体化没什么两样，难道人家欧美在设计标识的时候也很是“可爱”地想到了我们中国的传统了吗？那样的话，他们的婚纱就应该设计成大红色，而绝非白色了。那他们在中国的香奈儿柜台上就不会让服务人员都穿着胳膊上有块“黑色袖标”的统一制服了。在传统文化礼仪方面，“我行我素”没什么不好，“坚持”是本分，更是义务。

（三）中国传统礼仪文化亟待传承与发扬

有些人把商务礼仪当作是中华民族礼仪，不经意间就丢弃了“本位文化”的概念，也丧失了文化的“主体性原则”。礼仪文化是一种深入民族骨髓的民族基因，我们每个人小小的传承都会让这基因传续得更久远。我们祖先已经用一种绵延数千年的韧劲把他们所积累的经典和民族精神灌注到了我们的血液中，我们又有什么理由不珍惜、不继续传承呢？这是我们的责任，也是我们的义务，我们不用多做什么，只在一点一滴中时刻牢记着传统就足够了，把这种传统传承下去，我们就已经可以说：“直至如今千载后，谁与争功！”和谐社会必须有礼仪，文化礼仪的传承和发扬更需要我们大家去实践。

四、如何保护和弘扬中国传统礼仪文化

我国传统礼仪文化博大精深、源远流长，经过数千年的积淀和发展，已深深融入中华民族的血脉中。然而，时至今日，中国的一些传统礼仪文化传承已发生某种程度上的断裂，有被破坏的危机，不尊重历史、不尊重传统礼仪文化的现象时有发生。与其他国家相比，我国在保护传统礼仪文化方面做得还远远不够，如何保护和弘扬传统礼仪文化是亟待解决的问题。

论语中的君子之道

（一）认真挖掘和提炼祖国传统礼仪文化中的有益思想价值

我国传统礼仪文化经过数千年的积淀和发展，已成为中华民族共同的精神记忆和中华文明特有的文化基因。这无疑是民族文化的思想根基，也是今天弘扬中华文化的宝贵财富和资源优势。我们要深刻认识祖国传统文化的历史意义和现实价值，按照取其精华、去其糟粕的要求进行科学梳理，挖掘符合时代发展要求的内容，汲取合理思想内核，赋予新的时代内涵，使之与当代社会相适应，与现代文明相协调。当前，特别要对天下兴亡、匹夫有责的爱国传统；天地之间、莫贵于民的民本理念；以和为贵、和而不同的和合思想；革故鼎新、因势而变的创新精神；富贵不淫、威武不屈的高尚气节；扶正扬善、恪守信义的社会美德等，进行深入研究和阐发，并结合新的实践不断发扬光大。我们强调继承民族优秀文化传统，是为了在历史的高起点上创造出符合当代精神和时代潮流的新文化，而不是要回到过去、守旧复古，更不是像有人提出的用儒家思想来指导我国现代化建设。

（二）反思自己对传统礼仪文化的认知，“寻回我们文化的‘魂’”

中华民族5000年文明史流传下了极为丰富的文化遗产，既有物质形态的有形文化遗产，如文物、典籍等，也有以非物质形态存在的非物质文化遗产，如口头传说、传统艺术、民俗活动、节庆礼仪、民间工艺等。这些文化遗产记录着中华民族在长期历史进程中形成的价值观念和审美理念，是民族悠久历史的稀世物证，是文化延续和传承的重要载体，保护文化遗产就是保护中华民族赖以生存、发展和走向未来的文化根基。

1. 注册自主知识产权

拥有自主知识产权不仅是在高科技方面，我们有许多优秀的传统文化，有方方面面的知识产权涵盖在其中，不要再等到别人抢注的时候我们才去着急。有专家呼吁，如果中国不加入到国际文化产业竞争领域中去，就可能失去文化产业领域的国际话语权。中国的饮食文化很丰富，如果我们不及时注册“中国料理”，说不定哪天就变成了日本的中国料理。我国著名工艺品中的景泰蓝，就是一个文化产业保护上的教训，有数据显示，如今日本的景泰蓝出口占了国际市场的80%以上。

2. 将独具特色的艺术瑰宝提上非物质文化遗产保护的重要日程

被称为中国古代音乐“活化石”的纳西古乐、东巴祭文、《格萨尔王》、江永女书、皮影戏、民间剪纸等，有太多的非物质文化遗产需要我们去抢救和保护。我们必须以最快的速度普查自己的民间文化资源，打造独特的中华文化符号。比如：现在昆曲和古琴两项被列入《人类口头和非物质文化遗产名录》，那么与昆曲和古琴相关的一些东西就可以进行开发和利用。

3. 与时俱进地丰富传统节日的文化内涵

我国将春节、端午、清明、中秋等重大传统节日设为公共节假日，以期弘扬传统节日文化，唤起人们保护传统文化的意识。其实，缺乏新意是传统节日不受年轻人青睐的原因之一。端午节吃粽子，清明节吃青团，元宵节吃汤圆，中秋节吃月饼……传统民俗也应该与时俱进。传统节日需要经营，需要打造，需要与时尚的文化结合，需要社会力量的参与，需要政府和民间的投入、引导。不赋予新内涵，一些好的、民族的、传统的东西就会慢慢消失，直至消亡。

（三）运用多种方式宣传和弘扬优秀传统礼仪文化

面向大众宣传普及是弘扬民族优秀传统礼仪文化的基础。要通过广泛、深入、持久的宣传教育，包括编写通俗读物、拍摄电视专题片、在媒体上开设专栏、专题等多种形式，使更多的人了解传统礼仪文化，喜爱传统礼仪文化，成为优秀传统礼仪文化的承载者、传播者。继续完善中华民族始祖的祭典活动；改造和发展富有浓郁民族特色的民间风俗、礼仪;充分发挥春节、清明、端午、中秋、重阳等民族传统节日的文化传承功能；开展丰富多样、健康有益的民间民俗文化活动；使优秀礼仪文化传统更好地渗透和融入人们的工作、学习和日常生活之中。推动民族礼仪文化的丰厚资源与现代数字、网络技术相结合，在移动信息服务、数字远程教育和数字娱乐产品中融入优秀传统礼仪文化的内容，使高新技术成为传播中华礼仪文化的重要载体。

知识链接

我国古代成人礼

利用天一阁藏明抄本《天圣令》，可以看出许多条文在唐令和宋令中发生了变化。例如：宋令将冠假（因举行冠礼而给予官员的休假）放在“右令不行”的附抄唐令部分。这表明，宋代已经取消了冠假。这种变化与冠礼实行的情况有着密切的关系。

图1-3 冠礼

冠礼（图1-3）作为成人之礼，是人生礼仪的重要组成部分之一。《仪礼·士冠礼》篇详细记载了士之子举行冠礼的详细仪节。《礼记·冠义》则解说了冠礼的含义："成人之者，将责成人礼焉也。责成人礼焉者，将责为人子、为人弟、为人臣、为人少者之礼行焉。"行冠礼者，将转变为正式跨入社会的成年人，要履践相应的德行。冠礼的举行，首先要通过占筮来选择一个吉日，然后由将冠者之父提前通知亲友来参加，并再次通过占筮来决定一个主持加冠的"正宾"，还要邀请一位协助正宾的"赞者"。古礼，加冠要在庙进行，以示郑重。冠礼的主要过程，是由正宾依次将淄布冠、皮弁、爵弁等三种冠加于将冠者。这三种冠由卑到尊，暗示冠者的德行与日俱增，即"三加弥尊，加有成也"。

周制即有冠礼，有"文王年十二而冠"之说。汉代对冠礼非常重视。汉惠帝四年三月甲子，行冠礼，"赦天下"。景帝时，"皇太子冠，赐民为父后者爵一级"。昭帝元凤四年（公元前77年）春正月丁亥"加元服"（即冠礼），不仅普赐诸侯王至于吏民金帛、牛酒、民爵，还"令天下酺五日"（《汉书·惠帝纪》《景帝纪》《昭帝纪》）。东汉章帝还亲自参加其卫尉马防之子马巨的冠礼（《后汉书·马援列传》）。

（资料来源：一元一国学网http://www.yiyuanyi.top）

学习评价

一、基础知识测试

（一）填空题

1.（　）是中国传统文化思想的主旋律。

2. 中国传统礼仪文化之精髓（　）、（　）、（　）、（　）。

3. 老子在（　）中告诉我们"做一天人就要讲一天道德"。

4. 冠礼作为（　）礼，是人生礼仪的重要组成部分之一。

（二）单项选择题

1. "兴于诗，立于礼，成于乐。"这句话是（　）讲的。

A. 孟子　　B. 孔子　　C. 老子　　D. 荀子

2.（　）是中华文化的精髓，是中国人民奉行的崇高价值，在中国历史上曾经起了促进民族团结，增强民族凝聚力，实现睦邻友好的积极作用。

A. 和　　B. 同　　C. 善　　D. 仁

3. 中国宋代哲学家（　）明确提出"天人合一，民胞物与"的思想。

A. 张载　　B. 朱熹　　C. 程颢、程颐　　D. 周敦颐

4. 中华民族经历了5000年的发展，形成了自己的一套文化，这套文化的核心是"（　）"。

A. 礼节　　B. 礼　　C. 礼貌　　D. 礼制

5. 冠礼原是（　）成年男孩举办的仪式。

A. 中国　　B. 日本　　C. 韩国　　D. 泰国

（三）判断题

1. 孟子曾说过："敬人者，人恒敬之，爱人者，人恒爱之。"（　）

2. 传承与发扬中国传统礼仪文化的价值是传承文明的需要。（　）

3. 我国是历史悠久的文明古国、美名远扬的礼仪之邦。（　）

4. 古希腊哲人泰勒斯曾说："礼貌是有教养的人的第二个太阳。"（　）

5. 中华民族历来就有"诚实守信""君子爱财，取之有道""一言九鼎"等美德。（　）

二、能力训练

（一）个人能力训练

（1）儒家思想是中国文明史经历了夏、商、周的近1700年之后，由春秋思想家孔子创立。孔子创立的儒家学说，在总结、概括和继承夏、商、周三代传统文化的基础上形成了一个完整的思想体系。你了解"儒家文化"相关内容吗？

（2）登录"中国传统文化网"，网址为http：//www.zgctwh.com.cn/，了解更多的中国优秀传统礼仪文化。

（3）阅读资料。

材料一：

中国儒家文化是一种人文主义思想文化，这已经成为大家的共识。作为承继夏、商、周三代文化为己任的儒家来说，道德人文主义精神气质自然是它最鲜明的特征。儒家传统重视"人文"，儒家文化倾心于人的问题，具有极浓的人文关怀意蕴。

中国传统文化有一个显著的特点，就是以"人"为中心，这是儒家的特点，因为儒学在中国文化传统中居于主导地位，所以也成为传统文化的特点。可以这样说，儒家文化不是西方的人道主义，却有着非常深厚的人道关怀思想；儒家文化不是西方的人文主义，却有着非常浓郁的、中国文化特色的人文气质或人文情怀。

儒家文化的人文情怀主要表现在以下几个方面：

第一，肯定人的地位，彰显人的价值。儒家认为，人是万物中的一员，但又不是与万物平起平坐的一员，而是高于和优于万物的特殊存在。《孝经》引述孔子的话说："天地之性人为贵。"荀子说："人有气、有生、有知、亦且有义，故最为天下贵也。"董仲舒说："天地之精所有生物者，莫贵于人。"这些论述表达的一个共同的意思是人为"万物之灵"，集天地之精华，五行之秀气。人这个存在有如此之高的地位和价值，那么他的生命就应该被尊重。正是在这样的思路下，中国传统哲学是"人学"，具有浓郁的人文气质。

第二，重视人伦关系，倡导人伦义务。儒家文化非常重视人的社会关系网络——人伦关系。儒家认为，人来到这个世界上就落入到一张已经织好的人伦网络当中。没有人伦网络，人就是空洞的，甚至是不存在的。

第三，推崇人的主体性，强调独立人格。每个人都有其独立意志、独立人格。这是儒家思想中最值得注意的一点。从中国哲学传统上看，儒家文化特别强调主体内在道德意志自律、道德践行上的主体性。子曰："为仁由己，而由人乎哉？"一切道德的行为都是出自内心的自然要求，强调个人的正心诚意、修齐治平，乃至杀身成仁。孔子提出"志士仁人，无求生以害人，有杀身以成仁"，孟子提出"舍生取义"，都是坚持自己的独立人格。儒家文化培养出来的人有大人格，有使命感和责任感，就是缘于这种道德精神的主体性和人格的独立性。

第四，饱含忧患意识，担当历史责任。儒家从忧患意识出发，探讨的是个人与整体之间的关系，强调的是个人与整体的义务和责任、入世与担当，"苟利社稷，生死以之"（左传·昭公四年），"苟利国家生死以，岂因祸福避趋之"（林则徐），"铁肩担道义，妙手著文章"（李大钊），千古文人家国梦，修齐治平济世心，中国传统哲学以及传统知识分子的人文情怀寓于他们的政治关怀和社会关怀中。

第五，探索社会理想，追求人生大道。儒家倡导"德治"，孔子强调仁爱（"仁者爱人"），孟子说要施行仁政（"以不忍人之心，行不忍人之政"）。"大道之行，天下为公"的思想是儒家社会政治理想的最高境界，几千年来一直激励着仁人志士为之奋斗。这是儒家思想中最进步的内容，最有利于和谐社会建设的观念。儒家文化的最高理念，就是建设大同社会。这是中华文化的精神家园，也是中华民族的安身立命之地，表现出对社会理想的人性渴求。

儒家文化重视并倡导人际、人与社会、人的身心、人与自然诸方面的协调发展，在历代中国典籍的思想脉络里，不断地阐述和丰富"以人为本"的儒家价值理念。对于我们今天来说，这是我们新的传统、活的文化中最核心的价值观念部分，是中国传统文化向现代文化创造性转化的宝贵的思想资源。

材料二：

善于继承才能善于创新

——习近平谈中华优秀传统文化

党的十八大以来，以习近平同志为核心的党中央高度重视中华优秀传统文化的传承发展，始终从中华民族最高精神追求的深度看待优秀传统文化，从国家战略资源的高度继承优秀传统文化，从推动中华民族现代化进程的角度创新发展优秀传统文化，使之成为实现"两个一百年"奋斗目标和中华民族伟大复兴中国梦的根本性力量。习近平总书记作出的一系列重要论述，为传承和创新发展中华优秀传统文化指引了方向。

中国传统文化博大精深，学习和掌握其中的各种思想精华，对树立正确的世界观、人生观、价值观很有益处。古人所说的"先天下之忧而忧，后天下之乐而乐"的政治抱负，"位卑未敢忘忧国""苟利国家生死以，岂因祸福避趋之"的报国情怀，"富贵不能淫，贫贱不能移，威武不能屈"的浩然正气，"人生自古谁无死，留取丹心照汗青""鞠躬尽瘁，死而后已"的献身精神等，都体现了中华民族的优秀传统文化和民族精神，我们都应该继承和发扬。

——习近平在中央党校建校80周年庆祝大会暨2013年春季学期开学典礼上的讲话

（2013年3月1日）

提高国家文化软实力，要努力展示中华文化独特魅力。在5000多年文明发展进程中，中华民族创造了博大精深的灿烂文化，要使中华民族最基本的文化基因与当代文化相适应、与现代社会相协调，以人们喜闻乐见、具有广泛参与性的方式推广开来，把跨越时空、超越国度、富有永恒魅力、具有当代价值的文化精神弘扬起来，把继承传统优秀文化又弘扬时代精神、立足本国又面向世界的当代中国文化创新成果传播出去。

——习近平在中共中央政治局第十二次集体学习时的讲话（2013年12月30日）

培育和弘扬社会主义核心价值观必须立足中华优秀传统文化。牢固的核心价值观，都有其固有的根本。抛弃传统、丢掉根本，就等于割断了自己的精神命脉。博大精深的中华优秀传统文化是我们在世界文化激荡中站稳脚跟的根基。

——习近平在中共中央政治局第十三次集体学习时的讲话（2014年2月24日）

中华文明绵延数千年，有其独特的价值体系。中华优秀传统文化已经成为中华民族的基因，植根在中国人内心，潜移默化影响着中国人的思想方式和行为方式。今天，我们提倡和弘扬社会主义核心价值观，必须从中汲取丰富营养，否则就不会有生命力和影响力。

——习近平在北京大学师生座谈会上的讲话（2014年5月4日）

不忘历史才能开辟未来，善于继承才能善于创新。优秀传统文化是一个国家、一个民族传承和发展的根本，如果丢掉了，就割断了精神命脉。我们要善于把弘扬优秀传统文化和发展现实文化有机统一起来，紧密结合起来，在继承中发展，在发展中继承。

——习近平在纪念孔子诞辰2565周年国际学术研讨会暨国际儒学联合会第五届会员大会开幕会上的讲话（2014年9月24日）

材料三：

洋节蔓延现象已经引起国家重视，出台了相应政策。首先，鼓励振兴传统节日；其次，禁止党员干部过洋节。中共中央办公厅、国务院办公厅印发了《关于实施中华优秀传统文化传承发展工程的意见》，文件要求“实施中国传统节日振兴工程，丰富春节、元宵、清明、端午、七夕、中秋、重阳等传统节日文化内涵”。中国情人节“七夕”首次写进中办国办文件。

中国传统文化中蕴含着“民惟邦本，本固邦宁”的治国理念，积淀着“己所不欲，勿施于人”的处世之道，包含着“天下大同”“天下为公”的理想精神，传承着“爱国如家”“先忧后乐”的家国情怀。而中国的传统文化和传统节日息息相关。

中国传统节日是中华文明的缩影，它具有丰富的文化内容和精神内涵，是一份重要的非物质文化遗产。然而近几年，原本是我们生活中一部分的传统节日，似乎离我们的生活渐行渐远，而洋节却越来越盛行。在洋节对我们传统节日的冲击下，自己是否过于重视洋节而忽视了我们自己的传统节日呢?

一个民族的传统节日，是历史文化在千百年里长期积淀和凝聚之后又经后人总结和实践而成的，从种种节日风俗里，后世的人们可以清晰地体验到先民生活的历史文化。当承载着民族文化内涵的传统节日渐渐被遗忘，中国“文明古国”的盛誉也将不复存在。我们说要坚定中国特色社会主义道路自信、理论自信、制度自信，说到底是要坚定文化自信。文化自信是更基本、更深沉、更持久的力量。历史和现实都表明，一个抛弃了或者背叛了自己历史文化的民族，不仅不可能发展起来，而且很可能上演一场历史悲剧。

我们需要加强对传统文化的宣传与弘扬，从自身做起，保护中国的传统文化。

问题：

中国优秀的儒家文化给你带来了哪些启示？当代大学生应如何传承和发扬中国优秀传统文化？我们应该如何发挥中国传统节日对大学生的教育意义？

（二）团队能力训练

案例分析

案例一：

2008年奥运会上国人综合素质的提升让人欣慰，但一些“有礼不循”的现象也让我们汗颜。

奥运赛场上不光彩的声音还是声声入耳：女子团体射箭决赛中韩对决时刺耳的口哨声、体操比赛时现场传来“照相时不要用闪光灯”的中文劝导声、男篮中国对西班牙比赛时现场的干扰声、气手枪决赛时不懂规矩的拍手声、中国对希腊女子沙滩排球赛时解说员用大喇叭组织的加油声、中美两国男篮比赛时干扰美国球员投篮的嘘声……这些都令国人尴尬不已。

8月8日，北京开幕式开始之前，国家体育场向全场观众发了两条短信，一条中文，一条英文。英文短信的内容是欢迎观众来国家体育场观看开幕式，并祝观众度过一段愉快的时间。中文短信除了这些内容之外，还提醒观众“场内请勿吸烟，请保持环境清洁。散场时请带走垃圾，有序退场”。然而开幕式结束后，除了少数水瓶被观众带走外，多数留在了体育场内。据北京市市政管委统计，8日晚开幕式期间共产生生活垃圾约107.9吨……

案例二：

当代人在循礼、施礼时常常会出现混沌的局面。在为四川汶川大地震遇难同胞进行默哀时，有的人却不知如何行默哀礼，有举目四顾者，有抓耳挠腮者，有祈祷祈福者，有泣不成声者，有不修边幅者，有披金戴银者……殊不知，行默哀礼时，须服饰肃穆，脱帽致意，起身肃立，低头默哀。又如，近年来，我国一些运动健儿出席颁奖仪式时，随着五星红旗冉冉升起，情不自禁地把自己的右手放在左胸前，高唱国歌，这一看似庄严神圣的举动实际上是模仿美国的升旗礼节，这样的例子不胜枚举。殊不知，我国于1990年6月制定并于同年10月1日起施行的《中华人民共和国国旗法》第十三条第一款明确规定：“举行升旗仪式时，在国旗升起的过程中，参加者应当面向国旗肃立致敬，并可以奏唱国歌。”

建立在公民社会基础上的现代文明，体现的是人与人的平等关系。尊重人是天经地义的，维护公共规秩，是衡量现代合格公民的基本尺度。无论地位如何悬殊。宗法社会之礼不等于公民社会之礼。宗法礼仪的崩溃，萌生对公民社会通行规则的陌生、漠视与突围。臣服之身被有条件释放后，仍游走于固有礼仪与现代文明的断裂地带。“礼仪之邦”遭遇现代文明时产生的疏离、区隔和冲突，在深度迷惘和普遍尴尬的同时，也留下诸多值得自省和求证的空间。

问题：

（1）阅读上述案例，讨论作为礼仪之邦的中国为什么会出现上述不文明的现代尴尬？

（2）有哪些切实可行的办法可以提高人的综合素质？

学习情境 2

怎样让人喜欢你

形象是事业成功一个重要的游戏规则，没有成功的形象，就没有卓越的人生。成功的形象反映在外表，而优雅来自内在，成功的形象和内在的优雅将展示给人们你的力量和成功的潜力。

情境描述

在先修学习情境的基础上，该情境首先从外在规范学生礼仪形象，强化礼仪意识，熟练运用仪容修饰与仪表、形体、交谈等职业形象塑造的技巧，熟练运用到实际生活中，其次，让学生学会追求容貌、姿态、形体、举止美的同时更要追求优秀的道德品质、高尚的人格，要努力达到内在美与外在美的和谐与统一。为了实现教学目标，该学习情境设置了外在礼仪修养之——端庄的容貌、适当的发型、优雅的仪态、得体的服饰以及内在礼仪修养五个学习任务。

本学习情境是通过四步教学法、任务训练、讲授法、小组独立工作等教学方法在课堂上的使用，通过多媒体与网络教学手段的运用，实施教学活动，实现教学目标。

学习目标

· 知识目标

1. 仪表、仪容、仪态的相关知识
2. 内在美的具体要求

· 能力目标

1. 学生能够根据不同的发质、不同的脸型、不同场合设计适合自己的发型
2. 学生能够根据不同的脸型、不同场合设计适合自己的妆容
3. 学生学会在不同场合中着装的礼仪，并根据服饰搭配不同的饰品
4. 学生能够根据礼仪仪态标准做好站、坐、行、蹲、手势等标准姿态，并配合姿态做出适合的表情和眼神

· 素质目标

1. 培养学生正确的礼仪姿态
2. 培养学生职业形象设计能力
3. 培养学生自然、真诚、智慧、厚道、吃苦等内在的气质之美
4. 培养学生表达能力、策划能力以及团队协作能力

学习任务1 外在礼仪修养之一——端庄的容貌

引导案例

小赵的困惑

在朋友眼中，小赵为人热情，大大咧咧，不修边幅，不拘小节：头发经常是乱蓬蓬的，指甲很长，穿着的白衬衣经常皱巴巴的并且已经变色。小赵还喜欢吃大饼卷大葱，吃完后不注意清洁，就继续与人交流。作为旅游公司的员工，小赵的口头表达能力不错，对导游的业务很熟悉，对公司的旅游产品及服务的介绍也很得体，为人朴实又勤快，在新员工中学历是最高的。然而，生活随性、工作认真的小赵，却总是不被安排上团，小赵自己很困惑。

问题：

（1）你从上述案例得到哪些启示？

（2）小赵在日常工作中的表现是否符合服务礼仪规范？他应该在哪些方面改进？

仪容，指人的容貌，由面容、发式以及人体所有未被服饰遮掩的肌肤构成，是个人仪表的基本内容。就个人的整体形象而言，仪容反映着一个人的精神面貌，是传达给接触对象最直接、最生动的第一信息，是整个仪表中至关重要的环节。

一、个人容貌基本要求

容貌修饰是指在容貌的基础上进行科学的保养、积极的美容、长期的养护、适当的美化。“三分模样，七分打扮”，说的就是这个道理。容貌的整洁度是人们在交往中对彼此最基本的判断，它显示了人的家庭教养与对自己的要求、标准等。

镜铭

（一）“四个无”原则

1. 无异物

无异物即保持面容和身体的清洁，注意脸上不要有眼屎、鼻涕、耳屎，身上不要有残发、头皮屑等。

2. 无异响

无异响即身体不要发出诸如肠动、排气声，嘴里不要哈欠连天、打饱嗝、吹口哨，还有手指响等。另外，随着时代的发展，手机的普及，我们更加应当重视手机的文明使用。例如，超大铃音、不雅铃音、奇异铃音、不雅语聊，大声打电话，在公共场所外放音乐等，这些异响都显得不礼貌，应尽量避免，如不得已产生应和身边的人打个招呼，说声对不起。

3. 无异味

无异味即要养成良好的卫生习惯，做到勤洗澡、勤换内衣裤，以免身上发出汗味或其他异味。另外，在上班前应尽量避免不喝酒和不吃葱、蒜、韭菜、榴莲等有刺激性的食物。

4. 无创破

无创破即保持面容、脖颈、手部等裸露在外的身体各个部分完好、整洁，否则会令客人感觉不舒服。

（二）清洁卫生

1. 眼睛

眼睛是心灵的窗口，眼部是他人注意最多的地方。眼部的修饰首先应该重视清洁问题，保证眼部无眼屎，无残妆；其次应该重视协调问题，人们为了矫正视力、保护眼睛、追逐时尚，常常会佩戴美瞳，但是除了要注意清洁外，还要注意颜色、款式的协调与搭配。

旅游从业者在佩戴眼镜时应注意：一是选择质量精良、款式适合本人脸型的眼镜；二是注意眼镜的清洁，坚持每天擦拭眼镜，保持镜片清透；三是注意墨镜的佩戴，在室内工作时不得佩戴墨镜，在室外工作，与客人面对面交流时也必须把墨镜摘下。

2. 耳朵

人的面部中双耳并不抢眼，但仍然在他人的注意范围之中。每个人的耳孔内都会有自然分泌物，表面也会有积尘。当对方立于自己一侧时，耳部会映入对方视野之中。因此，旅游从业者务必每天对耳部进行清理，保持耳部的清洁。需要注意的是，此举不宜在工作岗位上进行，特别是在服务对象的面前。

3. 口腔

牙齿是口腔的门面，牙齿的清洁是仪表仪容美的重要部分，而不洁的牙齿被认为是交际中的障碍。当一个服务员露出发黑或发黄的牙齿在谈笑风生时，是多么不雅！如果牙缝上留有牙垢，就会让宾客退避三舍。所以，服务员必须保持牙齿的清洁卫生，坚持做到每天“三个三”：即三顿饭后都要刷牙，饭后3分钟内刷牙，每次刷牙不少于3分钟。

口部修饰除了口腔以外，还包括嘴唇的周边地带。旅游从业者平时也应有意识地呵护自己的嘴唇，尽量防止嘴唇干裂、爆皮，避免嘴角残留异物。男士切忌胡子拉碴的在工作岗位上出现，一定要坚持每日剃须；女士若是由于内分泌失调导致唇部汗毛过重，也应及时将其去除，以免有损女性之美。

此外应尽量少抽烟，不喝浓茶。不喝带有颜色的饮品，要保持牙齿的整洁。还有要提醒的是在社交场合进餐后一定要剃牙，但切忌当着别人的面剃牙，可以用手掌或餐巾掩住嘴角，然后再剃牙。

4. 鼻腔

鼻部位于面部的正中央，自然是他人注视的焦点，因此要养成每天洗脸时清洁鼻腔的好习惯。切忌当众挖鼻孔、擦鼻涕、乱弹或乱摸鼻垢，更不要用力吸鼻涕。鼻部的清理工作应在无人的场所进行，以手帕或纸巾进行辅助。毛发重的男士，如果鼻毛长出鼻孔应及时修剪，不要当众揪拔自己的鼻毛。

5. 指甲

注意及时清洁双手，指甲应及时修剪和洗刷，不涂颜色较重的指甲油或过于复杂的跳色。

6. 公共场合卫生

旅游从业者不可以在宾客面前修指甲、剔牙齿、挖耳朵、搓污垢、抠眼屎、掏鼻孔、打哈欠、搔痒、脱鞋袜、提肩带等。

二、扮靓你自己

（一）化妆的原则

1. 符合审美原则

化妆不仅仅是描眉、涂眼、抹口红，而是要借助这些化妆技术，体现化妆者的形象。所以，每个人化妆前，对自己要有一个整体和理想的形象设计。具体来说：就是要符合自己的年龄、工作性质、职业身份、面容特征和色彩搭配，做到浑然天成，恰到好处。因此，化妆要考虑不同的面容脸形，以改善面容的缺陷，具有个性美。

2. 符合科学原则

化妆品一般可分为美容、润肤、芳香和美发四大类。在化妆时必须合理选择和使用化妆品，避免有害化妆品的危害以及与自己皮肤性质、类型不适合而引起副作用的化妆品。

3. “TPO”原则

化妆必须与时间、地点、场合相适应。不同时间，化妆应该有区别。白天自然光强烈，晨妆脸部不宜过浓，可着重在眼圈、脸颊、唇部化妆。夜晚，光线暗淡，在考虑灯光的前提下，可化成浓妆。还可以适度使用珠光色眼影，有光泽的唇膏，相映成趣，产生较醒目、艳丽的色调。另外，化妆要注意季节的变换，夏季出汗多，宜淡妆，同时淡妆与浅色服装显得协调。冬季穿深色服装，化妆可以稍浓些。春秋季着柔色服装，化妆也应随之变化。不同场合和环境，化妆应该有所区别。工作时宜化淡妆，以示对交往客人的礼貌与尊重。外出旅游参加剧烈运动，就更不要化浓妆了。

4. 自然原则

自然是化妆的生命，它能让妆后的脸看起来真实而生动，不是一张呆板生硬的面具。化妆如果失去了自然效果，那就是假的东西，就无生命力和美了。自然的化妆要依赖正确的化妆技巧、合适的化妆品；要一丝不苟、井井有条；要讲究适度、体现层次；要点面到位、浓淡相宜。总之，要使所化的妆说其有，看似无，就像化妆的人确实长了一张美丽的面容，像真的一样。化妆时，如果不讲究艺术手法手段，胡来一气，敷衍了事，片面追求速度，都有可能使妆面失真。

5. 全身协调原则

脸部化妆必须要注意与脸型、发型、服装、饰物等的协调，如穿大红色的衣服或配了大红色的饰物时，口红可以采用大红色的或者红色系的。要力求取得完美的整体效果。

（二）化妆的基本步骤

旅游从业者化妆的效果可以简单总结为以下五点，即淡雅、简洁、适度、庄重和避短。

其步骤首先应选择适合自己的妆容，其次才是化妆的步骤，不同场合的不同妆容在步骤上会略有区别。

1. 选择适合你的妆容

（1）了解自己的肤质。

①中性肌肤。

特征：洗脸后15～20分钟开始出油，皮肤柔滑、富有弹性，毛孔较小，皮肤不干不油，易上妆且保持持久，可以使用任何化妆品。

养护：中性肤质很容易因缺水缺养分而转为干性肤质，所以应该使用锁水保湿效果好的护肤品。如保养适当，可以使皱纹迟至很晚才出现。

②干性肌肤。

特征：洗脸后15～20分钟后仍不出油，皮肤较薄，有明显的细纹，毛孔细致，缺乏油脂易干燥紧绷，肤色暗沉不易上妆；洗脸时应避免用去油较强的洁面品，化妆品也应该使用深度柔湿型。

养护：干性肌肤以补水、营养为主，防止肌肤干燥缺水、脱皮或皲裂，延迟衰老，应选用性质温和的洁面品，选用滋润型的营养水、乳液、面膜等保养品，以使肌肤湿润不紧绷，每天坚持做面部按摩，改善血液循环；注意饮食营养的平衡（脂肪可稍多一些）；冬季室内受暖气影响，肌肤会变得更加粗糙，因此室内宜使用加湿器，并避免风吹或过度日晒。

③敏感性肌肤。

特征：T形区为油性、两颊为干性，皮肤较薄，可以看到毛细血管，受到轻微刺激就会红肿、发痒；宜使用刺激性小的天然化妆品和无添加剂的产品。

养护：敏感性皮肤的养护要特别小心，首先不要太用力揉搓面部肌肤，以免产生红丝，尽量选用配方清爽柔和、不含香精的护肤品，注意避免日晒、风沙、骤冷骤热等外界刺激；选用护肤品时，先在耳朵后、手腕内侧等地方试用，确定没有过敏现象后再使用，一旦发现过敏症状立即停用所有的护肤品，情况严重者最好到医院寻求专业帮助。

④油性肌肤。

特征：洗脸后15分钟之内就会出油，皮肤角质层较厚，皮肤油腻毛孔粗大，易上妆但妆容不易持久；洗脸时应用固体香皂清洗干净，化妆品选用不增加多余油分的清爽型。

养护：油性肌肤以清洁、控油、补水为主，防止堵塞毛孔，平衡油脂分泌，防止外油内干，应选用具有控油作用的洁面用品，要定期做深层清洁，去掉附着毛孔中的污物；用平衡水、控油露之类的护肤品调节油脂分泌，使用清爽配方的爽肤水、润肤露等做日常护养品，锁水保湿；不偏食油腻食物，多吃蔬菜、水果和含维生素B的食物，养成规律的生活习惯。

⑤混合性肌肤。

特征：混合性肌肤的T形区经常出油，双脸颊属于干性肌肤，T形区出油易形成粉刺，中间皮肤厚，外侧皮肤薄，不易上妆，化妆不易保持；只有在T形区和其他区用不同的化妆品和护理手法，或通过保湿来减少两个区域的差异。

养护：混合性肌肤以控制T形区（额头、鼻子、下巴）分泌过多的油脂为主，收缩毛孔并滋润干燥部位，选用性质较温和的洁面用品，定期深层清洁T形部位，使用收缩水帮助收细毛孔，选用清爽配方的润肤露（霜）、面膜等进行日常护养，注意保持肌肤水分平衡，要特别注意干燥部位的保养，如眼角等部位要加强护养，防止出现细纹。

（2）脸型与妆容。

①椭圆脸形。

图2–1 椭圆脸形

椭圆脸形（图2–1）可谓公认的理想脸型，化妆时宜注意保持其自然形状，突出其可爱之处，不必通过化妆去改变脸型。胭脂，应涂在颊部颧骨的最高处，再向上向外揉化开去。唇膏，除嘴唇唇形有缺陷外，尽量按自然唇形涂抹。眉毛，可顺着眼睛的轮廓修成弧形，眉头应与内眼角对齐，眉尾可稍长于外眼角。

正因为椭圆形脸是无须太多掩饰的，所以化妆时一定要找出脸部最动人、最美丽的部位，而后突出之，以免给人平平淡淡、毫无特点的印象。

②长脸形。

图2–2 长脸形

长脸形（图2–2）的人，在化妆时力求达到的效果应是：增加面部的宽度。胭脂，应注意离鼻子稍远些，在视觉上拉宽面部。抹时，可沿颧骨的最高处与太阳穴下方所构成的曲线部位，向外、向上抹开去。粉底，若双颊下陷或者额部窄小，应在双颊和额部涂以浅色调的粉底，造成光影，使之变得丰满一些。眉毛，修正时应令其成弧形，切不可有棱有角的。眉毛的位置不宜太高，眉毛尾部切忌高翘。

③圆脸形。

图2–3 圆脸形

圆脸形（图2–3）予人可爱、玲珑之感，若要修正为椭圆形并不十分困难。胭脂，可从颧骨起始涂至下颌部，注意不能简单地在颧骨突出部位涂成圆形。唇膏，可在上嘴唇涂成浅浅的弓形，不能涂成圆形的小嘴状，以免有圆上加圆之感。粉底，可用来在两颊造阴影，使圆脸消瘦一点。选用暗色调粉底，沿额头靠近发际处起向下窄窄的涂抹，至颧骨部以下可加宽涂抹的面积，造成脸部亮度自颧骨以下逐步集中于鼻子、嘴唇、下巴附近部位。眉毛，可修成自然的弧形，可作少许弯曲，不可太平直或有棱角，也不可过于弯曲。

④方脸形。

图2–4 方脸形

方脸形（图2–4）的人以双颊骨突出为特点，因而在化妆时，要设法加以掩蔽，增加柔和感。胭脂，宜涂抹得与眼部平行，切忌涂在颧骨最突出处，可抹在颧骨稍下处并往外揉开。粉底，可用暗色调在颧骨最宽处造成阴影，令其方正感减弱。下颚部宜用大面积的暗色调粉底造阴影，以改变面部轮廓。唇膏，可涂丰满一些，强调柔和感。眉毛，应修得稍宽一些，眉形可稍带弯曲，不宜有角。

⑤三角脸形。

三角脸形（图2–5）的特点是额部较窄而两腮较阔，整个脸部呈上小下宽状。化妆时应将下部宽角“削”去，把脸型变为椭圆状。胭脂，可由外眼角处起始，向下涂抹，令脸部上半部分拉宽一些。粉底，可用较深色调的粉底在两腮部位涂抹、掩饰。眉毛，宜保持自然状态，不可太平直或太弯曲。

图2–5 三角脸形

⑥倒三角脸形。

倒三角脸形（图2–6）的特点是额部较宽大而两腮较窄小，呈上阔下窄状。人们常说的“瓜子脸”“心形脸”，即指这种脸型。化妆时，掌握的诀窍恰恰与三角脸相似，需要修饰部分则正好相反。胭脂，应涂在颧骨最突出处，而后向上、向外揉开。粉底，可用较深色调的粉底涂在过宽的额头两侧，而用较浅的粉底涂抹在两腮及下巴处，造成掩饰上部、突出下部的效果。唇膏，宜用稍亮些的唇膏以加强柔和感，唇形宜稍宽厚些。眉毛，应顺着眼部轮廓修成自然的眉形，眉尾不可上翘，描时从眉心到眉尾宜由深渐浅。

图2–6 倒三角脸形

（3）场合与妆容。

①公务场合。

在公务活动中首先应当以淡妆为主，主要特征是简约、清丽、素雅，具有鲜明的立体感。它既要给人以深刻的印象，又不容许显得脂粉气十足。淡淡的妆容若有似无，应该是日常和公务场合中最常见的妆容。淡雅的妆容以醒目的光彩亮肌作为重点，光泽肌肤少女感十足，逆龄又优雅。

打造重点：首先，想要得到这样的质感美肌，要做的是在化妆前用化妆棉蘸取高保湿、高滋养的化妆水，于易干燥部位擦拭、按压，进行密集护理。其次，再用粉扑在颧骨或T区上妆，高光粉用刷子轻刷，制造光亮感。

②社交场合。

社交活动一般都在灯光下进行，且灯光多柔和，不易暴露出化妆痕迹，反而能更加突出化妆效果。如果妆色清淡，就显不出化妆效果。因此，晚妆应化得浓艳些，眼影色彩尽可能丰富漂亮，眉毛、眼形、唇形也可做些适当的矫正，使其更显得光彩迷人；社交活动中要想与众不同但维持低调气质的话，小烟熏是不错的选择。给眼部加深的做法增加了五官的立体感，会显得精神许多。

打造重点：先用棕色眼影在上眼睑画上粗粗的一笔，接着用淡棕色眼影沿着睫毛根部画一条眼线；再用眼影刷轻轻扫涂上眼睑，扩大区域范围，让色彩呈现三层次的变化，然后用眼影棒慢慢模糊边缘；最后用棉签或者干净的眼刷在下眼睑轻轻扫上一层浅棕色眼影。

如果想要打造大胆、个性一点的妆容也不难，化个闪亮妆就可以轻松吸睛，而且不需要大动干戈，只是让眼影变得不同就可以了。

打造重点：首先在上眼睑刷上一层银色眼影，然后画上亮粉色的眼影。接着用黑色眼线笔沿着睫毛根部画上一根细细的黑色眼线，记得眼尾的部分要加粗上扬；再用眼影刷轻轻调整眼影，将闪光颗粒涂抹均匀；最后在眼部贴上假睫毛，增加眼部神采。

出去应酬谈事情，化个红唇妆，立刻提升气场，美艳的红唇妆还能让你女人味十足，也是基础妆容中必不可少的一种。

打造重点：先在唇部周围适当遮瑕，一来可以让唇部轮廓清晰分明，二来可以突出唇部色彩；再用红色唇膏涂抹唇部一次，接着再刷上润唇膏；最后用纸巾抿过之后，在唇部中央再次涂抹上红唇膏，用唇刷均匀上色。

③休闲场合。

休闲场合化妆的重点在于自然、柔和、干净、立体。外出旅游购物，皮肤长时间暴露在日光下，容易受到紫外线的侵害。因此，防晒非常重要。除了要选择具有防晒效果的护肤霜外，粉底也应选择具有防晒作用的湿粉，湿粉含水量大，效果自然，并有防水的功效，即使在活动出汗后也不脱妆，眼部化妆应简洁大方，体现休闲意境。

2. 化妆的步骤

（1）洁面。将洗面奶放置手心，搓出泡沫，以打圈手法由下向上、由内向外地轻揉，然后用温水冲洗干净面部。

（2）化妆水。根据不同的皮肤、不同的季节选用适合皮肤的化妆水。使用时，用手或化妆棉蘸取化妆水由下向上、由内向外轻轻拍于面部。

（3）乳液（润肤霜）。选择适合皮肤的乳液、润肤霜，采用五点法将乳液点在额部、双颊、鼻部、下巴处（或将乳液在双手揉开），由下向上、由内向外在全脸拍匀。

（4）隔离霜。最常用的是紫色和绿色的，紫色适合偏黄的皮肤，绿色适合有红血丝的皮肤，隔离的功效就是隔离彩妆和外界对皮肤的污染。边拍打边涂抹，并向外推抹，一直推抹到不能再远的程度，这是一种非常好的方法，效果自然且方法简单。涂抹的时候，手指不停顿地将粉底涂抹在脸上，并且尽量抹到脸部最边缘的地方。这样能够减少粉底连接处的痕迹，并能让粉底与皮肤自然融合，即使是发际和脖子等部位，界限也不会明显。现在，大家多用气垫BB，代替隔离霜。

（5）粉底。选择接近肤色的粉底为基础底色，用化妆棉蘸取少量粉底由内向外，全脸均匀地拍擦，切忌来回涂抹。如果肤色不好，可擦抹两遍以上粉底，每遍宜薄不宜厚，防止出现边缘线。瑕疵处可用遮瑕笔遮盖。

（6）高光色。选择比基底色明亮2～3度的粉底作为高光色，用于眉骨、鼻梁、下眼睑、颧骨和面部突出的T字部位提亮，宜薄不宜厚，不能出现边缘线。

（7）阴影色。用深咖啡色粉底在面部的外轮廓、鼻侧影部涂抹均匀，起到修饰脸型的作用。要注意过渡均匀，衔接自然，不能出现边缘线。

（8）定妆粉。种类有透明散粉、肤色散粉、深色散粉，一般选择适合肤色的散粉，将粉扑均匀蘸取散粉（粉量以粉扑向下，粉不落地为宜），轻轻按压全脸，然后用大粉刷刷去多余散粉。

（9）眼影。用眼影刷蘸适量眼影粉，找到眼部结构位置，并将眼部结构表现出来，方法是由外眼角向内眼角均匀地晕染，然后用大眼影刷蘸少量眼影粉晕染眼部。注意用粉扑隔离妆面。眼影最好用同色系组合眼影，而不是单一眼影。眼影色可与肤色、服饰色协调搭配成同一色系，但是不要太出挑，比较安全的眼影颜色是大地色系列。

（10）眼线。可用眼线笔、眼线液、水溶性眼线粉。如用眼线刷蘸水溶性眼线粉画眼线，画上眼线时应紧贴睫毛根部，下眼线画在下睫毛根部内侧；上眼线宽长，外眼角处色重且向上挑起；下眼线短平，外眼角处色深且宽。然后，用深色眼影粉在眼线外侧作晕染，使睫毛产生浓密的朦胧感。

（11）眉毛。用眉刷蘸适量眼影粉刷出眉形，然后用眉笔将眉少的部位一根一根的按其生长方向画出来。眉形好的人只需用眉刷刷上同色的眼影粉。注意眉头不要画得太实，应该“两头浅，中间深”“上面浅，下面深”，并且有毛发的虚实感。

（12）口红。用唇线笔画出嘴唇的轮廓，然后用唇刷将唇膏均匀地涂在轮廓内。唇膏的颜色与妆色、眼影及服饰要协调。若要表现嘴唇的立体感可在唇的外轮廓用深色唇膏，里面用浅色唇膏，或在下唇中央的高光处涂上唇油，使嘴唇丰满润泽。

（13）睫毛。先用睫毛夹将睫毛向上卷曲，再涂上睫毛膏。涂上睫毛时眼睛向下看。反复涂几次，最后用睫毛梳将睫毛梳齐，将多余的睫毛膏清除掉。

（14）胭脂。用胭脂刷蘸少量胭脂粉，均匀扫在颧骨下凹陷部位，即嘴角到耳孔的连线上，然后将浅色胭脂扫在颧骨处，注意不要有边缘线，应是似有似无的感觉，看不出腮红从哪开始，在哪结束。

（15）修容。用刷蘸少量深色修容粉刷在外轮廓处，注意均匀而不露边缘线。然后用刷蘸少量浅色修容粉刷在高光处提亮。

（16）颈部与面部的衔接。选用比脸部基础底色深一度的颜色，用化妆棉均匀地抹在脖颈部，然后用散粉定妆。

（17）香水。正确使用香水，也是得体妆容中重要的一部分。香水要清新，香水主要是为了掩盖不雅的体味，而不是为了使自己香气怡人。喷香水应以不影响本职工作为前提，有需要时，宜选择气味淡雅、清新的香水，并尽量使其与同时使用的化妆品香型一致。香水应当涂抹在适当之处，如手腕、耳后等，不要直接喷在衣物、头发上或身体容易出汗处，切勿过量使用。

整个化妆完成后，观察妆型、妆色的整体效果，是否协调对称，不足之处适当地修补。

知识链接

女士化妆后怎样适时补妆

化彩妆的女士在某些情况下，常会出现妆容残缺的现象。在正式场合，以残妆示人，既有损自己的形象，也显得对人不礼貌。因此，及时察觉，适时补妆不可忽视。为了避免妆容残缺，化妆后要经常进行检查，尤其是在出汗、用餐、休息之后，要及时地自查妆容。如发现妆面残缺，要即刻补妆，不要拖延，以免给人留下不良印象。但补妆时，应回避他人，宜选择无人在场的角落或洗手间进行，切勿旁若无人地当众操作。由于补妆只是局部性修补，应该以补为主，只需要在妆容残缺的地方稍作弥补即可，不必抹去旧妆重新化妆。如果晚间还要应酬，那么临去前应该洗去残妆，重新化一个清新的晚妆。晚妆可以浓一些，但忌过于浓艳。当然也要注意适时补妆。

（资料来源：上海市精神文明建设委员会办公室. 文明礼貌100题［M］. 上海：复旦大学出版社，2000.）

学习评价

一、基础知识测试

（一）填空题

1. 个人容貌基本要求的“四个无”原则是：无异物、（ ）、（ ）、（ ）。
2. 中性皮肤洗脸后（ ）分钟开始出油，皮肤柔滑、富有弹性，毛孔较小，皮肤（ ），易上妆且保持持久，可以使用任何化妆品。
3. 混合性肌肤T区经常出油，脸颊属于（ ），T区出油易形成粉刺，中间皮肤厚，外侧皮肤薄，不易上妆，化妆不易保持；只有在（ ）和其他区用不同的化妆品和护理手法，或通过保湿来减少两个区域的差异。
4. （ ）予人可爱、玲珑之感，若要修正为椭圆形并不十分困难。
5. （ ）化妆的重点在于自然、柔和、干净、立体。

（二）单项选择题

1. 方形脸下颚部宜用大面积的暗色调粉底造阴影，以改变（ ）。
   A. 隔离　B. 定妆　C. 面部轮廓　D. 唇膏效果
2. 有红血丝的皮肤适合用（ ）色隔离霜。
   A. 紫色　B. 绿色　C. 肉色　D. 红色
3. （ ）的人特点是额部较窄而两腮较阔，整个脸部成上小下宽状。
   A. 方脸形　B. 三角脸形　C. 倒三角脸形　D. 长脸形
4. （ ）T型区为油性，两颊为干性，皮肤较薄，可以看到毛细血管，受到轻微刺激就会红肿、发痒；宜使用刺激性小的天然化妆品和无添加剂的产品。
   A. 干性肌肤　B. 敏感性肌肤　C. 油性肌肤　D. 中性肌肤
5. （ ），眉毛应保持自然状态，不可太平直或太弯曲。
   A. 倒三角脸形　B. 圆脸形　C. 三角脸形　D. 长脸形

（三）判断题

1. 指甲应及时修剪和洗刷且勿涂颜色较重的指甲油或过于复杂的跳色。（ ）
2. 休闲场合一般都在灯光下进行，且灯光多柔和，不易暴露出化妆痕迹，反而能更加突出化妆效果。（ ）

3. 长脸形人以双颊骨突出为特点，因而在化妆时，要设法加以阴影，增加柔和感。（ ）

4. 在公务活动中，首先应当以淡妆为主，主要特征是简约、清丽、素雅，具有鲜明的立体感。（ ）

5. 定妆粉一般选择适合肤色的散粉，将粉扑均匀蘸取散粉，轻轻按压全脸，然后用大粉刷刷去多余散粉。（ ）

二、能力训练

（一）个人能力训练

1. 任务训练

（1）请按照如下操作步骤及标准为自己进行一次日常皮肤护理。

操作步骤	操作标准
洁肤	1. 将脸用温水打湿；取适量洗面奶于手心，搓至起泡 2. 手法自下而上“推”皮肤；由下巴像额头，用手轻轻的按摩清洗 1 ~ 2 分钟 3. 用清水清洗 4. 用纸巾或毛巾把多余水分吸干；忌用毛巾在脸上无规则乱搓
爽肤	1. 取一小块棉花（最好是无尘棉花）把紧肤水（或收缩水）倒在棉花上 2. 把棉花上的紧肤水擦在脸上，用手轻拍脸颊，手法自上而下
护肤	擦上润肤霜：早上用日霜，临睡用晚霜；夏日户外活动可用防晒霜
特殊护理	1. 深层清洁，使用磨砂洗面奶 2. 涂面膜：手法由下而上 3. 撕洗面膜：撕洗面膜手法由上而下 4. 爽肤和护肤每周 1-2 次

（2）请按照如下操作步骤与标准为自己化一次生活妆。

操作步骤	操作标准
洁面	同“皮肤护理”中“洁肤”
基本化妆	1. 涂化妆水，由面球蘸取向脸面叩拍 2. 抹粉底霜，用手指或手掌在脸上点染晕抹 3. 上粉底，用手指或手掌在脸上点染晕抹，不宜过厚 4. 扑化妆粉，用粉扑自下而上扑均匀
眼部化妆	1. 涂眼影，用眼影刷蘸适量眼影粉，方法是由外眼角向内眼角均匀地晕染，然后用大眼影刷蘸少量眼影粉晕染眼部 2. 描眉，用眉刷蘸适量眼影粉刷出眉形，然后用眉笔将眉少的部位一根一根的按其生长方向画出来 3. 画眼线，可用眼线笔、眼线液、水溶性眼线粉。如用眼线刷蘸水溶性眼线粉画眼线，画上眼线时应紧贴睫毛根部，下眼线画在下睫毛根部内侧；上眼线宽长，外眼角处色重且向上挑起；下眼线短平，外眼角处色深且宽
抹腮红	用腮红刷蘸少量腮红粉，均匀扫在颧骨下凹陷部位，长脸形横扫腮红，圆脸型和方脸型竖扫腮红
涂唇膏	用唇线笔画出的嘴唇的轮廓，然后用唇刷将唇膏均匀地涂在轮廓内

2. 案例分析

案例一：

美中不足

一天，黄先生与两位好友小聚，来到某知名酒店。接待他们的是一位五官清秀的服务员，接待服务工作做得很好，可是她面无血色，显得无精打采。黄先生一看到她就觉得心情欠佳，仔细留意才发现，这位服务员没有化工作淡妆，在餐厅昏黄的灯光下显得病态十足。上菜时，黄先生又突然看到传菜员涂的指甲油缺了一块，他的第一个反应就是“不知是不是掉我的菜里了”。但为了不惊扰其他客人用餐，黄先生没有将他的怀疑说出来。用餐结束后，黄先生唤柜台内服务员结账，而服务员却一直对着反光玻璃墙面修饰自己的妆容，丝毫没注意到客人的需要。自此以后，黄先生再也没有去过这家酒店。

讨论题：

（1）请指出案例中服务员在仪容上存在的问题。

（2）本案例对你有哪些启示？

案例二：

化妆风景线

阿美和阿娟是一所美容学校的学生，初学化妆非常感兴趣，走在大街上，总爱观察别人的妆容，因此发现了一道道奇特风景线：

一位中年妇女没有做其他化妆，光涂了一个嘴唇，而且是那种很红很艳的唇膏，只突出了一张嘴；一位女士的妆容看起来真的很漂亮，只可惜脸上精彩纷呈，脖子却粗糙得马虎，在脸庞轮廓上有明显的分界线，像戴了面具一样；再看，还有的女士用粗的黑色眼线将眼睛轮廓包围起来，像个“大括号”，看上去那么的生硬、不自然；一位很漂亮的女士，身穿蓝色调的时装，却画着橘红色的唇膏……

讨论题：

请帮助阿美和阿娟分析一下，针对以上几种情形，自己化妆时应注意哪些问题？

（二）团队能力训练

（1）组成两人学习小组，根据对方的脸型及特点，设计一款适合他（她）的妆容。

（2）学生分成若干个学习团队，将不同的场景分配给各学习团队，学习团队结合场景设计出具体情境，并根据情境描述设计适合该场合的妆容，进行展示及说明设计理念。

①公务场合。

②社交场合。

③休闲场合。

学习任务 2 外在礼仪修养之二——适当的发型

引导案例

某集团公司董事长有一次接受电视台的采访。为了郑重起见，董事长特意向个人形象顾问咨询，有没有特别注意的事项。个人形象顾问专程赶来之后，仅仅向董事长提了一项建议：换一个较为儒雅而精神的发型，并且一定要剃去鬓角。个人形象顾问的理由是：发型对一个人的上镜效果至关重要。

果不其然改换了发型之后的董事长在电视上亮相时，形象焕然一新。得体的发型使得他显得精明强干，自信的谈吐使得他显得深沉稳健，二者相辅相成，令电视观众为之倾倒。

讨论题：

（1）读了这篇文章，你有何感想？

（2）你认为适当的发型，对于个人形象是否重要，为什么？

发型作为一门实用性造型艺术，是自然美与修饰美的有机结合。人的头发和脸庞是人体的制高点，很能吸引他人的注意。人们在互相打量时，通常是从头到脚，发型的适当与否，直接影响到对方对你的印象。因此，美发就成为人们塑造仪容美的重头戏。

一、旅游接待人员发型的基本要求

（一）男士

发型应大方、得体。头发长度要适中，前不及眉，旁不遮耳，后不及领，不留长发和大鬓角，不留络腮胡子和小胡子。

（二）女士

活泼开朗、朝气蓬勃、干净利落、端庄持重。要求做到：不留披肩发、发不遮脸、刘海儿不遮眉眼，不可将头发染成五颜六色，发型也不可过于前卫时尚，还要避免使用色泽太鲜艳的发饰。

二、选择合适的发型，扮靓你自己

（一）了解自己的头发

头发的基本成分是蛋白质，每根头发平均每月可长 1 厘米，头发的平均寿命4～5年，之后它便会自行脱落，每人每天约要脱落几十根至100根，随之新头发长出来。

1. 了解自己的发质

（1）健康发质状态。有活力，易于美发，在还未干透的情况下也容易梳理，并富有弹性、光泽且柔软。头发表面的鳞片光滑、无缺损。

（2）油性发质状态。有油腻和湿润感，易黏结，常常黏在头皮上，梳成蓬松的发型不易保持，易恢复原状。其主要原因是头皮中的油脂分泌过多，导致液化并快速散发到头发上。

（3）干性发质状态。常见色泽为深色或红色，头发的角蛋白质纤维非常有力，不易定型，极易恢复原来的头发走向。由于头皮油脂分泌少，头发缺少光泽，容易被吹乱。

（4）劣性发质状态。表面毛糙，鳞片开裂，形成微孔。长头发由于头发生长时间较长，在靠近发梢三分之一部分，出现开叉的现象。

2. 不同发质的养护

（1）健康发质养护。先天条件好，所以只要注意日常保养和定期的深层护理即可。

（2）油性发质养护。为了抑制皮脂分泌，洗发时水温不宜过高，避免刺激油脂，最好减少梳头次数。

（3）干性发质养护。选用滋润效果较好的洗发水，用鬃毛梳均匀刷头皮刺激油脂分泌，注意头皮保养。

（4）劣性发质养护。如果头发被太阳曝晒得时间过长或曾经因化学处理出现破损，只能在每次洗发后用专用发剂，使头发重新恢复光泽和弹性，至少头发表面应如此。

（二）选择合适的发型

1. 发型选择的原则

（1）适合脸型。注意强调个人脸部的个性，突出脸部的轮廓。比如：脸型不尽如人意，则注意发型对脸型的修饰，切忌一味模仿他人。

（2）适合气质。由于发型会给视觉造成很重要的影响，因此在同样适合脸型的几种发型中，应选择更适合个人气质的一种，否则在社交活动中，总有一种“不到位”的感觉。

（3）适合场合。一个人，尤其是女性，应为自己设定三四种理想的发型，以适合不同场合。一般来讲，出席较正式场合的发型，应讲究严谨；出席朋友聚会，应讲究平易活泼；普通生活发型，应讲究轻松随和。

2. 选择适合你的发型

（1）脸型与发型。和指纹一样，我们每一个人的脸型都是独一无二的。不同的脸型有多种不同的发型，根据自己的脸型进行搭配，扬长避短，让你的美更加突出。

①方形脸。

方形脸的特点是棱角突出、下巴稍宽，显得个性倔强，缺乏温柔感。因而，在选择发型时，宜掩盖太突出的棱角感，使脸部看上去长一些，增加柔和感。可以利用波浪形增加脸部的温柔感。宜将前额和头顶的头发上扬，露出部分额头，但切忌全部露出。方形脸的人在留额发时，宜遮掩额部的两角，额发要有倾斜感，使方中见圆，头发的两侧可选择卷曲的波浪发型，以改善方脸的形状（图2–7）。还可利用卷曲的长发部分遮住下颌两侧，转化太宽的下颌线条。

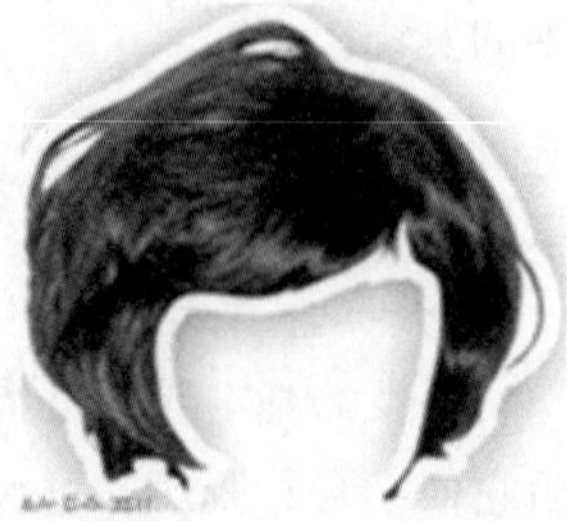

图2–7 方形脸适宜发型

②椭圆形脸。

一般认为，椭圆形脸是东方女性最理想的脸型，所以拥有这种脸型的人梳什么样的发型都不会难看。不过，如果选择中分、左右均衡的发型，更能体现娴静、端庄的美感（图2–8）。若留一袭黑色直发披在肩头，更有飘逸之感。

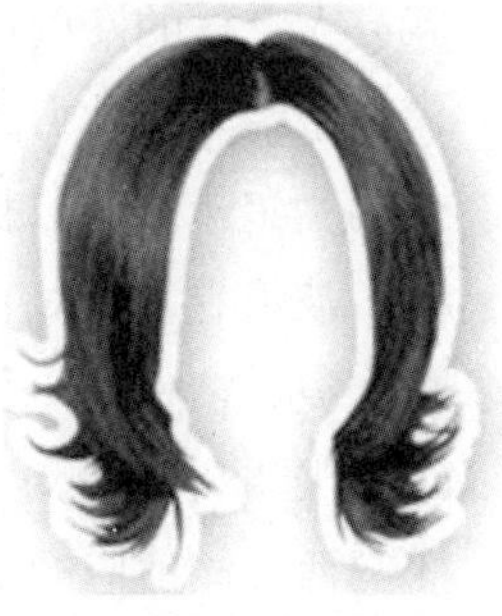

图2–8 椭圆形脸适宜发型

③圆形脸。

切记不要用刘海儿把前额全部遮掩起来，可以用三七分界的发型，至少要露出部分前额，或剪外轮廓较方直的发型，并把头发顶部作为强调的重点（如蓬松增高），这样才能使脸型显得细长些（图2–9）。

图2–9 圆形脸适宜发型

④长形脸。

重点应避免留长直的头发或剪得极短的发型。假如你想要烫发应剪齐下巴处的头发，烫成团或鬈，或者梳成马尾。最后要记住一定要通过发型使较长的脸显得宽一些，这样才能显得更完美（图2–10）。

图2–10 长形脸适宜发型

（2）体型与发型。

①短小身材的发型。

个子矮小的人给人一种小巧玲珑的感觉，应强调丰满与魅力，在发型选择上要与之相适应。发型应以秀气、精致为主，避免粗犷、蓬松，否则会使头部与整个形体的比例失调，给人产生头大身小的感觉，从整体比例上，应注意长度印象的建立，不宜留长发，也不宜把头发处理得粗犷、蓬松。可利用盘发增加身体高度，而且要在如何使头发秀气、精致上下功夫。烫发时应将花式、块面做得小巧、精致一些。

②高瘦身材的发型。

这种体型的人容易给人细长、单薄、头部小的感觉。要弥补这些不足，发型要求生动饱满，避免将头发梳得紧贴头皮，或将头发搞得过分蓬松，造成头重脚轻。一般来说，高瘦身材的人比较适宜于留长发、直发。应避免将头发削剪得太短薄，或盘高发髻。头发长至下巴与锁骨之间较理想，且要使头发显得厚实、有分量。

③矮胖身材的发型。

矮胖者往往显得健康，要利用这一点造成一种有生气的健康美。整体发式向上，如选择运动式发型。此外应考虑弥补缺陷，可选用有层次的短发、前额翻翘式等发型，不宜留长波浪、长直发。矮胖者一般脖子显短，因此不要留披肩长发，尽可能让头发向高处发展，显露脖颈以增加身体高度感，头发应避免过于蓬松或过宽，矮胖的人要尽可能通过发型设计来弥补自身的缺点。

④高大身材的发型。

该体型给人一种力量美，但对女性来说，缺少苗条、纤细的美感。为适当减弱这种高大感，应努力追求大方、健康、洒脱的美，减少大而粗的印象。一般以留简单的直短发为好，或者是大波浪卷发；对直长发、长波浪、束发、盘发、中短发式也可酌情运用。注意切忌发型花样繁复、造作；头发不要太蓬松。总的原则是简洁、明快、线条流畅。

（3）服装与发型。

①与西装相适应的发型。无论直发还是烫发都要梳理得端庄、艳丽、大方，不要过于蓬松，并且可以在头发上适当抹点油，使之有光泽。

②与礼服相适应的发型。着礼服时，可将头发挽在颈后结低发髻，显得庄重、高雅。

③与运动衫相适应的发型。可将头发自然披散，给人以活泼、潇洒的感觉；如将长发高束，或将长发编成长辫，可增加柔美的情调。

④与皮制服装相适应的发型。如你穿皮装，可选披肩发、盘发、梳辫子等，可使你倍添风采。

⑤与连衣裙相适应的发型。如果你穿的是一种外露较多的连衣裙，那你可选择披肩发或束发；如果你穿V字领连衣裙，那你可选择盘发。

（4）场合与发型。

①公务场合。

在公务场合中发型应当简朴、端庄、成熟、稳重，把自己清晰的脸部轮廓露出来。因此，比较适宜大花型的短发或盘发，给人以温和可亲的感觉。在公务场合，发型不能过于凌乱；发饰不能过于繁复；发色不能过于艳、浅。应该更加的干净利落一点，才能让自己的形象更加出众、得体。

②社交场合。

在社交场合频频亮相的人，发型则应当个性、时尚、艺术一些。因此，比较适合立体感的大卷发或不对称的盘发，给人以时尚大方的感觉。我们在做社交场合发型时可以加一些华丽时尚的小发饰，以增加发型的层次感。

③休闲场合。

在休闲场合中发型要时尚、张扬、突显自己的个性。因此，比较适合个性马尾辫或随性小盘发，给人以轻松时尚的感觉；在休闲场合可加一些时尚的发带和个性的头饰做装饰，突出个性。

知识链接

正式场合常见的几种发型

第一种是绾发，绾发干净利落，是公务场合的首选发型，但要注意的是绾发的发髻不要梳得过高、过紧，否则容易显得人气势凌人、不够温婉谦和。绾发多用于服务行业。

第二种是大波浪卷发型也非常流行。大波浪卷发型是非常能够表现一个女性的整体气质的，气场较强。当然大波浪卷发型相对来讲更加适合那种个子稍微高一点的女生，同时最好是脸型稍微大一点点，这样不会让脸型显得特别小，会让人看着比较舒服。

第三种是利落的超短发，它也是一个很不错的选择。其实在现在的职场中，很多职场女性都是留着这样一个非常利落的超短发的，这种超短发确实也比较符合一些相当正式场合的气质。而且对于很多女生来说，这种超短发在日常生活中也非常好打理。到了夏天之后，这样的发型也是非常凉快的。

第四种是齐肩的微卷短发，它也是很不错的选择，头发最好烫一个比较好看一点的弧度。这样的发型也能够比较好的表现女性的气质，是完全能够应付一些比较正式的场合的。

学习评价

一、基础知识测试

（一）填空题

1．发型选择的原则：（　）、（　）、（　）。

2．旅游接待人员，女士头发要做到（　），（　），（　），（　），发型也不可过于前卫时尚，还要避免使用色泽太鲜艳的发饰。

3．（　）比较适宜于留长发直发，应避免将头发削剪得太短薄或绾发，梳高髻。

4．（　）有活力，易于美发，在还未干透的情况下也容易梳理，并富有弹性，光泽且柔软，头发表面的鳞片光滑、无缺损。

5．（　）是东方女性最理想的脸型，所以拥有这种脸型的人，梳什么样的发型都不会难看。

（二）单项选择题

1．油性发质的外观（　）。

A．头发表面的鳞片光滑，无缺损　　B．有油腻和湿润感，易黏结

C．表面毛糙，鳞片开裂，形成微孔　　D．常见色泽为深色和红色

2．发型的设计，圆脸型应避免（　）。

A．用刘海儿把前额全部遮掩起来

B．留长直的头发或剪得极短的发型

C．露出前额

D．用蓬松卷曲的短发，把双颊最宽的部分遮掩起来

3．头发的平均寿命（　）。

A．4 ~ 5 年　　B．1 ~ 2 年　　C．2 ~ 5 年　　D．5 ~ 10 年

4．（　）选用滋润效果较好的洗发水，用鬃毛刷梳均匀，刷头皮刺激油脂分泌，注意头皮保养。

A. 健康发质　　B. 油性发质　　C. 劣性发质　　D. 干性发质

5. 从以下选项中，选出每人每天头发最有可能脱落约（　）根，随之新头发长出来。

A. 20　　B. 100　　C. 200　　D. 180

（三）判断题

1. 在休闲场合中，发型不能过于凌乱；发饰不能过于繁复；发色不能过于艳、浅。（　）

2. 在社交场合中发型要时尚、张扬、突显自己的个性。（　）

3. 干性发质，由于头皮油脂分泌少，头发缺少光泽，容易被吹乱。（　）

4. 如果你穿V字领连衣裙，你可选择盘发。（　）

5. 椭圆形脸的人要避免留长直的头发和剪得极短的发型。（　）

二、能力训练

（一）个人能力训练

案例一：

日本的著名企业家松下幸之助从前不修边幅，企业也不注重形象，因此企业发展缓慢。一天，理发时，理发师不客气地批评他不注重仪表，说："你是公司的代表，却这样不注重衣冠，别人会怎么想，连人都这样邋遢，他的公司会好吗？"从此松下幸之助一改过去的习惯，开始注意自己在公众面前的仪表仪态，生意也随之兴旺起来，现在，松下电器的种类产品享誉天下，与松下幸之助长期率先垂范，要求员工懂礼貌、讲礼节是分不开的。

问题：

（1）注重仪表的意义何在？

（2）为什么说当今社会中企业的形象和员工的形象有重要的关系呢？

案例二：

早上小米醒来的时候已经8点钟，因为上午约了重要的客户来公司洽谈合同，来不及洗头，本想自己动手给秀发整个漂亮的发型，但是时间却来不及了，只好顶着一头散发奔向公司。客户看到披头散发的小米，没有说几句话就走了，合同自然是签不成了。小米没有想到因为头发这个细节，丢掉一单大生意。

问题：上述案例可以看出，初次见面，对方最先注意的是你想不到的"头发"，发型得不整齐，给小米带来意想不到的麻烦。请你帮助小米分析一下在正式场合中正确的发型应注意哪些礼仪要点？

（二）团队能力训练

组成两人学习小组，根据学习内容，结合对方的发质、脸型、身材，设计一款在旅行社对外接待工作中的发型，并说明你的设计理念。

学习任务 3 外在礼仪修养之三——得体的服饰

引导文章

注意着装细节的重要性

有位国内企业的老总到国外宣传推广自己的企业，希望能借此机会获得投资，为公司争取上市机会。此次机会难得，听众都是国际著名投资公司管理人员，场面也很正式。参加宣讲的老总在着装上也下了一番功夫，打了领带，穿的都是名牌西装，还专门穿了一双据说会带来好运的意大利品牌皮鞋……但最后的结果却不尽如人意。回到国内后，百思不得其解的老总委托朋友打听缘由，才得知当时台下的听众们发现老总的裤脚下露出一截白色袜腰。

问题：

（1）从上述案例你得到哪些启示？

（2）作为旅游从业者，在不同的工作情景中，着装方面又有哪些要求？

服饰包括服装和饰品。服饰是一种文化，一种文明，能够反映一个国家一个民族的经济水平、文化素养、精神文明与物质文明发展的程度；服饰还体现着一个人的文化修养和审美情趣，是一个人的身份、气质、内在素质的无言的介绍信。它是仪表美的重要因素，人们对你的第一印象常常来源于你的衣着打扮。

一、着装礼仪

一个人的穿着不仅能体现出他的生活水平、职业身份、地位、品位，甚至是性格和爱好，更能表现出他的个人修养，而旅游从业者衣着得体，符合礼仪规范，更是有助于树立旅游企业及个人良好的形象并赢得游客对自己的尊重。

（一）着装的基本原则

着装礼仪中的基本原则通常被分为三部分：三色原则、“三一”原则和“TPO”原则。

1. 三色原则

在职场中的公务场合，应着正装，必须遵循“三色原则”，即全身服装的颜色不得超过三种颜色。如果多于三种颜色，则每多出一种，就多出一分俗气，颜色越多则越俗。

2. “三一”原则

穿着正装必须使三个部位的颜色保持一致，在职场礼仪中也叫作“三一定律”。

男士的“三一”指的是身着西服正装时，他的皮鞋、皮带、皮包应基本一色；女士的“三一”指的是，皮鞋、皮包、皮带与下身所穿着的裙/裤及袜子的颜色应当一致或相近。

3. “TPO”原则

着装的TPO原则是世界通行的着装打扮的最基本的原则。它要求人们的服饰应力求和谐，以和谐为美。

T（Time）表示时间，即穿着要应时。不同时段的着装规则对女士尤其重要。男士有一套质地上乘的深色西装或中山装足以包打天下，而女士的着装则要随时间而变换。白天工作时，女士应穿着正式套装，以体现专业性；晚上出席鸡尾酒会就需多加一些修饰，如换一双高跟鞋，戴上有光泽的佩饰，围一条漂亮的丝巾；服装的选择还要适合季节、气候特点，保持与潮流大趋势同步。

P（Place）表示场合，即穿着要应地。在自己家里接待客人，可以穿舒适而整洁的休闲服；如果是去公司或单位拜访，穿职业套装会显得专业；外出时，要顾及当地的传统和风俗习惯，如去教堂或寺庙等场所，不能穿过露或过短的服装，等等。

O（Object）表示着装者和着装目的，即穿着要应己。与顾客会谈、参加正式会议等，衣着应庄重考究；听音乐会或看芭蕾舞，则应着正装；出席正式宴会时，则应穿中国的传统旗袍或西方的长裙或晚礼服；而在朋友聚会、郊游等场合，着装应轻便舒适。试想一下，如果大家都穿便装，你却穿礼服就有欠妥当；同样的，如果以便装出席正式宴会，不但是对宴会主人的不尊重，也会令自己颇觉尴尬。

（二）着装的礼仪规范

1. 制服

（1）制服的作用。

①可以体现其职业特征。为了实际工作的需要，不同职业往往需要具有不同特征的制服（图2-11）。与铁路服、海员服、空乘服等彼此各具特色一样，从事不同类型的工作人员所穿的制服，通常也各不相同，它们不仅适应着自己具体的工作性质，而且具有商务人员的共同的基本特征。

②可以表明其职级差异。在工作岗位上，工作人员的具体分工往往有所不同，制服对此是有所体现的。即使是在同一个单位里，不同部门、不同级别、不同职务的人员，往往从其制服上就可以区别开来。这样制作，是为了分工明确，也是为了增进着装者的荣誉感，并且争取舆论的监督。

图2-11 制服

③可以实现其整齐划一。从总体上讲，工作人员在自己的工作岗位上是不允许过多地张扬个性的。身着样式一致的制服，不仅有助于体现出整个单位的共性、全体员工的良好的合作性与凝聚力，而且也便于单位更为有效地对全体员工进行要求和管理。

④可以树立其单位形象。根据现代公共关系理论，要求全体员工身着统一式样的制服上班，实际上是建立某一社会组织用以树立自身形象的“企业静态识别符号系统”的常规手法之一。换言之，要求全体员工在工作岗位上身穿制服，可以令人耳目一新。久而久之，便会使本单位的形象随之而深入人心，

得以确立。

（2）制服穿着礼仪规范要求。

制服既然属于上班装，那么对身着制服上班的人士而言，穿着和搭配制服，就必须严格地遵守有关礼仪规范和本单位的具体规定，在穿着制服上班时，必须注意以下四个方面的问题：

①戒露。制服理应发挥服装为人体遮羞的基本功能，对工作人员在工作岗位上不宜裸露在外的躯体加以掩饰。通常认为，制服是不应当使着装者的胸部、腹部、背部和肩部在外“曝光”的。这四处不宜外露之处，通称为“制服四不露”。假如达不到这一要求，就会让着装者的乳沟、胸毛、腋毛、肚脐、脊背等处，甚至连同内衣一道昭然若揭，非常之不文明。

②戒透。制服即使极为色浅单薄，也绝对不应当是透明的。如果在上班时所穿的制服成了变相的“透视装”，令本属于着装者“绝对隐私”的背心、胸罩、内裤、腹带、衬裙等，若隐若现，甚至赫然在目，犹如特意进行“公开陈列”一般，不但有碍观瞻，而且也会使着装者失于自尊自爱。

③戒短。制服最好是要合身，有些制服因为工作的需要，允许相对宽松肥大一点，但是，不应使之过分短小。不然，既显得小气，又会给人以不文明之感。在一般情况下，制服之中的上装不宜短于腰部，否则会露出裤腰、裙腰甚至肚皮，成了改头换面的“露脐装”。裤装式的制服，一般不宜为短裤式样。裙装式的制服，则裙摆大都应长于膝盖。这样规定，对着装者其实也是一种保护，使之既工作安全，又减少被他人骚扰的机会。

④戒紧。必须明确的是，制服并非时装，因此不应使之过于紧身凸显着装者的线条。通常，以高弹面料制作制服也是不合适的。不然的话，很可能会因此而使得着装者原形毕露、一目了然，甚至还会使内衣、内裤的轮廓显得一览无余。应当注意的是，正因为如此，欲体现本人的苗条身材而随意改动制服的做法，也是不可取的。

2. 西服套装（图2-12）

（1）西装的搭配。

①西装与衬衫：穿西装时，衬衫袖应该比西装长出1～2厘米，衬衫领应该高出西装1厘米左右。衬衫下摆必须扎进裤内。若不系领带，衬衫的领口应敞开。在正式场合，衬衫的颜色最好是白色。

②西装与领带：在正式场合，穿西装应系好领带。领带有简易打法和复杂打法之分。领带的长度要适当，以达到皮带扣处为宜。如果穿毛背心或毛衣，应将领带下部放在毛衣领口内。系领带时，衬衫的第一个纽扣要扣好，如果佩戴领带夹，一般应在衬衫的第四个和第五个纽扣之间。

图2-12 西服套装

③西装与鞋袜：穿西装一定要穿皮鞋，而不能穿布鞋或旅游鞋。皮鞋的颜色要与西装相配套。皮鞋还应擦亮，不应蒙满灰尘。穿皮鞋还要配上合适的袜子，袜子的颜色要比西装稍深一些，使它在皮鞋与西装之间显示一种过渡。

④西装与扣子：穿西装时，通常单排两粒扣的西装讲究“扣上不扣下”，就是只扣上面一粒，或全部不扣；单排三粒扣的西装只扣上面两粒或中间一粒；而双排扣西装的扣子必须全部扣上，以示尊重。

（2）西装十戒。

①袖口商标不除。

②衣扣扣得不当。

③衣袋乱放东西。

④鞋袜不配。

⑤领带长度不当。

⑥乱用领带夹。

⑦内穿多件羊毛衫。

⑧不见衬衫领袖口。

⑨不系领带仍系着领扣。

⑩衬衫内着高领内衣。

3. 西装套裙（图2-13）

（1）套裙的搭配。

①套裙与衬衫的搭配。

a. 质地与色彩要求：

质地要求轻薄而柔软，如真丝、麻纱、府绸、罗布、花瑶、涤棉等，都可以用做其面料；色彩要求雅致而端庄，并且不失女性的妩媚，要以单色为最佳之选。

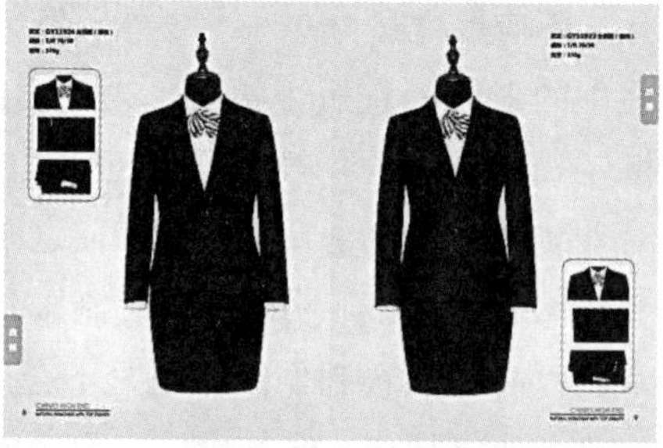

图2-13 西服套裙

b. 穿衬衫注意事项：

衬衫的领子应穿在西服套装外套的领子之内。

衬衫的下摆，在穿着西装外套时，必须要把下摆掖入裙腰之内，不得任其悬垂于外，或是将其在腰间打结；在不穿外套单穿衬衫时，一般发生在夏季，多数指半袖衬衫，下摆应放在裙腰之外。

衬衫的纽扣要一一系好，除最上端一粒纽扣按惯例允许不系外，其他纽扣均不得随意解开，以免在他人面前显示不雅之态。

衬衫在公共场合不宜直接外穿，按照礼貌，不许在外人面前脱下上衣，直接以衬衫面对对方，身穿紧身而透明的衬衫时，特别须牢记这一点。

②套裙与内衣的搭配。

一套内衣往往由胸罩、内裤以及腹带、吊袜带、连体衣等构成。面料以纯棉、真丝等面料为佳。色彩可以是常规的白色、肉色，也可以是粉色、红色、紫色、棕色、蓝色、黑色。不过，一套内衣最好同为一色，而且其各个组成部分亦为单色。就图案而论，着装者完全可以根据个人爱好加以选择。

③衬裙。

特指穿在裙子之内的裙子。一般而言，女士穿套裙时，尤其是穿丝、棉、麻等薄型面料或浅色面料的套裙时，是一定要穿衬裙的。选择衬裙面料时，可以考虑各种面料，但是以透气、吸湿、单薄、柔软者为佳。在色彩与图案方面，衬裙的色彩，宜为单色，如白色、肉色等，但必须使之与外面套裙的色彩相互协调。

④套裙与鞋袜的搭配。

选择鞋袜时，应当首先注意其面料。女士所穿的用以与套裙配套的鞋子，宜为皮鞋，并且以牛皮鞋为上品。同时所穿的袜子，则可以是尼龙丝袜或羊毛袜。

穿套裙时所穿的袜子，可有肉色、黑色、浅灰、浅棕等几种常规选择。只是它们宜为单色。多色袜、彩色袜以及白色、红色、蓝色、绿色、紫色等色彩的袜子，都是不适宜的。要强调的是，穿套裙时，需有意识地注意一下鞋、袜、裙三者之间的色彩是否协调。一般认为，鞋、裙的色彩必须深于或略同于袜子的色彩。

鞋袜在与套裙搭配穿着时，其款式有一定之规。与套裙配套的鞋子，宜为高跟、半高跟的船式皮鞋或盖式皮鞋。系带式皮鞋、丁字式皮鞋、皮靴、皮凉鞋等，都不宜采用。高筒袜与连裤袜，则是与套裙的标准搭配。中统袜、低统袜，绝对不宜与套裙同时穿着。

（2）西装套裙穿着“五不准”。

①穿套裙切勿光腿，那样对人不尊重也不雅观。

②与欧美国家打交道时，勿穿黑色皮裙，否则会给外国人造成误会。

③穿套裙时，丝袜的破损会让你尴尬万分，女孩子可以在包里准备一双备用丝袜，必要时换上，保证自己的形象不被破坏。

④在一般场合，穿裙时应与鞋和袜子配套，穿套裙时，不宜穿凉鞋、拖鞋、运动鞋。

⑤及膝的裙子应搭配薄长丝袜，不宜搭配短袜，在裙子下摆与袜口之间露出一段腿，俗称“三节腿”，很不雅观。

4. 中华民族传统服装

（1）汉服（图2–14）。

汉服，是中国人的传统服饰，被誉为中国国粹和中国服饰之代表，是中华民族乃至人类社会创造的宝贵财富。汉服，一直是历代汉族王朝的法定衣冠，历代汉族王朝统治者都非常重视汉服的制定，历代《舆服志》都是对当朝衣冠礼仪的制定与总结，从中不难看出对于一件衣服的变动要召集群臣多次商讨方可制定，以期不违背礼仪制度。所以，能代表中国上下5000年的文化的传统服饰，唯有汉服。

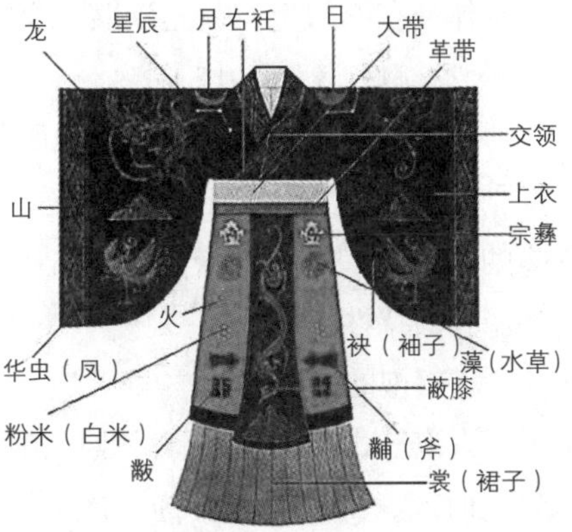

图2–14 汉服

①汉服的起源。

汉服不是单指某一件衣服，而是包括衣、冠、发式、面饰、鞋、饰物等共同组合的整体的服饰体系。汉服是世界上历史最悠久的民族服饰之一。《史记》载，华夏衣裳为黄帝所制。“黄帝之前，未有衣裳屋宇。及黄帝造屋宇，制衣服，营殡葬，万民故免存亡之难。”汉明帝恢复了自周代灭亡以后被荒废的冕服制度，汉明帝的“衣冠承周”是自汉武帝后，中国人继思想领域后在衣冠领域的一次文化复兴。明帝以后的汉族王朝多延续周制而有所损益，形成了中国汉服万世一系的传承。

汉服自兴起以来，形成了三个主要的流派，即重视审美特点的以展示、秀为主的汉服；重视民族特点的以民族主义为宗旨的汉服；重视礼俗特点的以恢复节日、礼仪为目标的汉服。

直到满族入关后，下令汉族剃发易服，“衣冠悉尊本朝制度”标志着汉服的消亡或断层。清朝统治者为了达到削弱汉人的民族认同感以便于维护满族的统治，实行“剃发易服”，服汉衣冠、束发者治重罪。

②汉服的基本形制。

传统服装有两种基本形制，即上衣下裳制和衣裳连属制。

上衣下裳制，相传起源于传说中的黄帝时代，《易·系辞下》载：“黄帝、尧、舜垂衣裳而天下治，盖取诸乾坤。”这一传说可以在甘肃出土的彩陶文化的陶绘中，得到印证。这可以说是中国最早的衣裳制度的基本形式。

衣裳连属制，古称深衣，它的用途很广，《礼记·深衣篇》云：“可以为文，可以为武，可以摈相，可以治军旅。”

其形制特点：一是上衣下裳连为一体；二是无男女式样的区别；三是整体呈上窄下宽，与后世的袍呈筒状不同；四是着深衣多系腰带，腰带上不及人的肋骨，下不及髋骨。综合起来看，深衣的款式是上窄、下宽、束腰、交领、右衽、直裾、宽袂（袖）、小袪（袖口）。

③汉服的礼仪内涵。

汉服中左侧的衣襟与右侧的衣襟交叉于胸前的时候，就自然形成了领口的交叉，所以形象地叫作“交领”；交领的两直线相交于衣中线，左右代表传统文化的对称学，显出独特的中正气韵，代表做人要不偏不倚，如果说汉服表现天人合一的话，交领即代表天圆地方中的地，地即人道，即方与正。而袖子，则是圆袂，即代表天圆地方中的天圆。这种天圆地方学在汉服上的表现也是中国古代文化的一个体现。汉服具有审美、象征与礼俗的内在属性，分别指向华夏社会审美心态、民族精神与社会秩序的重塑。礼学有三本，衣冠是礼学重要的组成部分，三本体现在衣冠上，就是汉服三义。

（2）旗袍（图2–15）。

旗袍，是东方女性最适合的服装，因为它采用紧扣的高领，显得雅致端庄，上下结构严谨，看上去没有任何重叠的衣料和不必要的带袢与口袋装饰，显得简洁明快、干净利落，体现出女性婀娜多姿的特性。

①旗袍的起源。

旗袍是我国一种富有民族风情的妇女服装，由满族妇女的长袍演变而来。由于满族称为“旗人”，故将其称之为“旗袍”。在清代，妇女服饰可谓是满汉并存。清初，满族妇女以长袍为主，而

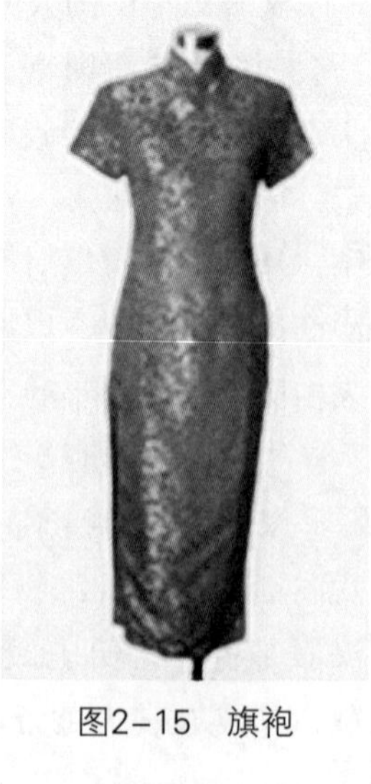

图2–15 旗袍

汉人妇女仍以上衣下裙为时尚；清中期，满汉各有仿效；到了清代后期，满族效仿汉族的风气日盛，甚至出现了“大半旗装改汉装，宫袍截作短衣裳”的情况，而汉族仿效满族服饰的风气，也于此时在一些达官贵妇中流行起来。到了20世纪20年代，受西方服饰影响，经改进之后的旗袍逐渐在广大妇女中流行起来。

这种旗袍是汉族妇女在吸收西洋服装样式后，通过不断改进，才进入千家万户的。旗袍的样式很多，开襟有如意襟、琵琶襟、斜襟、双襟；领有高领、低领、无领；袖口有长袖、短袖、无袖；开衩有高开衩、低开衩；还有长旗袍、短旗袍、夹旗袍、单旗袍等。改良后的旗袍在20世纪30年代，几乎成为中国妇女的标准服装。

②旗袍样式的选择。

旗袍有好多种，这要根据个人的体形来决定。女士在一些涉外重要场合穿旗袍不但能显示女性的美，而且更具有民族风格。

a．颈部粗而短的人，应选择无领形的旗袍，这种款式具有连衣裙开敞领形的特点，中式斜襟，保留着东方女服的风格。

b．脸形圆而胖的人，如果领形开得略为深一些，可以对圆而胖的脸形起到引长的作用，既可以避免立领妨碍脖子的活动，又可以掩饰脸过圆的缺陷，还可以端庄之中表现出几分浪漫的气息。

c．颈部细长的女子以立领为美。

d．身体不太高的女士，可以选用旗袍中间一道竖的线条，给人在视觉上产生修长感。这个款式把旗袍的长度延伸到脚面，再穿上一双高跟或半高跟皮鞋，看上去更加显得修长了。

③旗袍穿着礼仪规范。

a．旗袍是合身要求极高的服装，穿着旗袍前，必须准确测量出自己的“三围”，然后试穿，并观察“三围”是否贴体舒适。

b．礼服的旗袍最好是单一的颜色，一般常在绸缎面料上刺绣或饰物。

c．在礼仪场合穿着的旗袍，其开衩不宜太高，以到膝关节上方1～2寸（3～7厘米）为最佳，旗袍的长度最好是长至脚面。

d．着旗袍应配穿与旗袍颜色相近的高跟鞋或半高跟鞋，或配穿制作考究的布鞋或绣花鞋。

e．穿旗袍时，应佩戴珍珠、玛瑙等精致的项链、耳坠、胸花做配饰。

（3）中山装（图2–16）。

①中山装起源。

在清朝（1644—1911年），中国男子都是按照满族的式样梳理头发，穿衣戴帽，一直延续到20世纪初。虽然中国已步入了近代史的征途，但传统服装仍保持着一定的稳定性，服装仍沿用着传统的长袍、马褂、瓜皮帽等式样。光绪二十六年（1900年）之后不久，传统服式开始受到外国服式的一些影响，出现了一些改变，但基本式样仍保持着原有的状态。直至1911年辛亥革命爆发

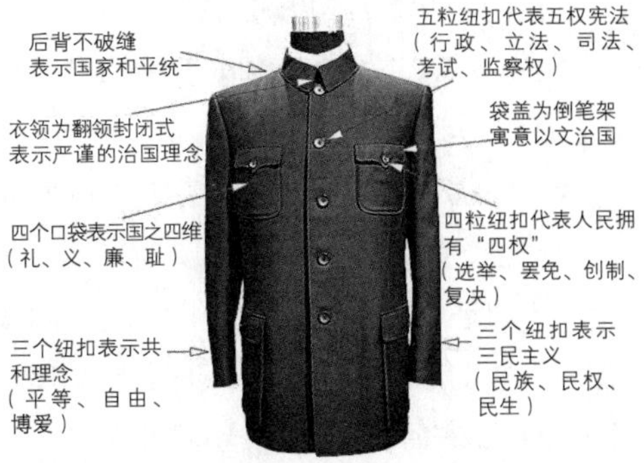

图2–16　中山装

后，才出现了一些根本性的变革，它象征着清王朝的彻底崩溃和一个时代的终结。辛亥革命不仅带来了社会的剧变，而且也促使服装的变革更为迅速而明显。中山装就是在这一变革中诞生的。中山装是中国现代服装中的一个大类品种。其上衣的左右上下各有一个带盖子和扣子的口袋，下身是西裤，这是辛亥革命后流行起来的服装，以伟大的革命先行者孙中山做临时大总统时穿用而流行于世，故称中山装。

②解读中山装。

中山装的思想和政治含义：衣服外的四个口袋代表“四维”（即礼、义、廉、耻），前襟的五粒纽扣和五个口袋（一个在内侧）分别表示孙中山的五权宪法学说\[行政权、立法权、司法权、考试权，还有监察权在领口（纽扣）和内侧（口袋），以彰显监察权的人民监督作用\]；左右袖口的三个纽扣则分别表示三民主义（民族、民权、民生）和共和的理念（平等、自由、博爱），衣领为翻领封闭式，表示严谨的治国理念；衣袋上面弧形中间突出的袋盖，笔山形代表重视知识分子，背部不缝缝，表示国家和平统一之大义。

③中山装穿着礼仪规范。

a. 穿着时，应将前门襟、风纪扣、袋盖扣全部扣好。

b. 口袋内不宜放置杂物，以保持平整挺括。

c. 配漂亮的黑色皮鞋。

二、饰品佩戴礼仪

饰品是指能够起到装饰点缀作用的物件。饰品的佩戴是服饰礼仪的重要组成部分，饰品也是一种文化，饰品的选择和佩戴也能体现一个人的内在涵养和素质，它也能成为人的象征，成为人的外在表现。

（一）饰品佩戴的原则

饰品的特点是体积较小，装饰效果明显，选用饰品的原则是有利于表现整体形象，既非数量多少，也非贵贱如何，而在于选配得当。旅游接待者在工作中一般不应该佩戴饰品，如佩戴则必须遵循“少而精”的原则。佩戴饰品时应注意以下几点：

（1）统一风格。服装和饰品的风格必须一致。服装面料奢华、古典时应佩戴经典而华丽的饰品；一般的工作服式，则可以佩戴相对简约而时尚的饰品。

（2）统一颜色。冷色系服装以冷色系饰品为主配，如铂金或银饰等，暖色系服装则以金色或较鲜艳的K金或珍珠装点。

（3）选定主题。若佩戴多种饰品，则应保持各饰品如耳环、项链、戒指、手镯等在风格或主题上一致。

（4）选定重点。如果全身上下佩戴超过三样饰品，则应注意选定重点，如耳环大图案复杂，项链就要简洁；反之，项链复杂，耳环就要简洁。

（5）统一尺寸。按身型分，高大的人应佩戴较大饰品，而娇小的人则应佩戴较秀气的饰品。因为大能够显纤细感，而小却能反衬扩张感。比如，瘦小的女孩就应该佩戴小巧的手镯或者是精致的手链，如果佩戴了大的手镯，则会显得手腕干瘦。

（二）几种主要饰品佩戴的礼仪规范

1. 项链

在工作之中，一般允许女性服务人员佩戴项链，所戴项链不应多于一条。注意项链不能太长，因为太长的项链容易被其他物品钩住而影响工作效率。而男性服务人员通常在其工作岗位上不宜佩戴项链，即使佩戴的话，也只能将其藏于衣服内，不能显露在外。

2. 耳环和耳钉

与耳环相比，耳钉小巧而含蓄，也比较庄重。酒店女性服务人员在工作岗位上，不宜佩戴耳环。但一般情况下，允许女性服务人员佩戴耳钉，但不允许男性服务人员佩戴耳环和耳钉。

3. 戒指

当今，戒指已成为世界各国男女的一种装饰品。但礼仪性的戒指是不能随便戴的，因为它戴在各个手指上所包含的意义是不同的。这是一种沉默的语言，是信号或标志，暗示着佩戴者的婚姻和择偶情况。例如：戴在食指上，表示无偶或求婚的意思；戴在中指上，表示已有意中人，正在恋爱中；戴在无名指上，表示已订婚或结婚；戴在小指上，则暗示自己是一位独身主义者。一般情况下，大拇指不戴戒指。在社交场合，一只手上只戴一枚戒指，戴两枚或两枚以上都不适宜。

知识链接

面试不同职业的着装方法

行政族：主基调为端庄大方，套装是办公室行政女职员的必选之物，因为它可以使穿着的人显得干净利落，干练坚决。

创意族：主基调为简约休闲，创意族主要指从事新闻、娱乐、广告、平面设计、动画制作、形象造型等工作的职业女性，在服装的选择上她们的局限性相对其他行业要小，以创意族的职业特点及对美丽天生的敏感度，随意转变一下思路，巧妙装扮一下，就能显示出与众不同的感觉。

技术族：主基调为含蓄稳重，着装上要体现诚实和稳妥，切忌华而不实，服饰要讲究质地，若有经济能力的局限，则以外观上的大方为原则，应避免怪异、暴露或者过于鲜艳的装扮。

（资料来源：周思敏. 你的礼仪价值百万［M］. 北京：中国纺织出版社，2010.）

学习评价

一、基础知识测试

（一）填空题

1. 制服穿着礼仪规范要求（　　）、（　　）、（　　）、（　　）。

2. 穿套裙时所穿的袜子，可有（　　）、（　　）、（　　）、（　　）等几种常规选择。彩色的袜子是正式场合所不适宜的。

3.（ ）是我国一种富有民族风情的妇女服装，由满族妇女的长袍演变而来。

4. 能代表中国上下5000年的文化的传统服饰，唯有（ ）。

（二）单项选择题

1. 中山装衣服外的四个口袋代表“四维”，即（ ）。

A. 礼、行、廉、耻　　B. 礼、义、廉、耻

C. 知、行、礼、廉　　D. 知、义、礼、行

2. 男士单排三粒扣的西装（ ）。

A. 只扣上面两粒或中间一粒　　B. 扣上不扣下

C. 全部扣上，以示尊重　　D. 不用扣上

3. 穿西装一定要穿（ ），鞋的颜色要与西装相配套。

A. 布鞋　　B. 皮鞋　　C. 旅游鞋　　D. 凉鞋

4. 在礼仪场合穿着的旗袍，其开衩不宜太高，以到膝关节上方（ ）寸为最佳。

A. 1～3寸　　B. 2～3寸　　C. 1～2寸　　D. 2～4寸

5. 以下哪个是中山装的穿着礼仪规范（ ）。

A. 穿着时，前门襟、风纪扣，不用扣好

B. 口袋内不宜放置杂物，以保持平整挺括

C. 搭配白色或者棕色皮鞋

D. 应搭配颜色鲜艳的帽子

（三）判断题

1. 在工作之中，一般允许女性服务人员佩戴项链，所戴项链不应多于一条。（ ）

2. 因为饰品体积较小，所以在佩戴时应选择多种饰品一起佩戴。（ ）

3. 穿西装时，衬衫领应该低于西装1厘米左右。（ ）

4. 穿运动装时，一定要穿运动鞋或休闲鞋，而不能穿高跟鞋或皮鞋。（ ）

5. 到了20世纪20年代，受西方服饰影响，经改进之后的旗袍逐渐在广大妇女中流行起来。（ ）

二、能力训练

（一）个人能力训练

1. 任务训练：根据制服穿着规范要求进行一次岗前着装模拟训练

操作步骤	操作标准
制服和衬衣的穿着	1. 选择一套本专业制服作为工作制服 2. 重点检查领口和袖口的洁净按顺序检查，发现问题及时处理 3. 细心检查衣服上是否有油污陈渍、扣子是否整齐、是否有漏缝或破边 4. 从衣架上取下衬衣，穿上 5. 衬衣穿好后下摆必须在裤子或套裙里面 6. 对着镜子检查，扣子是否扣齐，穿着是否符合规范 7. 换下不需洗涤的衣物应挂在衣架上 8. 制服口袋不许装与工作无关的任何物品

续表

操作步骤	操作标准
鞋袜穿着前的检查	1. 皮鞋或布鞋以素色或黑色为主，式样以端庄大方为主，颜色应比制服的颜色深，女士应穿中跟或平跟鞋 2. 皮鞋应经常擦油，保持干净光亮，布鞋也应该保持干净 3. 要及时修补小破损 4. 男士袜子的颜色应该与鞋子颜色相和谐，女士着裙装应穿与肤色相近的长丝袜，女士袜子不可太短，不可穿有脱丝破损的长丝袜上班，暗色和花色长袜不适合与工作套裙搭配 5. 除非特别需要，不可在客人面前把脚从鞋子里面深出来
饰物佩戴	1. 帽子要戴端正，符合规范 2. 工号牌要端正的别在西装左胸翻领上或其他制服左胸上方 3. 领带（领结）经常是制服的组成部分，配套的制服应按规定系好领带 4. 领带扎在硬领衬衫上，扎前衬衣的第一个纽扣应扣口上 5. 系领带不能过长或过短，站立时下端齐及腰带为最好 6. 领带系好后，前面宽的一面应长于里面窄的一面 7. 如果需用领带夹，其位置在衬衣的第四、五个纽扣之间 8. 领带不用时，应打开领结，垂直吊放，以备在用

2. 案例分析

案例一：

彭丽媛陪同出访造型回顾

第一套造型：彭丽媛这身深蓝色双排扣风衣用丝巾做点缀，简约而典雅。彭丽媛的首次陪同出访受到各界的强烈关注，这套深色的造型看起来简约大气，实际上珍珠耳环、点亮造型的丝巾、腰带的系法、风衣与裙子长度的比例、鞋子的高度等细节上一点都不疏忽，从精致细节中展现中国特有的典雅与大气。

第二套造型：彭丽媛陪同习近平主席访俄的第二套装扮曝光，换上与下午双排扣风衣同色系的长及小腿的大衣，踝靴换成了漆皮的高跟鞋，用芥末黄色的围巾点亮造型，放下黑色皮质手提包后换上更便携的黑红色长款手拿包。

第三套造型：彭丽媛访俄第三套造型曝光，经历了两套低调的黑色造型之后，她换上藏蓝色刺绣花纹收腰外套，搭配及膝黑短裙。藏蓝色的外套从颜色到花纹都具有浓郁的民族风情，但无论怎么变化造型依旧非常优雅和大气，将民族元素拿捏得恰到好处。

第四套造型：彭丽媛第四套造型曝光，藏青色长款大衣搭配蓝色围巾，同一色系不同色调在视觉上形成对比。整个造型与之前几个造型差别不大。

第五套造型：彭丽媛第五套造型曝光，驼色及膝裙套装与之前几个造型相比让人眼前一亮。双排扣的西服外套无论廓形还是颜色都非常优雅，收腰和外扩的细节是今年非常流行的元素；内搭中式立领民族印花上衣，民族与现代风格完美融合在一起。

第六套造型：抵达达累斯萨拉姆，彭丽媛第六套造型亮相，印花暗纹素白套装沉稳干练中增加女性的柔美清爽，搭配的浅蓝色丝巾让人眼前一亮，衬托皮肤白皙柔和，与身边习近平主席的蓝色系领带相得益彰。手提的纯白色包包与套装同色系，整体洁白简约，纯净高雅。

第七套造型：彭丽媛在基奎特总统夫人萨尔玛·基奎特陪同下参观了坦桑尼亚“妇女与发展基金会”。小立领闪光面料的风衣带有灰蓝色调，较之此前的黑色系大衣多了一些活泼、飒爽的因素，与当日参观妇女与发展基金会的主题呼应，体现了新时代的妇女干练的性格和多彩的生活；搭配泼墨感印花中长裙装，英姿飒爽中不失女性的柔美温和，深浅不一的蓝色花系与风衣外套的灰蓝色遥相呼应，十分和谐。

问题：

仔细阅读以上报道，结合服饰礼仪相关知识，谈谈你的理解和看法。

（二）团队能力训练

1. 案例分析

郑小姐在一家国内的大公司工作。有一回，上级派她代表公司前往南方某城市，去参加一个大型的外贸商品洽谈会。为了给外商留下良好印象，郑小姐在洽谈会上专门穿了一件粉色的上衣和一条蓝色的裙裤。然而，正是她新置的这身服装使不少外商对她敬而远之，甚至连跟她正面接触一下都很不情愿。

讨论：

（1）郑小姐的错误在哪里？

（2）你会建议郑小姐穿什么样的服装？为什么？

2. 团队展示

根据本次课程相关知识点，学生以小组为单位进行一次综合性服饰展示。

要求：

（1）物品准备齐全，包括各种服饰、背景音乐、对应的解说词。

（2）以学习团队为单位，分工协作、共同完成。

（3）评价方式采用师评、互评、自评三种形式。

学习任务4 外在礼仪修养之四——优雅的仪态

引导案例

曾任美国总统的老布什，能够坐上总统的宝座，成为美国第一公民，是与他的仪态表现分不开。在1988年的总统竞选中，布什的对手杜卡基斯，猛烈抨击布什是里根的影子，没有独立的政见，而布什在选民众的形象也的确不佳，在民意调查中一度落后于杜卡基斯10多个百分点。不料两个月以后，布什以光彩照人的形象扭转了劣势，反而领先10多个百分点，创造了奇迹。原来布什有个毛病，他的演讲不太好，嗓音又尖又细，手势及手臂动作总显出死板的感觉，身体动作不美。后来布什接受了专家的指导，纠正了尖细的嗓音、生硬的手势和不够灵活的摆动手臂的动作，结果就有了新颖独特的魅力。在以后的竞选中，布什竭力表现出强烈的自我意识，改变了原来人们对他的评价。终于获得了最后的胜利。

问题：

（1）通过案例想一想，在日常社交场合，你的仪态是否优美呢？

（2）你知道对一个人的第一印象是通过哪些方面形成的吗？

仪态礼仪，是由身体各姿态所构成的以得体大方之姿传递敬人之心的行为动作。仪态礼仪不仅是个人外在行为的表现，也是个人风采的展示。作为一位旅游从业者，在服务过程中，通过得体仪态，不仅可以表现出从业者的优秀素质、优雅气质和良好的精神面貌，还能在服务对象心里树立良好的个人形象，便于更好地开展旅游服务工作。

礼仪修养的养成并不是一朝一夕的，而是在生活中不断潜移默化、不断学习和总结的结果。

一、端庄的站姿

站姿是人最基本的姿态之一，是各种姿态的基础。优美的站姿是人体形态美的起点，是动态美的基础。正确的站姿能够帮助呼吸和改善血液循环，减轻身体疲劳，同时会给人以挺拔笔直、舒展俊美、庄重大方、精力充沛、信心十足、积极向上的美好印象。

（一）站姿基本要领

标准的站姿，从正面观看，全身笔直，精神饱满，两眼正视（而不是斜视），两肩平齐，两臂自然下垂，两脚跟并拢，两脚尖张开60° 角，身体重心落于两腿正中；从侧面看，两眼平视，下颌微收，挺胸收腹，腰背挺直，手中指贴裤缝，整个身体庄重挺拔。

（二）服务性站姿种类

旅游从业人员在工作中为客人提供服务时的站姿一定要合乎规范，严格按照要求去做。以下是旅游工作者在工作中的几种站姿规范，分别适合于不同的部门、不同的场合。

1. 前腹式

男性在立正站姿的基础上，左脚向左横迈开一小步，两脚打开与肩同宽，约20厘米。两脚尖与脚跟距离相等。两手在腹前交叉，左手握成拳头状，右手握左手于手腕部位，身体立直，身体重心放在两脚上。女性在立正站姿的基础上，两脚脚尖略展开，左脚在前，将左脚跟靠于右脚内侧前端，成左丁字步。两手在腹前交叉，身体重心置于两脚上，也可以置于一脚上，通过两脚重心的转移减轻疲劳（图2–17）。

图2–17 前腹式站姿

2. 后背式

双目平视，下颌微收，挺胸立腰，两手在身后交叉。男性两脚跟并拢，脚尖向外展开。女性一般不做后背式站姿。

3. 侧放式

上半身挺胸、立腰、收腹、精神饱满，双肩平齐、舒展，双臂自然下垂，双手放在身体两侧，头正，两眼平视，嘴微闭，下颌微收，面带笑容；下半身双腿应靠拢，两腿关节与髋关节展直，双脚呈V字形，重心落在两脚中间（图2–18）。

4. 单臂式

常见单臂式站姿有：

（1）两脚尖展开90° 角，左脚向前，将脚跟靠于右脚内侧中间位置，成左丁字步，左手单臂后背，右手下垂，身体重心置于两脚上。

（2）两脚尖展开90° 角，右脚向前，将脚跟靠于左脚内侧中间位置，成右丁字步，右手单臂后背，左手下垂，身体重心置于两脚上。

（3）两脚尖展开90° 角，右脚向后，将脚内侧贴于左脚跟处，左手手臂下垂，右臂肘关节屈，右前臂抬至横膈膜处，右手心向里，手指自然弯曲。

（4）两脚尖展开90° 角，左脚向后，将脚内侧贴于右脚跟处，右手手臂下垂，左臂肘关节屈，左前臂抬至横膈膜处，左手心向里，手指自然弯曲。

图2–18 侧放式站姿

（三）站姿禁忌

在工作岗位上，服务人员要尽量做到“挺（身体挺拔）、直（脊柱笔直）、高（重心提高）”，忌下列动作：

第一，忌正式场合站立时，双手插在裤袋里，这样显得过于随意。

第二，忌双手交叉抱在胸前，这种姿势容易给人傲慢的印象。

第三，忌歪倚斜靠，给人站不直，十分慵懒的感觉。

第四，忌身体在站立时频繁地变动体位，或是手位、脚位不当。

二、自信的走姿

（一）走姿基本要领

走姿的基本要领是：步履自然、轻盈、稳健，抬头挺胸，双肩放松，提臀收腹，重心稍向前倾，两臂自然摆动，目光平视，面带微笑（图2–19）。

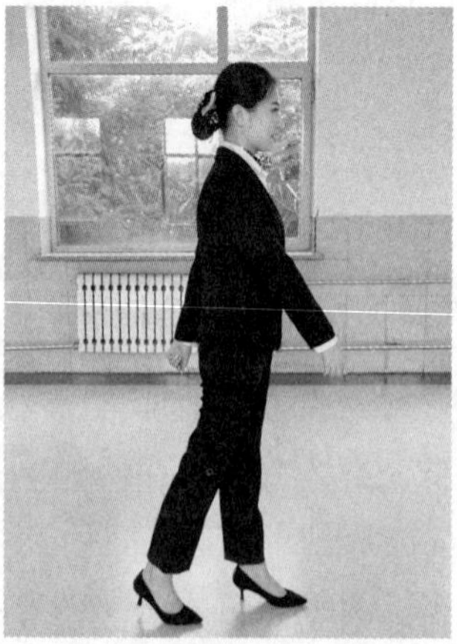
图2–19 走姿

（二）走姿具体要求

1. 方向明确

在行进的过程中，应保持明确的方向，尽可能走在一条直线上。做到此点，具体的方法是，行走时应以脚尖正对前方，所走的路线形成一条虚拟的直线。

2. 步位标准

步位，即脚落在地面的位置。男性工作人员两脚跟可保持适当间隔，基本前进在一条直线上，脚尖稍微外展；女性两脚跟要前后踏在同一条直线上，脚尖略外展，也就是所称的“一字步”，也称“柳叶步”。

3. 步度适中

所谓步度也叫步幅，是指在行走时两脚之间的距离。生活中步度的大小因人而异，多与人的身高有关，但通常应与本人一只脚的长度相近，男性每步40～45厘米，女性每步大约30厘米。同时，服装和鞋子也会影响一个人的步度，如身穿旗袍，脚穿高跟鞋，步度必定比平时穿长裤和平底鞋要小些。

4. 姿态优美

走路时膝盖和脚腕都要富于弹性，两臂自然轻松地前后摆动，男性应具有阳刚之美，展现其矫健、稳重、挺拔的特点；女性应显得温婉动人，体现其轻盈、妩媚、秀美的特质。

5. 速度均匀

在一定的场合，一般应当保持相对稳定的速度。在正常情况下，根据岗位不同，服务人员的步速略有不同，但成年服务人员每分钟走60～100步。

6. 重心放准确

行进时，尤其在起步时，身体要向前微倾，身体的重量要落在前脚掌上。在行进过程中，应注意使身体的重心随着脚步的移动不断地向前过渡，切记不要让其停留在自己的后脚上。

7. 身体协调

走路时身体各部位应保持动作的和谐。走动时要以脚跟先着地，膝盖在脚部落地时一定要伸直，腰部要成为重心移动的轴线，双臂在身体两侧自然摆动。

（三）职场行走礼仪规范

在具体的实践工作中，服务人员的走姿在不同情况下，有着不同的要求和规范，需要特别给予关注。

1. 工作中行进姿态礼仪规范

（1）行进中，要有意避开人多的地方行走，切忌在人群中乱冲乱撞，甚至碰撞到客人的身体，这是极其失礼的。

（2）在行进中，特别是在人多路窄的地方，对客人更应该礼让三分，让客人先行，而不应抢道先行；若有急事，则应该向对方声明，并道歉。

（3）服务人员行走时脚步要轻。首先，行进时落脚时不要过分用力；其次，上班不要穿带有金属鞋跟或钉有金属鞋掌的鞋子，否则走动时会发出“啪嗒、啪嗒”的噪声。

（4）服务人员在走路时一定要显得稳重大方，保持自己的风度，控制好自己的情绪，更要避免上蹿下跳，甚至是连蹦带跳的失态状况。如有急事要办，可以在行进中适当加快步伐。除非遇上紧急情况，最好不要在工作的时候跑动，尤其是不要当着客人的面突如其来地狂奔而去。那样通常会令其他人感到莫名其妙，产生猜测，甚至还有可能造成过度紧张的气氛。

（5）在道路狭窄的地方，服务人员务必要注意避免悠然自得地缓步而行，甚至走走停停，而且应注意避免多人并排而行：在路上一旦发现了自己阻碍了他人，务必让开，请对方先行。

2. 对客服务行走礼仪规范

（1）与客人迎面相遇时。在行进过程中，当客人从对面走来，员工应放慢步伐，在距客人大约2米处，目视客人，面带微笑，轻轻点头致意，并且伴随“您好”等礼貌问候语言。在与客人擦肩而过时，员工的头和上身应同时转动并向客人问候，不能斜视他人。在路面较窄的地方，或是在楼道上与客人相遇，应面向客人让客人先行，而不是将后背转向客人。

图2–20 引导

（2）陪同引导客人时。在服务工作中，陪同是陪伴客人一同行进。引导指的是在行进中引领客人，为客人带路（图2–20）。服务工作者在进行陪同引导时，要注意：

①与客人同行时，应遵循“以右为尊”的原则，服务人员应处在左侧。若双方单行行进时，服务人员应居于客人左前方约一米左右的位置进行引领。当客人不熟悉行进方向时，不应让其走在外侧。

②在陪同引导客人的时候，服务人员的行进速度须尽量配合客人的步幅，如果太快或太慢，都会显得我行我素。

③陪同引导时，应及时给客人以关照和提醒。在经过拐角、楼梯或道路坎坷、昏暗之处时，须请对方加以留意。

（3）上下楼梯时。作为旅游从业人员，尤其是在饭店工作的员工一定要走指定的楼梯通道，而且要减少在楼梯上的停留时间。在上下楼梯时，应坚持“右上右下”原则，以方便对面上下楼梯的人。另外，还要注意礼让客人，如上下楼梯时，出于礼貌，可以请对方先行。在陪同引导中，如果是一位男士和一位女士同行，则应上楼梯时男士行在后，下楼梯时男士行在前。如果是服务人员和客人，则应为服务人员上楼梯时行在后，下楼梯时行在前。

（四）走姿禁忌

（1）走路时忌讳低头看脚尖。

（2）走路时忌讳拖脚走。

（3）走路时忌讳跳着走。

（4）走路时忌讳“八字脚”走姿。

（5）走路时忌讳摇头晃脑，晃臂扭腰；左顾右盼，瞻前顾后。

（6）走路时忌讳大半个身子前倾。

（7）走路时忌讳与其他人相距过近，与他人发生身体碰撞。

（8）走路时忌讳尾随他人，甚至对其窥视、围观或指指点点。

（9）走路时忌讳速度过快或过慢。

（10）走路时忌讳边行走，边吃喝。

三、优雅的坐姿

（一）坐姿要领

正确规范的礼仪坐姿要求端庄而优美，给人以文雅、稳重、自然大方的美感。坐，作为一种举止，有着美与丑、优雅与粗俗之分。正确的礼仪坐姿要求"坐如钟"，指人的坐姿像座钟般端直，当然这里的端直指上体的端直。

（二）坐姿礼仪规范

1. 入座

（1）要讲究入座顺序。要尊者先行或同辈之间同时入座，不可抢先入座。

（2）要讲究入座方位。通常都是侧身走近座椅，从左侧就座。

（3）要讲究入座体位。站在座椅前面，右腿后退一点，用小腿确定座椅的位置，上身正直，目视前方入座，不可弯腰低下头看座椅或回头后看座椅，必要时可以用手扶在座椅的把手上。

（4）要讲究入座风度。就座时要减慢入座的速度，动作要轻而稳，尽量不发出任何响声、干扰别人，更不可双手拖拉座椅入座，男士入座后可以解开西服扣。

（5）女子着裙装入座时要事先从后向前双手拢裙，切不可入座后整理衣裙。

2. 就座

（1）头部。端端正正，双目平视，面带微笑，下巴内收，不能出现仰头、低头、歪头、扭头等情况。

（2）躯干。挺拔直立，腰部内收，不能塌腰放松成瘫软状，通常只坐椅子的1/2～2/3，不坐满椅子或只坐一边儿。

（3）双手。有扶手时，双手可以叠放于腿上，也可以一只手肘轻搭扶手，另一只手放于腿上；无扶手时，女子右手搭在左手上，可相交放于裙与腿的边沿或轻放于单腿之上；男子双手掌心向下，可自然放于双腿上。男子交叠式时，双手交叉握于膝头。

（4）腿部。男子膝盖可以分开，但不可超过肩宽；女子膝盖不可以分开；脚部因脚位不同有不同的坐姿（详见坐姿的种类）。

（5）朝向。当与他人进行交谈时，通常应将整个上身朝向对方，以视对其重视和尊敬。

3. 离座

（1）要表示在先。以语言或动作向周围的人先示意，方可站起，突然的一跃而起会使周围的人受到惊扰。

（2）要顺序离座。地位不同时，要尊者先行，地位相同时，可以同时离座。

（3）要动作轻稳。起身时要无声无息，不弄响座椅；站好后，方可离开，不能边离座边走开或起身就跑。

（4）要左侧离开。这是离座的规则。

4. 坐姿种类

（1）垂直式。即上身与大腿、大腿与小腿、小腿与脚部都应当呈直角90°，小腿要垂直于地面；双膝、双脚都要完全并拢，也叫"正襟危坐"式，适用于最正规的场合，男女均可。

（2）标准式。即在垂直式基础之上，女子两脚保持小丁字步，男子两脚自然分开，分开宽度不可过肩，适合各种场合。

（3）屈直式。即大腿与膝盖靠紧，一脚伸向前，另一脚屈回，两脚前脚掌着地并在一条直线上。这是女子非常优雅的一种坐姿，适合一般场合（图2–21）。

（4）前伸式。即双腿与双脚并在一起，向前伸出一脚左右的距离，按方向共有三种：正前伸式、左前伸式和右前伸式；按脚位的不同又分为三种：两脚完全并拢式、小丁字步式和踝部交叉式，脚尖不可翘起，适合各种场合，以女子为主。

（5）后点式。两腿和膝盖并紧，两小腿向后屈回，脚尖着地，按方向共有三种：正后点式、左后点式和右后点式；按脚位的不同又分为三种：两脚完全并拢式、小丁字步式和踝部交叉式，脚尖不可翘起，适合于各种场合，以女子为主。

（6）分膝式。一般为男子坐姿（图2–22）。两膝左右分开，但不超过肩宽，小腿与地面垂直，两脚脚尖朝向正前方，两手自然放于两大腿之上，适合于一般场合。

（7）重叠式。即通常所说的“二郎腿”。这种坐姿，男女各有不同的姿势要领，但是正式场合不宜采用，尤其是女子不宜采用，但日常生活中这种坐姿却常常出现，只要掌握要领就可以充分展示这种姿势的风采和魅力。两人并坐时，哪边坐人，就跷哪一侧的腿，把大腿的外侧朝向另一方；两脚的脚尖尽量指向同一个方向；跷起来的脚的脚尖要用力朝向下方，不可以指向他人，更不能让对方看到鞋底，是对他人最大的不敬。

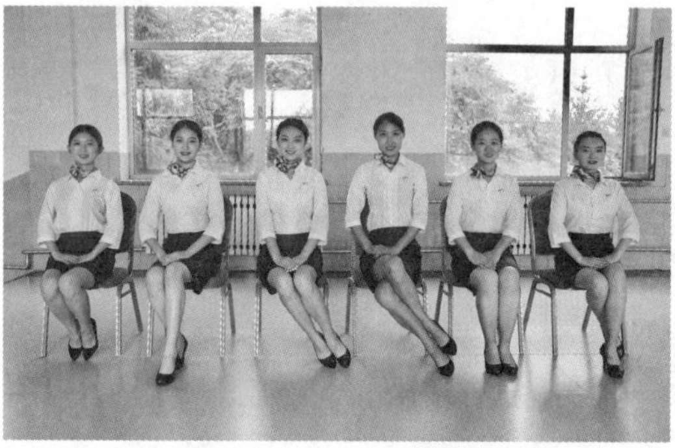

图2–21 女士坐姿

图2–22 男士坐姿

（三）坐姿禁忌

（1）坐在椅子上，勿将双手夹在两腿之间，这样显得胆怯害羞、缺乏自信，也显得不雅。

（2）公共场合坐定之后，不允许仰头靠在座位背上，或是低头注视地面。左顾右盼，或闭目养神也是不礼貌的行为。

（3）不允许坐定之后上身前倾、后仰、歪向一侧，或是趴向前方、两侧。

（4）不要将双手端臂，抱于脑后，或抱住膝盖，或以手抚腿、摸脚都是不礼貌的。双手应尽量减少不必要的动作，身前有桌子时，不要将肘部支于其上，或双手置于其下。

（5）不要在尊长面前高翘“4”字形腿，即不要将一条小腿交叉叠放于另一条大腿上。两腿不要直伸出去，也不要反复抖动不止。

（6）不要坐定后将脚抬得过高，以脚尖指向他人，或是使对方看到鞋底。不要脱鞋子，将脚架在桌面上，跷到自己或他人的座位上。不要以脚踩踏其他物体。

四、优美的动作

（一）上下楼梯

在上下楼梯时，应自觉靠右侧行走，两人成排，三人成列。另外，上下楼梯时还要注意姿势和速度，与前后人之间保持一定距离。行走时，参照平地的礼仪行走标准，但是尤其要注意的是重心不仅要靠前更要提气向上，女士穿高跟鞋上楼梯时，在保证自身安全的前提下，脚掌应该踩台阶不超过三分之二，保证脚跟部悬空，避免"挂跟"的尴尬。

（二）递送物品

（1）若递刀递笔给他人，就必须"授人以柄"，千万不要把刀尖、笔尖对着他人递过去，要令人有安全感并使对方很方便地接住，还要等对方接稳后才能松手，这就是尊重他人的表现。

（2）端茶递水最好双手递上，注意不要溅湿他人；要讲究卫生，捧茶杯的手不要触及杯口上沿，避免客人喝水时嘴唇碰到你手指接触过的地方。

（3）若递交书本、文件，也要尽量双手递上，让文字正向朝着对方，使对方一目了然，不能只顾自己方便而让他人接过书本文件后再倒转一下才看清文字（图2-23）。

图2-23　递交物品

（三）展示物品

在展示物品时，应使物品在身体的一侧展示，不宜挡住本人头部。展示的位置不同表明手持物品的重要意义不同：当手持物品高于双眼之处时，适用于被人围观时采用；当手持物品位于眼睛下方，胸部上方，双臂横伸时，自肩至肘部以内时，给人以放心、稳定感；当手持物品位于眼睛下方，胸部上方，双臂伸直时在肘部以外的时候，给人以清楚感，通常在这个位置展示想让对方看清楚的物品；当手持物品位于胸部以下，给人以漠视感，通常展示不太重要或不太明显的物品时采用。

（四）下蹲取物

1. 蹲姿种类

（1）高低式蹲姿。下蹲时一般是左脚在前，右脚稍后。左脚应完全着地，小腿基本上垂直于地面；右脚则应脚掌着地，脚跟提起。右膝须低于左膝，右膝内侧可靠于左小腿的内侧，形成左膝高、右膝低的姿态。女性应靠紧两腿，男性则可以适度分开。这种蹲姿的特征就是双膝一高一低，服务人员选用这种蹲姿既方便又优雅（图2-24）。

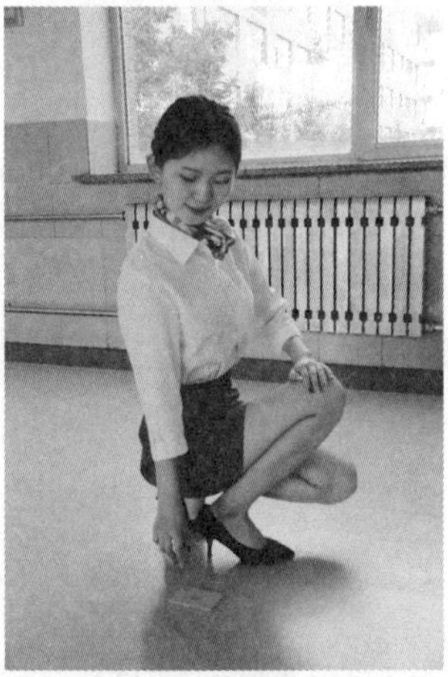

图2-24　下蹲取物

（2）交叉式蹲姿。这种蹲姿下蹲时，右脚在前、左脚在后，右小腿垂直于地面，全脚着地。右腿在上，左腿在下，两者交叉重叠。左膝由后下方伸向右侧，左脚脚跟抬起，并且脚掌着地。两腿前后靠近，合力支撑身体。上身略向前倾，臀部朝下。它的优点是造型优美典雅，基本特征是蹲下后双腿交叉在一起。

2. 蹲姿禁忌

（1）下蹲拾物时，应自然、得体、大方，不遮遮掩掩。

（2）下蹲时，两腿合力支撑身体，避免滑倒。

（3）下蹲时，应使头、胸、膝关节在一个角度上，不要正面对人，这样可以使蹲姿更加优美。

（4）女士无论采用哪种蹲姿，都要将腿靠紧，膝盖向下。

（5）蹲姿是在特定情境下的姿势，不可以随意乱用。不可以蹲在椅子上，也不可以蹲着休息。

（6）下蹲时，注意内衣“不可以露，不可以透”。

五、丰富的表情

表情是心情的体现，也是人性的镜子。对于一个旅游接待者来说，是否有良好的亲和力是至关重要的。而亲和力的营造主要是在和蔼可亲的表情上，旅游接待者在与客人沟通交流时，运用得比较多的表情语，主要是目光语和微笑语。

（一）目光语

目光语是运用眼睛的动作和眼神来传递信息和感情的一种体态语言。在传递细微情感方面，目光语是起到其他语言行为与非语言行为无法替代的作用。在不同的文化里，目光语运用的方法和表达的内涵有着较大的差别。

旅游接待者在与客人的语言交流中，目光的运用应把握好注视的部位、停留的时间和注视的方式。

1. 注视的部位

在谈话过程中，应用热情、友好的目光看着客人的脸，与客人进行直接的目光接触、交流，人的脸部可以分为两个区域，额头至双眼之间是正视区，注视这一部位表示双方谈话都处于非常严肃的状态；双眼到嘴部之间是社交区，注视这里有利于传递礼貌友好的信息，旅游接待人员在对客语言交流中，应把自己的目光多投向宾客的这一区域。

2. 停留的时间

旅游接待者应把自己的目光不时地投向客人，既不可以说话不看着客人，也不可以直盯住客人不放，目光不要躲躲闪闪、羞羞答答，应自然大方地与宾客进行目光交流。让客人在你的目光中看到亲切、友好与自信，感到温暖和舒服。

3. 注视的方式

旅游接待者对客交流时应保持目光的平视，所以，在接待服务时有时要微微欠身，或半蹲下身子，目的就是与客人的目光能保持平视。宾客多时，也可以扫视和环视，以避免不在自己视野中的宾客产生冷落感和孤独感，但切忌斜视客人、窥视客人、盯视和居高临下地俯视客人。

（二）微笑语

引导案例

微笑的魅力

飞机起飞前，一位乘客请示空姐给他倒一杯水吃药，空姐很有礼貌地说："先生，为了您的安全，请稍等片刻，等飞机进入平衡飞行后，我会立刻把水给您送过来，好吗？"

15分钟后，飞机早已进入平衡飞行状态。突然，乘客服务铃急促地响了起来，空姐猛然意识到：糟了，由于太忙，她忘记给那位乘客倒水了。当空姐来到客舱，看见按响服务铃的果然是刚才那位乘客，她小心翼翼地把水送到那位乘客眼前，微笑着说："先生，实在对不起，由于我的疏忽，延误了您吃药的时间，我感到非常抱歉。"这位乘客抬起左手，指着手表说道："怎么回事，有你这样服务的吗？你看看，都过了多久了？"空姐手里端着水，心里感到很委屈，但是，无论她怎么解释，这位挑剔的乘客都不肯原谅她的疏忽。

接下来的飞行途中，为了弥补自己的过失，每次去客舱给乘客服务时，空姐都会特意走到那位乘客面前，面带微笑地询问他是否需要水，或者别的什么帮助，然而，那位乘客余怒未消，摆出不合作的样子，并不理会空姐。

临到目的地前，那位乘客要求空姐把留言本给他送过去，很显然，他要投诉这名空姐，此时空姐心里很委屈，但是仍然不失职业道德，显得非常有礼貌，而且面带微笑地说道："先生，请允许我再次向您表示真诚的歉意，无论您提出什么意见，我都会欣然接受您的批评！"那位乘客脸色一紧，嘴巴准备说什么，可是没有开口，他接过留言本，开始在本子上写了起来。

等到飞机安全降落，所有的乘客陆续离开后，空姐本以为这下完了，没想到，等她打开留言本，却惊奇地发现，那位乘客在本子上写下的并不是投诉信，相反，这是一封热情洋溢的表扬信。

最后是什么使得这位挑剔的乘客最终放弃了投诉呢？在信中，空姐读到这样一句话："在整个过程中，你表现出的真诚的歉意，特别是你的十二次微笑深深打动了我，使我最终决定将投诉信写成表扬信！你的服务质量很高，下次如果有机会，我还将乘坐你们的这趟航班。"

微笑被称为是旅游服务的第一把金钥匙，微笑的表情让人感觉温暖、亲切和美好，使人容易产生心理上的安全感、亲切感和愉悦感。

微笑是人内心喜悦、快乐的表现。它不仅是热情、友好、尊重、赞美的代名词，也是一种无声的语言。它是赞赏一切美好事物的自然流露，是缩小彼此之间距离的最有力的武器，也是消除隔阂、达到互相理解的交往桥梁，是征服他人和获得成功的法宝。

1. 微笑的种类及适用场合

（1）一度微笑。给人友好、舒服的感觉，宜用于初次见面的场合。在旅游服务岗位中，不管有无客人，旅游从业者应该始终保持一度微笑等候客人的到来。

规范的一度笑容，是整个面部表情放松，嘴角轻微向上翘起，上嘴唇微微绷紧，不露出或微微露出两颗牙齿，呈现出友好、和善的表情。

（2）二度微笑。适用于亲朋好友之间，是熟悉的、友谊的微笑。在旅游服务岗位中，旅游从业者在来宾距离自己360厘米（社交距离）时，应该采用二度微笑。

规范的二度笑容，是在一度微笑的基础上，脸部肌肉向上收紧，嘴角向上，上嘴唇有明显的上提感，露出6~8颗牙齿，眼睛里充满笑意，表示亲切、温馨，给人温暖的感觉。

（3）三度微笑。三度微笑又称为希尔顿式微笑，给人以热情的感觉，适用于比较亲密、熟悉的人之间。在旅游服务岗位中，旅游从业者在与来宾近距离交流沟通时，运用三度微笑，传递出热情、有朝气的情感。

规范的三度笑容，是嘴角大幅上扬，两颊肌肉明显拉紧，一般露出上排8~10颗牙齿，下排牙齿也适当露出。

2. 微笑的方法

（1）对镜微笑训练法。这是一种常见、有效和最具形象趣味的训练方法。端坐镜前，衣装整洁，以轻松愉快的心情，调整呼吸使其自然顺畅；静心3秒钟，开始微笑：双唇轻闭，嘴角微微翘起，面部肌肉舒展开来；同时注意眼神的配合，使之达到眉目舒展的微笑面容。如此反复多次。自我对镜微笑训练时间长度随意。为了使效果明显，放背景音乐（较欢快的节奏）。

微笑服务的妙处

（2）模拟微笑训练法。轻合双唇。将两手食指伸出（其余四指自然并拢），指尖对称，放在嘴前15~20厘米处。让两食指尖以缓慢匀速分别向两侧移动，使之拉开5~10厘米的距离。同时嘴唇随两食指移动速度而同步加大唇角的展开度，并在意念中形成美丽的微笑；让微笑停留数秒钟。之后两食指再以缓慢的速度匀速向中间靠拢，直至两食指相接；同时微笑的唇角开始以两指移动的速度，同步缓缓收回。需要提示的是，训练微笑缓缓收住，这很重要。切忌不能让微笑突然停止。如此反复开合训练20~30次。

（3）情绪诱导法。情绪诱导就是设法寻求外界物的诱导、刺激，以求引起情绪的愉悦和兴奋，从而唤起微笑的方法。诸如，打开你喜欢的书页，翻看使你高兴的照片、画册，回想过去幸福生活的片断，放送你喜欢的、容易使自己快乐的乐曲等，以期在欣赏和回忆中引发快乐和微笑。有条件，最好用摄像机摄录下来。

（4）记忆提取法。据载这是演员在训练中常采用的一种方法，也被称为“情绪记忆法”。就是将自己过去那些最愉快、最令人喜悦的情景，从记忆中唤醒，使这种情绪重新袭上心头，重享那惬意的微笑。

（5）观摩欣赏法。这是几个人凑在一起，互相观摩、议论，互相交流，互相鼓励，互相分享开心微笑的一种方法。也可以平时留心观察他人的微笑，把精彩的“镜头”封存记忆中，时时模仿。

（6）含箸法。这是日式训练法。道具是选用一根洁净、光滑的圆柱形筷子（不宜用一次性的简易木筷，以防划破嘴唇），横放在嘴中，用牙轻轻咬住（含住），以观察微笑状态。但此法不易显示与观察双唇轻闭时的微笑状态。

（7）意念法。这是一种已经有了微笑训练基础或者善于微笑的人，不用对镜或其他道具，而只用意念控制、驱动双唇，以求达到最佳微笑状态的训练法。

这种方法好处很多：一是不必用镜子；二是可以随时随地、悄无声息地进行；三是培养微笑意识和微笑习惯的最佳途径。

以上方法可以配合使用，如对镜微笑训练法和意念法，如能与记忆提取法配合进行，效果尤佳。

六、恰当的手势

手势语是通过手和手指的动作来传情达意，是人们交往时不可缺少的一种富有表现力的体态语言。旅游接待者在与客人交流时，使用得体适度的手势，可增强感情的表达，起到锦上添花的作用。

（一）手势运用的基本要求

手势运用的基本要求是自然优雅、规范适度，手势不宜过多，动作不宜过大。手势规范标准是：五指伸直并拢，拇指稍稍分开。腕关节伸直，手与前臂成直线。掌心斜向上方，手掌与地面成45°角。身体稍前倾，肩下压，眼睛随手走。运用手势时，一定要目视来宾，面带微笑，体现出对宾客的尊重。

（二）手势运用的基本原则

第一是表意明确。即手势表达和有声语言意思一致性。

第二是自然适度。“情到于此，手自然来帮忙”，好看的手势往往是非常自然的，适度的。

第三是手势不宜过多。旅游接待者的手势使用要给人一种庄重含蓄、彬彬有礼、自然适度的感觉，在对客交流时，手势不宜过多，动作不宜过大，严禁手舞足蹈。

（三）常用服务手势规范

常用的服务规范手势通常分为上、中、下三种手位手势。

1. 上手位手势

手的位置一般在肩部以上，头部以下的位置，主要分为直臂式和曲臂式。

（1）直臂式。一只手放于体侧，另一只手将五指伸直并拢，掌心不可凹陷，肘部不可弯曲，腕肘曲直。开始时，以肩部为轴，手掌慢慢翻转至掌心向前，手臂与上身呈135°角时停住，手部、腕部、臂部等均在一条直线上，目视所指示的方向，面带微笑。多在讲解远处景物时使用。

（2）曲臂式。一只手自然下垂，另一只手将五指伸直并拢，掌心朝外，手臂以肘部为轴，小臂与大臂呈90°角左右，目视对方，面带微笑，常伴随手部轻微晃动。在表示“嗨”“这里”等打招呼或举手致意时使用。

2. 中手位手势

手的位置一般在胃部以上，肩部以下的位置，主要分为横摆式、曲臂式和双臂式。

（1）横摆式。一只手放于体侧，另一只手将五指伸直并拢，掌心不可凹陷，肘部微曲。开始时，手从腹前抬起，以肘部为轴，轻缓优美地向一侧摆动，手掌慢慢翻转至掌心向上到身体一侧稍前的地方停住，不可摆到体侧或身后，手掌与前臂在一条直线上，腕部不可弯曲，且手面与地面呈45°角，头部和上身微向前倾，目视对方，面带微笑，表示尊重和欢迎（图2–25）。在表示“请”“请进”时采用。

（2）曲臂式。一只手自然下垂或放于腹前，另一只手将五指伸直并拢，掌心不可凹陷，手臂伸直由侧前方自下而上抬起，掌心慢慢翻向上，抬到胸部高度时，以肘部为轴，目视对方，面带微笑，表示欢迎。在表示“欢迎来到××”“请看××”或指示方向时使用。

另外，曲臂式还有另一种展示形式，就是将指示手臂，由体侧向体前内侧摆动，直到距离身体15～20厘米处停住，目视对方，面带微笑，也表示欢迎或请进的意思（图2–26），但多适用于单手拿东西或扶电梯门、房门时。

图2–25 横摆式

图2–26 曲臂式

（3）双臂式。两手放于体侧，五指伸直并拢，以肘部为轴，手掌翻转向上，同时屈臂向前抬到腰部以上，当站在来宾的侧面时，可双臂向一侧同时摆动，即“双臂曲臂式”（图2–27）；当面对较多宾客时使用，可双臂同时摆到身体的侧前方，即表示“欢迎大家”“大家请坐”等情况下使用。

3. 下手位手势

手的位置一般在腰部以下或腹前的位置，主要为斜放式。

斜放式，单手放于体侧，另一只手五指伸直并拢，以肘为轴，手掌翻转向上，手臂向下斜放于体前，臂向前抬起到腰部以下，使手臂向下成一条斜线，掌心向前，目视对方，表示提醒注意。多在请人入座或注意脚下台阶、水渍等现象时使用。

（四）其他服务手势规范

除了常用的上、中、下三种位置的服务规范手势外，还有许多其他的规范手势。

图2–27 双臂式

1. 引领

在客人的左前方1.5米左右引路，让客人走在路的中央。要与客人步伐保持一致，注意客人，适当地做些介绍。若指引方向，先用语言回答来宾询问的内容，并用手势指出方向的位置，尽可能带到适当地方，再用手势，眼睛应兼顾指的方向和来宾，直到来宾表示清楚了，再把手臂放下。

先用语言回答来宾询问的内容，并用手势指出方向的位置，尽可能带到适当地方，再用手势，眼睛应兼顾指的方向和来宾，直到来宾表示清楚了，再把手臂放下。

2. 鼓掌

以右手掌掌心向下有节奏地拍击左掌，不可左掌向上拍击右掌；不可左掌向右，右掌向左，两掌互相拍击；拍十下左右。鼓掌的要点除了要注意手势的规范外，还应注意配合目光语的应用。

（五）常见手势及其含义

手势是人的第二张嘴，在日常沟通中，我们不可避免地喜欢用一些手势来衬托、补充语言。但是，手势的运用一定要注意忌讳，只有合乎规范，才不至于引起是非。

翘手指：翘小拇指表示贬低、较小、较差的意思。而翘食指去指别人，会让对方感到很大的压力，而且还含有贬低、轻视的意味。

挥手：两个人远远相见，挥手打招呼，或者在分手时挥手告别，一般是手举过头顶，轻轻摆动。但是，在美国掌心向下挥动打招呼是唤狗的手势。所以，遇见美国人时一定要谨慎使用。

OK手势：拇指、食指相接成环形，其余三指伸直，掌心向外。OK手势源于美国，在美国表示“同意”“顺利”“很好”的意思，而在法国表示“零”或“毫无价值”，在日本是表示“钱”，在泰国表示“没问题”，在巴西则是表示“粗俗下流”，在突尼斯表示“无用”，在印尼表示“不成功”，在地中海国家常用来影射同性恋。

V形手势：将食指与中指成“V”字形伸出。这种手势是第二次世界大战时的英国首相丘吉尔首先使用的，现在已传遍世界，是表示“胜利”的意思。现在很多年轻人在拍照时，将其变形。但要注意，如果掌心向内，就变为骂人的手势了。

七、适度的距离

（一）人际距离区域

在人际交往中，往往存在着看不见但感受得到的界限和距离，并且根据人际关系的不同、所处情境的变化，这种界限和距离也随之产生变化。与人交往，选择和保持合适的距离也是一种礼貌。

按照美国的爱德华·T. 霍尔教授的划分，人际距离一般分为四个区域：

（1）亲密距离（0~46厘米）。亲密距离，即双方关系最亲近时的距离，属于私人范围。这种距离一般多见于私下。

（2）私人距离（46~120厘米）。私人距离，即在伸出手时即将触碰到对方身体的距离。这是人际交往中最具礼貌和分寸的距离，一般只有朋友、熟人、亲人才能进入此距离。此距离能产生亲切、友好的氛围。

（3）社交距离（120~360厘米）。社交距离，即在一般社交活动、普通朋友和在职场中，相互间需要的空间和范围。这是一种具有安全感的距离，处于这种距离中的两人，既无受到伤害的担忧，也无距离太远的生疏。小于这一距离，有盛气凌人的意味；大于这一距离，则有疏离、淡漠之感。适用于两人之间的正常交流，既不打扰他人也不显得过于亲密。

（4）公共距离（≥360厘米）。公共距离，即在公共场合交往中所需要的空间范围。适用于演讲者与听众、老师与学生、初次洽谈等情况。

（二）把握适度距离

1. 服务距离

服务距离是服务人员与宾客保持的最常规的距离。主要适用于应客人的请求，为其提供直接服务之时。在一般情况下，服务距离以0.5～1.5米为宜。

2. 展示距离

展示距离即在宾客面前进行操作示范，以便使客人对服务项目有更直观、更细致的了解。展示距离以1～3米为宜。

3. 引导距离

服务人员在为宾客带路时彼此间的距离。按惯例，在引导时，服务人员行进在客人左前方1.5米左右为宜。

4. 待命距离

服务人员在宾客尚未传唤自己为之服务时，与对方自觉保持的距离。正常情况下，应当是在3米之外只要服务对象视线所及，可以看到自己即可。

5. 信任距离

让宾客浏览、斟酌、选择或体验时离开对方的距离。采取此距离时必须注意：一是不要躲在附近，似乎是在暗中监视客人；二是不要一去不返，使客人在需要帮助时根本找不到人。

6. 禁忌距离

服务人员在工作岗位上与宾客间应当避免出现的距离。其特点是双方身体相距过近，甚至直接发生接触。无论什么场合，都应力避侵入宾客的私人空间，特别是异性之间，更要讲究人际距离，以免给宾客带来尴尬和不快。

知识链接

不要“爬进”车里

上车：女士等车不要一只脚先踏入车内，也不能爬进车里。须先站在座位边上，把身体降低，让臀部坐到位子上，再将双腿一起收进车里，双膝一定保持合并的姿势。

下车：从车内出来，应该先打开车门，把脚以45°角从车内伸出，稳稳地踏住之后，再逐渐把身体的重心移上去。千万不要一打开车门就先探出头来，那样子好像是被司机扔出来似的。

学习评价

一、基础知识测试

（一）填空题

1. 侧放式站姿双手应放在（　），下半身双腿应（　），双脚呈（　），重心落在（　）。
2. 女士坐姿分为（　）、（　）、（　）、标准式等七种。
3. 当就座的椅子无扶手时，女子（　）手搭在（　）手上，轻放于（　）；男子双手（　），可自然放于腿或膝盖上。
4. 在就座时男子的膝盖可以（　），但不可以超过（　）。

5. 服务人员在宾客面前进行操作示范时，距离宾客（ ）米为宜。

（二）单项选择题

1. 服务人员为宾客引导时，应居于客人左前方（ ）。

A. 1 米左右　B. 2 米左右　C. 3 米左右　D. 0.5 米左右

2. 当男性后背式站立时，两脚跟并拢，脚尖展开（ ）度角。

A. 30 ~ 45　B. 50 ~ 60　C. 60 ~ 70　D. 20 ~ 50

3. 在展示物品时，手持物品位于（ ）双臂伸直时在肘部以外的时候，给人以清楚感。

A. 高于双眼　B. 眼睛下方，胸部上方

C. 低于胸部　D. 脖子下方

4. 社交距离在（ ）。

A. 0.45 ~ 1.2 米　B. 1.2 ~ 3.6 米　C. 3.6 米之外　D. 0.25 ~ 1.5 米

5. 在离开座位的时候要从（ ）侧离开。

A. 后　B. 右　C. 左　D. 前

（三）判断题

1. 身体在站立时，不可以频繁的变动体位，或手、脚不停晃动。（ ）

2. 坐在椅子上时，双手应放在两腿之间或双腿之上。（ ）

3. 在他人身边下蹲时，正面对着他人或背面对着他人下蹲，通常都是不礼貌的。（ ）

4. “V”字手势，手掌朝向对方表示胜利，若手背朝向对方则表示侮辱。（ ）

5. 上下楼梯或在楼道行走时应靠左侧行走。（ ）

二、能力训练

（一）个人能力训练

1. 站姿训练

项目	训练内容
单项训练	1. 手位训练 （1）双手置于身体两侧 （2）右手搭在左手上叠放于体前 （3）双手叠放于体后 （4）一手放于体前一手背在体后
	2. 脚位训练 （1）“V”形 （2）双脚平行分开不超过肩宽 （3）小“丁”字形
综合训练	（1）背靠墙 （2）头顶书本 （3）两人背靠背 （4）对镜训练

2. 坐姿训练

项目	训练内容
单项训练	1. 双手摆放训练 （1）双手平放在双膝上 （2）双手叠放，放在一条腿的中前部 （3）一手放在扶手上，另一手仍放在腿上或双手叠放在侧身一侧的扶手上，掌心向下
	2. 双腿摆放训练 垂直式、标准式、屈直式、前伸式、后点式、分膝式、重叠式
综合训练	（1）两人一组，面对面练习，并指出对方的不足 （2）坐在镜子前面，按照坐姿的要求进行自我纠正，重点检查手位、腿位、脚位 （3）每次训练时间为 20 分钟左右，可配音乐进行

3. 走姿训练

项目	训练内容
单项训练	1. 稳定性训练 在地面上绷直一条较长的彩色鲜艳的带子，步行时双脚内侧要求落到带子上
	2. 训练停顿、拐弯、侧行、后退步、侧身步
综合训练	协调性训练配合背景音乐进行拾物、取低处物品等协调性动作练习

4. 服务手势训练

项目	训练内容
单项训练	横摆式、直臂式、曲臂式、斜放式、双臂式、引领
综合训练	两人一组完成客人抵店的迎接与引领工作，综合运用各种服务手势

5. 微笑训练

项目	训练内容
单项训练	（1）课堂上，每个人准备一面小镜子，做脸部运动 （2）配合眼部运动 （3）做各种表情训练，活跃脸部肌肉，使肌肉充满弹性，丰富自己的表情仓库，充分表达思想感情 （4）观察、比较哪一种微笑最美、最真、最善，最让人喜欢、接近、回味 （5）每天早上起床，经常反复训练 （6）出门前，心理暗示“今天真美、真高兴”
综合训练	（1）创设环境训练：假设一些场合、情境，让同学们调整自己的角色，绽放笑脸 （2）课前微笑训练：每一次礼仪课前早到一会儿，与老师、同学微笑示意，寒暄 （3）微笑服务训练：课外或校外，参加礼仪迎宾活动和招待工作 （4）社交环境训练：遇见每一个熟人或打交道的人都展示自己最满意的微笑

（二）团队能力训练

根据学习内容，以学习团队为单位进行一次“打造一流的职业形象、展示专业优雅的行为举止”为主题的学习成果综合展示，具体要求如下：

（1）集体创意、全员展示，充分体现团队协作精神。

（2）解说词撰写突出职业特点。

（3）展示项目设计合理，连贯性强。

（4）富于表现力，体现良好的职业素养。

学习任务5 内在礼仪修养

引导案例

修养是第一课

有一批应届毕业生22个人，实习时被导师带到北京的国家某部委实验室里参观。全体学生坐在会议室里等待部长的到来，这时有工作人员给大家倒水，同学们表情木然地看着她忙活，其中一个还问了句：“有绿茶吗？天太热了。”秘书回答说：“抱歉，刚刚用完了。”林晖看着有点别扭，心里嘀咕：“人家给你水还挑三拣四。”轮到他时，他轻声说：“谢谢，大热天的，辛苦了。”秘书抬头看了他一眼，满含着惊奇，虽然这是很普通的客气话，却是她今天唯一听到的一句。

门开了，部长走进来和大家打招呼，不知怎么回事，静悄悄的，没有一个人回应。林晖左右看了看，犹犹豫豫地鼓了几下掌，同学们这才稀稀落落地跟着拍手，由于不齐，越发显得零乱起来。部长挥了挥手：“欢迎同学们到这里来参观。平时这些事一般都是由办公室负责接待，因为我和你们的导师是老同学，非常要好，所以这次我亲自来给大家讲一些有关情况。我看同学们好像都没有带笔记本，这样吧，王秘书，请你去拿一些我们部里印的纪念手册，送给同学们作纪念。”接下来，更尴尬的事情发生了，大家都坐在那里，很随意地用一只手接过部长双手递过来的手册。部长脸色越来越难看，来到林晖面前时，已经快要没有耐心了。就在这时，林晖礼貌地站起来，身体微倾，双手握住手册，恭敬地说了一声：“谢谢您！”部长闻听此言，不觉眼前一亮，伸手拍了拍林晖的肩膀：“你叫什么名字？”林晖照实作答，部长微笑点头，回到自己的座位上。早已汗颜的导师看到此景，才微微松了一口气。

两个月后，毕业分配表上，林晖的去向栏里赫然写着国家某部委实验室。有几位颇感不满的同学找到导师：“林晖的学习成绩最多算是中等，凭什么选他而没选我们？”导师看了看这几张尚属稚嫩的脸，笑道：“是人家点名来要的。其实你们的机会是完全一样的，你们的成绩甚至比林晖还要好，但是除了学习之外，你们需要学的东西太多了，内在礼仪修养是第一课。”

讨论题：

（1）为什么说“内在礼仪修养是第一课”？

（2）应该怎样提高自己的内在礼仪修养？

礼仪是一种身份，是一个人内在气质的外化，从这个角度看，礼仪绝不是肢体语言动作的简单模仿，而是一个人内在修为和涵养的外在表现，它是与人内在的道德、文化和艺术修养密切相关的，是其内在的道德、文化和艺术修养的反映和折射。古人云：“相由心生。”说明了这两者之间的关系。

一、加强大学生内在礼仪修养的重要性

大学生良好的礼仪修养能体现个人修养、国家魅力、民族气质。大学生是构建社会主义和谐社会的一支重要力量，加强大学生礼仪修养，提高大学生礼仪修养综合素质，具有十分重要的作用。

（一）帮助大学生建立和谐的人际关系

任何社会的交际都离不开礼仪，而且人类越进步，人类的社会化程度越高，人们就越需要礼仪来调节社会生活和人际关系。礼仪是人际交往的前提，是交际生活的钥匙。讲究礼仪既是文明的表现，同时也是建立良好人际关系的需要。当代大学生随着年龄的增长和生活环境的变化，自我意识有了新的发展，他们十分渴望获得真正的友谊，进行更多的情感交流。但由于缺乏礼仪修养和交际技巧，不善于有效准确地表达自己的情感和思想，也不了解别人的需要和情感，导致一部分大学生人际交往受挫，进而影响到了自己的心理健康。因此，进行大学生礼仪教育，让他们了解社交礼仪的内涵和基本规范是提高大学生交际能力和心理健康水平的有效手段之一。

（二）彰显大学生内外兼修的新形象

目前，在不少高校中存在这样的现象：大学生学的是高层次的道德规范，在实际行为上却往往达不到基本的道德要求。这与社会对大学生的要求和期望相差甚远。要引导大学生自觉遵守爱国守法、明礼诚信、团结友善、勤俭自强、敬业奉献的基本道德规范。礼仪是人类维系社会生活共同遵守的基本道德要求，礼仪教育是思想道德教育不可缺少的组成部分。对大学生进行礼仪修养教育，就是通过对大学生进行系统的礼仪基本理念、规范、内涵的传授和训练。通过教育，使他们掌握并以基本的礼仪规范去完善自我的行为，做到“诚于中而行于外，慧于心而秀于言”，把内在的道德修养和外在的礼仪形式有机结合起来，彰显自我的良好气质。

（三）强化大学生文明行为，提升全社会文明程度

礼仪修养教育是社会主义精神文明教育体系中最基础的内容。普及和应用礼仪知识，是加强社会主义精神文明建设的需要。通过礼仪修养教育，让大学生明白言谈、举止、仪表和

服饰能反映出一个人的思想修养、文明程度和精神面貌。进一步提高大学生的礼仪修养，培养大学生应对酬答的实际能力，养成良好的礼仪习惯，具备基本的文明教养。通过提高大学生的文明意识、行为规范促进良好社会风尚的形成，推动和谐社会的进程，从而实现整个社会精神文明程度的不断提高。

（四）帮助大学生顺利社会化

人在社会化过程中，需要学习的东西很多，而礼仪修养教育是一个人在社会化过程中必不可少的重要内容。因为，礼仪是整个人生旅途中的必修课。任何一个生活在某一礼仪习俗和规范环境中的人，都自觉或不自觉地受到该礼仪的约束。大学生正处在社会化的重要时期。他们有一种强烈地走向社会的需要，同时又普遍存在一些心理困惑，比如，走上工作岗位后如何与领导、同事打交道，如何建立良好的人际关系，如何进行自我形象设计，如何尽快地适应社会生活等社会交往问题。学习和应用礼仪标准，使自己成为一个集丰富文化知识和良好礼仪修养于一身的新人，从而促进自己顺利进入社会，融入社会，实现自身价值。

二、体现内在礼仪修养的原则

文明礼仪主要在于内在修养，在人与人的交往中，内在修养赋予了文明礼仪的四个原则：敬人的原则、自律的原则、适度的原则和真诚的原则。这四个原则，要求人们在交往过程中要克己、慎重、自觉、自愿，做好自我反省、自我约束、不妄自尊大、做事掌握分寸；待人真心诚意、不逢场作戏或言行不一。

礼仪与伦理道德

（一）敬人的原则

尊敬他人，是人际交往获得成功的重要保证，也是礼仪的核心。敬人的原则，就是要求在人际交往时，务必将对他人的尊敬与重视放在首位，切勿伤害对方的自尊心。

（二）自律的原则

自律，就是要克己、慎重；就是要在运用礼仪时，积极主动，自觉自愿，表里如一，自我对照，自我反省，自我要求，自我检点，自我约束，不允许妄自菲薄，自轻自贱；也不能人前人后不一样，生人熟人面前不相同。

（三）适度的原则

运用礼仪，与做其他事情一样，讲究具体问题具体分析，而且应当牢记过犹不及。所谓适度，就是要求在运用礼仪时，既要掌握普遍规律，又要针对具体情况而定，掌握分寸，不能做得过了头，也不能做得不到位。

（四）真诚的原则

应用礼仪，必须诚心诚意，待人以诚。这样去做，待人友好与敬意才易于被他人所接受。不要在运用礼仪时逢场作戏，言行不一，口是心非，这就是真诚的原则的含义。

三、提升内在礼仪修养的途径

古人云：“腹有诗书气自华”，我们知道，礼仪不仅是一个人外在形象的塑造，更是一个人内在气质的体现，所以，内外兼修是学习礼仪的过程中一个不可忽视的问题。“外在形象是木，内在素养是本”“美是由内而外的”，它需要我们从内在修养做起，这样才能使自己的修养和礼节的表现和谐统一起来，融礼仪于淡定从容、优雅豁达之中，体现人的心境与心态，伴随我们迈向事业的成功。

（一）伦理修养

伦理修养是指一个人的意识、信念、行为和习惯的磨炼与提高的过程，同时也是指达到一定的境界。有德才会有礼，缺德必定无礼，伦理是礼仪的基础。现实生活中，为人虚伪、自私自利、斤斤计较、唯我独尊、嫉妒心强、苛求于人、骄傲自满的人，对别人不可能诚心诚意、以礼相待。因此，只有努力提高伦理修养，不断地陶冶自己的情操，追求至善的理想境界，才能使人的礼仪水平得到相应的得高。

（二）文化修养

风度是人格化的表征，是精神化的社会形象，它是人们长期而又自觉的文化思想修养的结果。有教养的人大都懂科学、有文化。他们思考问题周密，分析问题透彻，处理问题有方，而且反应敏捷，语言流畅，自信稳重，在社会交往中具有吸引力，让人感到知识上获益匪浅，身心上愉快舒畅。相反，文化修养较低的人，缺乏自信，给人以木讷、呆滞或狂妄、浅薄的印象。因此，只有自觉地提高文化修养水平，增加社交的“底气”，才能使自己在社交场上温文尔雅、彬彬有礼、潇洒自如。

（三）艺术修养

艺术是通过判断具体、生动的感性形象来反映社会生活的审美活动。艺术作品蕴藏着丰厚的民族文化艺术素养，更凝聚着艺术家的思想、人生态度和价值取向。因此，我们在欣赏艺术作品时，必然会受到民族文化的熏陶，同时也受到艺术家的人生观、世界观、价值观等方面的影响，倾心于艺术作品所描绘的美的境界之中，获得审美的陶醉和感情的升华。思想也得到了启发，高尚的道德情操和文明习惯就会培养起来。因此，要有意识尽可能多地接触内容健康、情趣高雅、艺术性强的艺术作品，如文学作品、音乐、书法、舞蹈、雕塑等，它对人们提高礼仪素质大有裨益。

学习评价

一、基础知识测试

（一）填空题

1. 对大学生进行礼仪修养教育，就是通过对大学生进行系统的礼仪（　　）、（　　）、（　　）的传授和训练。
2. （　　）和应用（　　），使自己成为一个集丰富文化知识和良好礼仪修养于一身的新人。
3. 大学生良好的礼仪修养能体现（　　）、（　　）、（　　）。
4. “美是由内而外的”，它需要我们从（　　）做起。
5. 礼仪是人际交往的（　　），是交际生活的（　　）。

（二）单项选择题

1.（　）是学习礼仪的过程中一个不可忽视的问题。

A. 外在形象　　B. 内在气质　　C. 内外兼修　　D. 内在涵养

2. 把内在的（　）和外在的礼仪形式有机结合起来，彰显自我的良好气质。

A. 道德修养　　B. 气质　　C. 礼仪修养　　D. 文化修养

3. 礼仪修养教育是社会主义精神文明教育体系中最（　）的内容。

A. 普及　　B. 基础　　C. 广泛　　D. 主要

（三）判断题

1. 伦理修养是指一个人的意识、信念、行为和习惯的磨炼与提高的过程，同时也是指达到一定的境界。（　）

2. 加强大学生礼仪修养，提高大学生礼仪修养合素质，具有十分重要的作用。（　）

3. 礼仪是一个人外在形象的塑造，更是一个人外在气质的体现。（　）

4. 只有自觉地提高文化修养水平，才能增加社交的"底气"。（　）

5. 风度是人格化的表征，是精神化的社会形象，它是人们长期而又自觉的文化思想修养的结果。（　）

二、能力训练

（一）个人能力训练

案例分析一：

一个下午，在美国著名的"巨象集团"的花园中，有一位30多岁的穿着华丽的女士，领着一个七八岁的小女孩，并排坐在一张卡通椅上休息。女人似乎非常生气，大声地训斥着孩子，一边说，还一边把手上用过的卫生纸团做一团扔在了旁边的灌木丛中。刚好灌木丛边站着一位正在修剪植物枝丫的老人。老人看了看女人扔过来的纸团，又看了看正在被训斥的小女孩，什么也没说，默默地把纸团捡起来扔到了附近的垃圾桶里。没想到，只过了一会，这位母亲又拿出一张纸，擦了擦孩子的手，顺手把纸团扔到草丛上。老人再次走过去，把纸团扔到了桶里。

看到这一幕，这位女士非但没有悔意，还朝着老人大声地对孩子说："你看，如果你以后还只知道玩，不好好学习，将来就会和这个老头一样，一辈子做这些卑贱的工作。"听到这话，老人放下手里的剪刀，态度谦逊地问道："这位女士，请问您是这家公司的职员吗？这里是公司的私人花园，按道理只有内部员工才能进来。"女人一听老花匠的话，立刻十分气恼，一个花匠竟然敢质疑自己的身份，于是她傲慢地说："我可是这家公司下属企业的部门经理，有谁敢说我不是这里的员工！"一边说着，一边掏出证件在老人面前晃了晃。老人沉默着没有搭话，打了一个电话后又回到灌木丛中继续忙自己的工作。

几分钟后，一名男子匆匆赶来，正是这位女士的上司。那位男子恭敬地站在老人面前，鞠了一躬说："我这就按您的吩咐，免去这位女士的职务。"老人只是径直走到小女孩的面前，说："孩子，这世界上最贵重的东西，并不是你会多少本领，而是尊重，要尊重每一个人。"

那位女士看着自己的上司如此尊敬一位老花匠，一时愣住了，不知道发生了什么事情。

她的上司对她说："你所看不起的这位老人正是我们集团的总裁。而现在，你被开除了。"那位女士难以置信刚才发生的事情，她不敢相信这个貌不惊人的老花匠竟然是总裁詹姆斯先生，顿时呆在了那里。

问题：

本案例带给你什么样的启示呢？

案例分析二：

小丁是北京一家权威报刊的首席记者，业务能力很强，但是自视甚高，从来都是独来独往，也不主动交往不是同一圈的人或身份地位比他低的人，即便是碰到了也不屑一顾的样子，让人无法亲近。

这天单位来了一位新同事，是一个排版员，小丁见此人职务那么低，心想和自己也没有什么交情，于是连招呼都没有打，借故离开了。这位新同事坐在小丁对面，非常热情，见面总和他主动打招呼，到中午还邀他一起吃饭，但小丁总是借故拒绝，一脸冷漠的样子。他觉得新同事是一个排版员，对自己的事业永远都不会有任何帮助。

一个月后，报社进行人事调动，新上任的主编召集记者开会。小丁收拾东西去会议室，一看新同事也在收拾开会的东西，就讽刺他说："排版员不用去开会，是让我们记者去开会。"新同事看了他一眼，神秘地笑了笑，什么都没有说，走进了会议室。小丁心里正纳闷呢，旁边的同事告诉他："你还不知道吧，他就是咱们新来的主编。"小丁当时一下子就蒙了，这怎么可能呢？他明明就是个排版的啊！

后来小丁才明白，这位新主编是报社早就已经暗中定下来的，他先到报社来做排版员，主要是微服私访，看看大家平时的工作表现及工作中的问题。这下小丁是真正地撞在了枪口上，追悔莫及，为时已晚。

问题：

1. 小丁的错误在哪里？

2. 如果你是小丁你会怎么做？为什么？

（二）团队能力训练

1. 讨论题

一位先生要雇一个没带任何介绍信的小伙子到他的办公室做事，先生的朋友挺奇怪。先生说："其实，他带来了不止一封介绍信。你看，他在进门前先蹭掉脚上的泥土，进门后又先脱帽，随手关上了门，这说明他很懂礼貌，做事很仔细；当看到那位残疾老人时，他立即起身让座，这表明他心地善良，知道体贴别人；那本书是我故意放在地上的，所有的应试者都不屑一顾，只有他俯身捡起，放在桌上；当我和他交谈时，我发现他衣着整洁，头发梳得整整齐齐，指甲修得干干净净，谈吐温文尔雅，思维十分敏捷。怎么，难道你不认为这些细节是极好的介绍信吗？"

问题：

（1）本案例对你有哪些启示？

（2）你已经拥有哪些"介绍信"了？

（3）反省自身一天的言谈举止，看看有哪些忽略的细节，请注意及时改进。

2. 辩论题

以学习团队为单位，组织一次题目为“文明礼仪是在于内在修养还是外在规范”的辩论赛，具体要求如下：

（1）准确把握辩题内涵和外延，对所持立场能多层次、多角度理解，论点鲜明，对本方难点能有效处理和化解。

（2）对辩题的理解和论述能在广度上展开，在深度上推进，整个辩论过程条理清晰，能给人以层层递推的美感。

（3）提问抓住对方要害，问题简单明了；回答直面问题，有理有据。注重针对辩题正面交锋。

（4）具有团体精神，队员间相互支持配合，辩论衔接流畅、方向统一，攻守兼备，自由辩论时发言错落有致，体现“流动的整体意识”。

（5）普通话标准，语速抑扬顿挫，语言流畅，富于感染力，体现国语的优美。

（6）比赛中尊重对手，举止得体，显示出良好的道德修养，敢于创新，勇于表现，具有本队特有的风格，并贯穿全局。

（7）着装整齐，仪表大方，体现出良好的风度和气质。

学习情境 3

学会和身边的人交流

学会沟通与交流，是你迈出校门、初入职场的完美第一步。它将有助于你获得不可替代的职场优势，帮助你在职场中崭露头角、完成由职场新人向职业人士的成功转变，用无声的力量去成就理想！

情境描述

本学习情境首先是在学生具备外在美和内在美的基础上，学会运用规范的日常交往礼仪、拜访礼仪、见面礼仪等，能够做到知礼、懂礼、用礼；其次是在不同场合能够运用恰当的语言和不同的人进行交流，从而具备良好的人际交往和沟通能力。该学习情境设置了见面礼仪、日常交往礼仪、言谈礼仪三个学习任务。

学习目标

· 知识目标

1. 掌握日常交往中正确的礼仪规范
2. 掌握做客与待客之道
3. 掌握见面时的礼仪
4. 掌握语言沟通技巧

· 能力目标

1. 能够在日常交往中正确运用电话、网络、书信、馈赠等各种礼仪
2. 能够按照正确的拜访规则做客与待客
3. 能够在不同场合正确运用介绍、握手、鞠躬、拥抱、合十、拱手、名片等见面时的礼仪
4. 能够运用恰当的语言和不同的人进行交流

· 素质目标

1. 培养学生良好的人际交往能力和沟通能力
2. 培养学生的语言表达能力、策划能力、团队协作能力
3. 培养学生的表现力

学习任务 1 见面礼仪

引导案例

小乔今年大学刚毕业，在AD公司销售部担任助理，为人热情，做事主动。

一天，GT公司销售部的吴丽晶经理要来洽谈业务。销售部王经理把接机的任务交给了英语流利的小乔。小乔准时来到机场。在出口处吴经理见到小乔手中的字牌，走到小乔面前说："你好！你是AD公司的小乔吧，我是吴丽晶！"小乔连忙用不太标准的普通话说："是的，我是小乔！您好！您就是GT公司的狐狸精（吴丽晶）吧？我是公司派来接您的。我是东方大学的研究生，现在是王总的得力助手。"一边说一边伸手准备与吴经理握手。返程的路上，小乔主动向吴经理介绍公司最近的发展情况。交流过程中，小乔因为有凑近和别人交谈的习惯，又怕别人被自己的口沫溅到，于是先知趣地用手掩住自己的嘴。

讨论题：

（1）面对小乔这样的称呼、自我介绍、握手方式，吴经理会有什么感觉？

（2）在交际场合中见面时应注意哪些礼仪规范？

见面是交往的开始，是了解和沟通的前提。旅游接待人员在日常工作中要接待八方来客，见面的礼节直接影响着接待的效果，因此旅游接待人员要掌握各种形式的见面礼仪。

一、介绍礼

在人际交往中，特别是在人与人之间的初次交往中，介绍是一种最基本、最常规的沟通方式，同时也是人与人之间相互沟通的出发点。所谓介绍就是自己主动沟通或通过第三者从中沟通，使双方建立关系的社交形式。介绍主要有如下形式。

（一）自我介绍

自我介绍，就是在必要的社交场合，出于人际沟通和业务需要，在无人介绍的情况下，自己为自己进行介绍，以使对方认识自己的方法。进行自我介绍，应注意自我介绍的时机、内容和分寸等方面。

1. 自我介绍的时机

总的来说，当来人希望结识他人、他人希望结识本人、本人认为有必要令他人了解或认识本人时需要进行自我介绍。具体来说，在下面场合，有必要进行适当的自我介绍：

（1）应聘求职时。

（2）应试求学时。

（3）在社交场合，与不相识者相处时。

（4）在公共聚会上，与身边的陌生人组成的交际圈时。

（5）有求于人，而对方对自己不甚了解，或一无所知时。

（6）拜访熟人遇到不相识者挡驾，或是对方不在，而需要请不相识者代为转告时。

（7）前往陌生单位，进行业务联系时。

（8）在出差、旅行途中，与他人不期而遇，并且有必要与之建立临时接触时。

（9）初次利用大众传媒向社会公众进行自我推荐、自我宣传时。

2. 自我介绍的形式

（1）应酬式。适用于某些公共场合和一般性的社交场合，这种自我介绍最为简洁，往往只介绍姓名一项即可。

例如：

“你好，我叫张三。”

“你好，我是李四。”

（2）工作式。适用于工作场合，需介绍本人姓名、任职单位及其部门、职务或从事的具体工作等。

例如：

“你好，我叫张三，是大众电脑公司的销售经理。”

“我叫李四，我在上海师大历史系教中国近代史。”

（3）交流式。适用于社交活动中，希望与交往对象进一步交流与沟通。需介绍本人的姓名、工作、籍贯、学历、兴趣及与交往对象的某些熟人的关系。

例如：

“你好，我叫张三，我在大众电脑公司上班。我是李四的老乡，都是上海人。”

“我叫王五，是李四的同事，也在上海师大历史系，我教中国现代史。”

（4）礼仪式。适用于讲座、报告、演出、庆典、仪式等一些正规而隆重的场合。除了介绍本人的姓名、单位、职务等，还需加入一些适当的谦词、敬词。

例如：

“各位来宾，大家好！我叫张三，我是大众电脑公司的销售经理。我代表本公司热烈欢迎大家光临我们的展览会，希望大家……”

（5）问答式。适用于应试、应聘和公务交往。问答式的自我介绍，应该是有问必答，问什么就答什么。

例如：

问：“先生，你好！请问您怎么称呼？（请问您贵姓？）”

答：“先生，您好！我叫张三。”

主考官问：“请介绍一下你的基本情况。”

应聘者答：“各位好！我叫李四，现年26岁，上海市人，汉族……”

3. 自我介绍的注意事项

（1）注意时间。

①要抓住时机，在适当的时间进行自我介绍，对方有空闲时、情绪较好时、有兴趣时、有要求时等，比较合适。

②自我介绍时还要简洁，尽可能地节省时间，以半分钟左右为佳。

③为了节省时间，作自我介绍时，还可利用名片等加以辅助。

（2）讲究态度。

①进行自我介绍，态度要自然、友善、亲切、随和、热忱、诚挚，落落大方，彬彬有礼。

②语气要自然，语速要适中，语音要清晰，语言要得体。

（3）真实诚恳。

进行自我介绍要谦虚求实，真实可信，不可自吹自擂，夸大其词。

（二）集体介绍

集体介绍，是指介绍者在为被介绍者一方或者双方人数较多的情况下所进行的介绍，是他人介绍的一种特殊形式。它是在正式活动或隆重场合下礼节性极强的介绍方式，主要有以下几种情况：

1. 人数较少一方和人数较多一方之间的介绍

应遵循以下原则：

（1）“少数服从多数”的原则，指当被介绍者双方地位、身份大致相似，或者难以确定时，应当使人数较少的一方礼让人数较多的一方，一个人礼让多数人，先介绍人数较少的一方或个人，后介绍人数较多的一方或多数人。

（2）“尊者居后”的原则，指被介绍者双方地位、身份之间存在明显差异，特别是当这些差异表现为年龄、性别、婚否、师生以及职务有别时，则地位、身份为尊的一方即使人数较少，甚至仅为一人，根据尊者优先了解情况的原则，应该先介绍位卑者，再介绍位尊者。

2. 人数较多双方之间的介绍

应遵循的原则是：位卑者一方礼让位尊者一方，先介绍位卑者的一方，后介绍位尊者的一方；在介绍各方同行人员时，同样是由尊而卑，依次进行。

3. 人数较多各方之间的介绍

应遵循的原则是：确定各方尊卑，由尊而卑按顺序介绍各方，若需要介绍各方成员时，也应该由尊而卑的依次顺序。

（三）他人介绍

他人介绍（图3-1），又称第三者介绍，是指由第三者为彼此不相识的双方相互介绍、引荐的方法。在他人介绍中，为他人作介绍的第三者为介绍者，被介绍的双方均为被介绍者。

1. 介绍者的确定

在他人介绍中，就一般而言，具有下列身份者，可以充当介绍者：

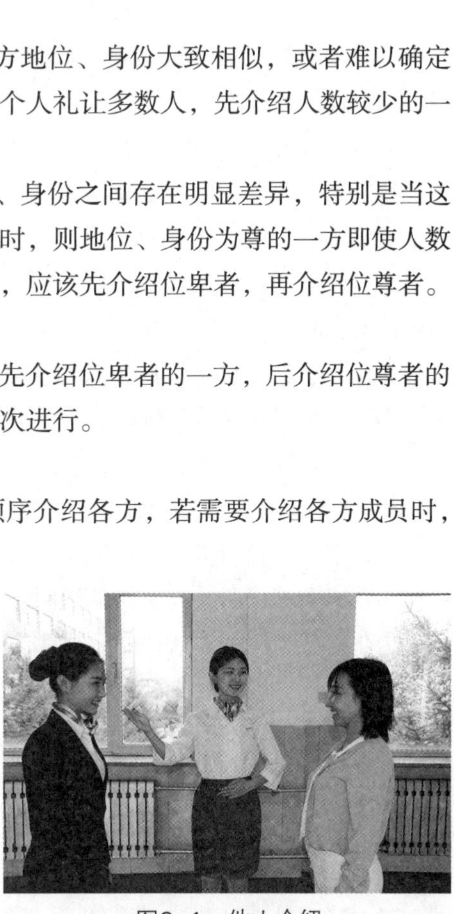

图3-1 他人介绍

（1）社交活动中的东道主、领导。

（2）社交场合的长者。

（3）家庭性聚会中的女主人。

（4）公务活动中的公关人员、礼宾人员、文秘人员、办公室人员、接待人员等专职人员。

（5）正式活动中的负责人。

（6）熟悉被介绍者双方者。

（7）应被介绍者一方，或双方要求者。

（8）在交际应酬中，被指定的介绍者。

2. 介绍时机的选择

介绍者在为被介绍者作介绍前，最好先与被介绍者双方打个招呼，征求其意见，使双方都有思想准备。遇如下情况，通常要进行他人介绍：

（1）在家中，接待彼此不相识的客人。

（2）在办公地点，接待彼此不相识的来访者。

（3）与家人外出，路遇家人不相识的同事或朋友。

（4）陪同亲友，前去拜会亲友不相识者。

（5）本人的接待对象遇见了其不相识的人士，而对方又跟自己打了招呼。

（6）陪同上司、长者、来宾时，遇见了其不相识者，而对方又跟自己打了招呼。

（7）打算推介某人加入某一交际圈。

（8）受到为他人作介绍的邀请。

3. 介绍方式及原则

（1）国际公认的介绍通则。在为他人作介绍时，谁先谁后是一个比较敏感的礼仪问题，根据规范，必须遵守“尊者居后”的规则：即尊者有优先了解对方的原则，所以在为他人作介绍时，应该先介绍位卑者，后介绍位尊者。根据规则，为他人作介绍时的顺序大致有如下几种情况：

①介绍年长者与年幼者认识时，应先介绍年幼者，后介绍年长者。

②介绍长辈与晚辈认识时，应先介绍晚辈，后介绍长辈。

③介绍老师与学生认识时，应先介绍学生，后介绍老师。

④介绍女士与男士认识时，应先介绍男士，后介绍女士。

⑤介绍已婚者与未婚者认识时，应先介绍未婚者，后介绍已婚者。

⑥介绍同事、朋友与家人认识时，应先介绍家人，后介绍同事、朋友。

⑦介绍来宾与主人认识时，应先介绍主人，后介绍来宾。

⑧介绍社交场合的先到者与后来者认识时，应先介绍后来者，后介绍先到者。

⑨介绍上级与下级认识时，应先介绍下级，后介绍上级。

⑩介绍职位、身份高者与职位、身份低者认识时，应先介绍职位、身份低者，后介绍职位、身份高者。

（2）介绍的方式。作为介绍者在为他人作介绍时，手的正确姿势应掌心向上，四指并拢，胳膊略向外伸，指向被介绍者，并向另一方点头微笑，上体前倾15°角，手臂与身体呈

50° ~ 60° 角。不可用手拍打被介绍者的肩、头、背等部位，也不要以拇指或食指指点被介绍的任何一方。

4. 他人介绍的内容

根据实际需要的不同，为他人作介绍时的内容也会有所不同，通常，有以下六种形式：

（1）标准式。适用于正式场合，内容以双方的姓名、单位、职务等为主。

例如："我来给两位介绍一下。这位是大众电脑公司营销部主任汪燕小姐，这位是广博集团总裁江洋先生。"

（2）简介式。适用一般的社交场合，内容只有双方姓名一项，甚至可以只提及双方姓氏为止，接下来，则由被介绍者见机行事。

例如："我来介绍一下，这位是小汪，这位是老江，你们认识一下吧。"

（3）强调式。适用于各种交际场合，其内容除被介绍者的姓名外，往往还会刻意强调一下其中某位被介绍者与介绍者之间的特殊关系，以便引起另一位被介绍者的重视。

例如："这位是大众电脑公司营销部主任汪燕小姐，这位是广博集团总裁江洋先生。敬请江总裁多多关照噢！"

（4）引见式。适用于普通的社交场合。作这种介绍时，介绍者所要做的，就是将被介绍者双方引导到一起，而不需要表达任何具有实质性的内容。

例如："两位认识一下如何？大家其实都是校友，只不过以前不认识，现在请你们自报家门吧。"

（5）推荐式。适用于比较正规的场合，多是介绍者有备而来，有意要将某人举荐给某人，因此在内容方面，通常会对前者的优点加以重点介绍。

例如："这位是杨广先生，这位是我们公司的李明总经理。杨先生是一位管理方面的专业人士，他还是北大的MBA。李总，我想您一定乐于认识他吧？"

（6）礼仪式。适用于正式场合，是一种最为正规的他人的介绍。其内容略同于标准式，但语气、表达、称呼上都更为礼貌、谦恭。

例如："何小姐，你好！请允许我把上海海博公司的销售部经理张平先生介绍给你。张先生，这位就是滨海三亚集团的业务部经理何英小姐。"

5. 注意事项

介绍者为被介绍者进行介绍时，应注意以下问题：

（1）男女之间的介绍，作为男士，无论女士是站着还是坐着，都应该先点头欠身。

（2）女士之间的介绍，若是一人站着，一人坐着，坐着的也不必站起来，但如果站着的是那个场合的女主人或者辈分、地位很高，坐着的就得马上站起来，以示尊敬。

（3）长幼之间的介绍，年轻者都得有礼貌地站起来。

（4）当介绍者介绍完毕后，被介绍者双方应依照合乎礼仪的顺序进行握手，并且彼此问候对方，必要时，还可做进一步的自我介绍。与此同时，随身带有名片的可以互换。

二、握手礼

在国内外交往中，握手是最为通行的一种会面礼节，用以表示欢迎、友好、理解、感谢、宽容、敬重、致歉、惜别等多种多样的情感。握手虽然简单，但大有讲究，握手礼运用得当，将会使人显得彬彬有礼，风度翩翩。

知识链接

握手礼的起源

◎ **起源说一：**

握手礼起源于很久的古代。在“刀耕火种”的原始社会，人们用以防身和狩猎的主要武器就是棍棒和石头。传说当人们在路上遭遇陌生人时，如果双方都无恶意，就放下手中的东西，伸开双手让对方抚摸掌心，以示亲善。这种表示友好的习惯沿袭下来就成为今天的握手礼。

◎ **起源说二：**

握手礼起源于中世纪，当时打仗的骑兵都披挂盔甲，全身除了两只眼睛外都包裹在盔甲中，如果想表示友好，互相接近时就脱去右手的甲胄，伸出右手表示没有武器，消除对方的戒心，互相握一下右手，即为和平的象征。沿袭下来到今天，便演变成了握手礼。

（一）适用场合

握手是人们日常交际的基本礼节，握手可以体现一个人的情感和意向，在应该握手的场合若拒绝或忽视了别人伸过来的手，就意味着自己失礼。应该握手的场合大体上有如下几种：

（1）当你被介绍与第三者相识时。

（2）与自己久别重逢的老朋友或同事相见时。

（3）在社交场合突然遇到自己的熟人时。

（4）迎接客人到来时。

（5）在拜访友人、同事或上级后告辞时。

（6）送别客人时。

（7）在与有喜事的熟人见面时。

（8）别人向自己祝贺、赠礼时。

（9）别人为自己提供帮助时。

（10）向别人表示歉意时。

（11）参加追悼会告别时。

（二）握手姿势

与人握手时，施礼者与受礼者相距约1米远，双腿呈立正姿势，上身微向前倾，右臂自然向前伸出，与身体约略呈五六十度，手掌向左微向上，拇指与掌分开，其余四指并拢并微向内屈，与对方右手相握两三下（图3–2）。

图3–2 握手礼

（三）握手原则及出手顺序

在握手时，双方握手的先后顺序很有讲究。一般情况下，应遵循“尊者居前”的原则，即在行握手礼时，通常应由握手双方之中的尊者首先伸出手来，而后，作为卑者随之伸手予以回应，如卑者贸然抢先伸手，这是失礼的举动。具体正确的做法如下：

（1）女士同男士握手时，应由女士首先伸手。

（2）长辈同晚辈握手时，应由长辈首先伸手。

（3）上司同下级握手时，应由上司首先伸手。

（4）宾主之间的握手则较为特殊，客人抵达时，应由主人首先伸手，以示欢迎之意，客人告辞时，则应由客人首先伸手，以示主人可就此留步。

（5）在正规场合，当一个人有必要与多人一一握手时，既可以由“尊”而“卑”地依次进行，也可以由近而远地逐渐进行。

（四）握手力度和时间

1. 握手力度

握手的时候，用力既不可过轻，也不可过重，若用力过轻，有怠慢对方之嫌；不看对象而用力过重，则会使对方难以接受而生反感。握手力度一般不超过2千克，以不握疼对方的手为限度。在一般情况下，握手不必用力，握一下即可。男子与女子握手不能握得太紧，西方人往往只握一下女子的手指部分，但老朋友可以例外。

2. 握手时间

一般来讲，在普通场合与别人握手所用的时间以3秒钟左右为宜。握手时间的长短可根据握手双方的亲密程度灵活掌握。初次见面者，一般应控制在3秒钟以内，切忌握住异性的手久久不松开。即使握同性的手时间也不宜过长，以免对方欲罢不能。老朋友或关系亲近的人则可以边握手边问候，甚至双手长时间地握在一起。

（五）握手禁忌

在正式场合与他人握手时，主要禁忌有以下几条：

（1）用左手与人握手。握手宜用右手，以左手握手被普遍认为是失礼之举。

（2）戴手套与人握手。握手前务必要脱下手套，只有女士在社交场合戴着薄纱手套与人握手，才是允许的。

（3）戴墨镜、戴帽子与人握手。在握手时一定要提前摘下墨镜，不然就有防人之嫌，男士戴帽子与人握手是不礼貌的，戴无檐帽除外，军人戴军帽与对方握手时，应先行军礼，而后再行握手礼。

（4）用双手与人握手。用双手与人相握，只有在熟人之间才适用，与初识之人握手，尤其当对方是一位异性时，两手紧握对方的一只手，是不妥当的。

（5）用脏手与人握手。在一般情况下，与人相握的手理应是干净的，以肮脏不洁的手与人相握，是失礼的。

（6）交叉握手：要避免两人握的手架在另外两人相握的手之上，这种形状类似十字架的交叉状，在基督教信徒眼中是不吉利的，因而在涉外活动中须引起足够的重视。

三、鞠躬礼

鞠躬礼又称打躬，意思是弯身行礼，是表示对他人敬重的一种郑重礼节。鞠躬礼源于中国商代，是一种古老而文明的表示对他人尊敬的郑重礼节。

（一）适用场合

在我国，鞠躬礼主要适用于以下几种场合。

1. 演员谢幕

演员表演一个节目或演出结束，对观众的掌声常以鞠躬致谢。

2. 上台领奖

获奖者在领奖时，要向颁奖者及与会者鞠躬行礼，以示敬意。

3. 演讲前后

演讲者在演讲前和演讲结束后，一般都要对听众鞠躬致意。

4. 结婚典礼

在我国凡举行婚礼，一般都实行“新郎新娘三鞠躬”的传统礼仪，届时新郎新娘都要向尊长、亲友和来宾施鞠躬礼，新人相互也鞠躬。

5. 悼念活动

灵堂吊丧、参加追悼会、向遗体告别、赠送花圈、祭奠死者，都要向遗像、遗体或骨灰盒行鞠躬礼。

知识链接

酒店行礼简介

15°角的行礼：表示示意，用于迎接宾客，接受命令；30°角的行礼：表示敬礼，含有感谢，经常是客人将要离开时所用；45°角的行礼：是最高的行礼，不经常见，因其含有非常抱歉的谢罪含义。无论是哪种行礼，都不需要弯动脖子，而是脊背笔直地弯腰。

（资料来源：陈姮．旅游交际礼仪［M］．大连：大连理工大学出版社，2005.）

（二）行礼方式

鞠躬礼分为两种，一种是三鞠躬；另一种是一鞠躬。施鞠躬礼时，应立正站好，保持身体端正，面对受礼者距离2～3步，以腰为轴上体前倾15°～90°角（其具体前倾角度视行礼者对受礼者的尊敬程度而定），目光向下，双手自然下垂放于膝前或体侧，礼毕，身体恢复立正姿势，并用眼睛注视受礼者（图3–3）。

（三）注意事项

（1）施鞠躬礼前应先脱帽，施礼时目光不得斜视或环视，不得嘻嘻哈哈、嘴中叼烟或吃东西，动作不宜过快，要稳重端庄；接待时行鞠躬礼，口中可以说一些招呼性的问候语：“您好！”“早上好！”“欢迎光临！”等。

（2）在施鞠躬礼时，受礼者一般应以施礼者的上体前倾幅度大体相同的鞠躬礼还礼，但上级或长者还礼时，可以不行鞠躬礼，而以欠身点头或握手答礼。

图3-3　鞠躬礼

四、拥抱礼

拥抱礼是欧美各国熟人、朋友之间表示亲密感情的一种礼节，多用于官方或民间的迎送宾客或祝贺致意等场合。

（一）行礼方式

施拥抱礼，一般是两人相对而立，右臂偏上，左臂偏下，右手环抚于对方的左后肩，左手环抚于对方的右后腰；按各自的方位，两人头部及上身都向左相互拥抱；然后头部及上身向右拥抱；再次向左拥抱，礼毕（图3-4）。

（二）注意事项

（1）礼节性的拥抱，双方身体不可贴得太紧，拥抱的时间也很短，不能用嘴去亲吻对方的面颊。

（2）在正式外事接待场合，行拥抱礼都为男士，对女宾不宜用此礼，而应改行握手礼。

（3）在正式场合，使用拥抱礼应事先了解对方是否习惯或喜欢此种礼节，不可贸然使用。对不喜欢拥抱礼的外国客人，如印度、日本、美国及东南亚人应慎用。

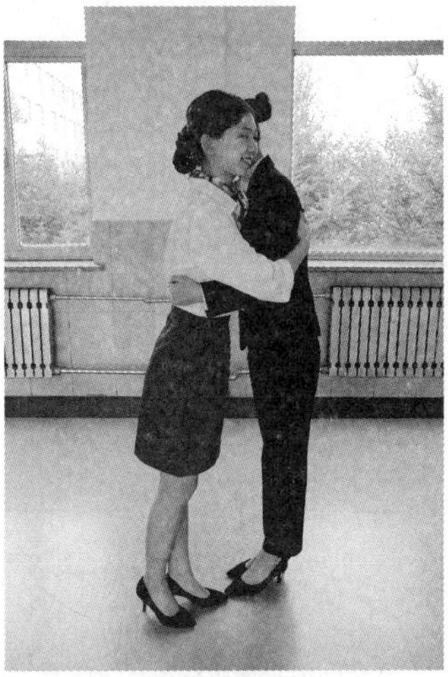
图3-4　拥抱礼

五、合十礼

合十礼也称合掌礼，属佛教礼节，盛行于印度和东南亚佛教国家，泰国尤盛。

（一）合十礼的分类

合十礼可分为以下三大类。

1. 跪合十礼

行礼时，右腿跪地，双手合掌于两眉中间，头部微低，以示恭敬虔诚，此礼一般为佛徒拜佛祖或高僧时所行之礼。

2. 蹲合十礼

行礼时，身体要蹲下，将合十的掌尖举至两眉间，以示尊敬。此礼用于拜见父母或师长时用。

3. 站合十礼

行礼时，要站立端正，将合十的掌尖置于胸部或口部，以示敬意。此礼为佛教国家平民之间、平级官员之间相拜，或公务人员拜见长官时用，如图3-5所示。

图3-5　合十礼

（二）行礼方式

行礼时，面对受礼者，双手手掌合拢并齐于胸前，掌尖和鼻尖基本平齐，手掌向外向下倾斜，手指并拢，头略低，神情安详、严肃。受礼者应以同种礼节还礼。

（三）行礼规则

在行合十礼时，遇到不同身份的人，行此礼的姿势有所不同：

（1）晚辈遇见长辈行礼时，要双手高举至前额，两掌相合后需举至脸部，两拇指靠近鼻尖。

（2）男行礼人的头要微低，女行礼人除了头微低外，还需要右脚向前跨一步，身体略躬。

（3）长辈还礼时，只需双手合十放在胸前即可。

（4）拜见国王或王室重要成员时，男女还均须跪下，国王等王室重要成员还礼时，只点头即可。

（5）无论地位多高的人，遇见僧人时都要向僧人行礼，而僧人则不必还礼。

六、拱手礼

拱手礼，又叫作揖礼，在我国至少已有2000多年的历史，是我国古代最为常见的礼仪，常在人们相见时采用。

（一）适用场合

（1）主要用于佳节团拜活动、元旦春节等节日的相互祝贺。

（2）有时用在开订货会、产品鉴定会等业务会议时，厂长经理拱手致意。

（二）行礼方式

即两手抱拳，右手抱左手，行礼时，不分尊卑，拱手齐眉，上下加重摇动几下，重礼可作揖后鞠躬（图3–6）。

外国客人对此礼颇感兴趣，认为这种礼民族气息很浓，认为这是一种又文明又有风趣的礼节：“自己握住自己的手摇，代替了握住别人的一只手摇。”

图3–6 拱手礼

七、致意

致意是相识的人见面时常用的礼节，表示相互问候。致意的常见方式有以下几种。

（一）脱帽致意

男士戴帽子时用这一方式致意。两人相遇时，右手握住帽子前沿中央，摘下帽子并轻轻点头致意，临别时再戴上帽子。

（二）点头致意

适用于不便于与对方交谈的场合，如在会场上或者与别人交谈时遇见熟人，与相识者在同一地点多次见面，或者仅有一面之交的朋友在社交场合相见时，都可点头致意。注意要面带微笑，头部向下轻轻一点。速度不要太快、幅度不要太大，不要反复点头。

（三）举手致意

彼此相识的人在公共场合相见，相隔距离又较远时，相互举手致意。右臂向前伸直，掌心向着对方，轻轻向左右晃动一两下。注意摆动的幅度不要过大，若接待人员看到客人用这种礼节招呼，自己应该施以鞠躬礼答礼，默然视之是失礼的。

（四）欠身致意

坐着与人打招呼时，只需将上身微微向前一躬，不必完全站起。如果有客人到办公室来访时，除接待人员之外，其他办公室人员可以用欠身致意的方式，表示对客人的欢迎和尊重。

八、名片礼

知识链接

名片的失误

某家公司新建的办公大楼需要添置一系列的办公家具，价值数百万元。该公司的总经理已经决定要向A公司购买这批办公家具。

有一天，A公司的销售部负责人打来电话，要亲自上门拜访这位总经理。于是这位总经理打算，等对方来了，就在订单上盖章，定下这笔业务。

不料对方的到达时间比预定的时间提前了两个小时，原来是对方听说这家公司的员工宿舍也要在近期内落成，希望员工宿舍需要的家具也能向A公司购买。为了谈这件事，销售部负责人还带来了一大堆资料，摆满了整个台面。这位总经理没料到对方会提前到访，刚好手边又有事，便请秘书让对方等一会儿。这位销售部负责人等了不到半个小时，就开始不耐烦了，一边收拾资料一边说："我还是改天再来拜访吧。"

这时，这位总经理发现对方在收拾资料准备离开时，将自己刚才递上的名片不小心掉在了地上，而对方却并没发觉，走时还无意从名片上踩了过去。这个不小心的失误，却令总经理改变了初衷，A公司不仅没有机会与对方商谈员工宿舍的家具购买事宜，连几乎到手的数百万元办公家具的生意也告吹了。

名片不但能推销自己，也能很快地帮助你与对方熟悉，它就像持有者的颜面，不但要很好地珍惜，而且要懂得怎样去使用它效果最好而且又不失礼仪。

（一）递送名片礼仪规范

1. 要分清对象

递送名片不能像发传单一样，见人就递，逢人就送。因为名片代表了一个人的身份，在未确定对方的来历之前就递出自己的名片，有失庄重，而且有日后被冒用的可能。

2. 注意送名片的顺序

名片的递送虽然没有太严格的先后之分，但一般是地位低的人先向地位高的人递送名片，男性先向女性递送名片。当对方不止一个人时，应先将名片递给职务较高或年龄较大者；如分不清职务高低和年龄大小时，则先和自己对面左侧的人交换名片。

3. 注意手法规范

送给别人名片时，要事先拿在手里，或准备好放在易于拿出的地方，不要临时东翻西找。向对方递送名片时，应面带微笑，注视对方，将名片正对着接受名片的人，用双手的拇指和食指分别持握名片上端的两角，上体向前倾15度递给对方。如果是坐着的，应该起立或欠身递送。递送时，应说一些客气话，如“这是我的名片，请您收下”“很高兴认识您，这是我的名片。希望以后多联系”等（图3–7）。

图3–7 名片礼

（二）接收名片礼仪规范

（1）接收他人递过来的名片时，应立即停止手上所做的一切事情，如果手上有东西应该立刻放下，除女性和老人、残疾者外，应尽快起身或欠身，上身前倾15°角，面带微笑，目视对方，用双手的拇指和食指分别持握名片的下角，或以右手接过，切勿单用左手接过，并视情况说“谢谢”“非常高兴得到您的名片”等，使对方感到你对他的名片乃至他本人很感兴趣。

名片小常识

（2）接过名片后，当即要用半分钟左右的时间，从头至尾将其认真默读一遍，意在表示重视对方。最后将名片上的重要内容，如对方的姓名、职务、单位等读出声来，有不清楚的地方可以请教，对方一定会很高兴地告诉你。

（3）看过名片后，应细心地放入上衣口袋或者名片夹中。若接过他人的名片后在手中摆弄，或随便放在桌上，或装入臀部后面的口袋，或交予他人，或在名片上压东西，或在别人的名片上作标记都是失礼的。

（4）若需要当场将自己的名片递过去，最好在收好对方名片后再给，不要左右开弓，一来一往同时进行。如果自己没有名片或没有带名片，应先向对方表示歉意，再如实说明理由，如“很抱歉，我没有名片”“对不起，今天我带的名片用完了，过几天我会亲自给您寄一张”等，以免对方怀疑你的诚意。

（三）索要和婉拒名片礼仪规范

（1）为了尊重别人的意愿，最好不要向他人索要名片。如果确信是他忽略了而并非不愿意，则可用婉转的方式提醒：“不知以后如何与您联系？可否留下通信地址？”对方自然会想起送给你名片。

（2）当别人向你索要名片，你不想给对方时，应用委婉的方法表达此意。可以说：“对不起，我忘了带名片。”或者说：“抱歉，我的名片用完了。”

索要名片常见方法

（四）使用名片禁忌

（1）忌乱散。要有目的地发递和使用名片，切忌乱散发，即传单式地发放。如果在一群陌生人中到处传发自己的名片，会让人误认为你想推销什么物品，反而不受重视；在商业社交活动中尤其要有选择地提供名片，才能不致使人以为你在替公司搞宣传、拉业务。

（2）忌逢人便要。不能像在收集名片一样，逢人便要，欲索取他人名片的正确做法是欲取之必先予之。

（3）忌放在臀部后面的口袋内。名片是个人身份的代表，应对它像对待主人一样尊重和爱惜。

（4）忌玩耍，作谈话记录。在交谈时不要拿着对方的名片玩耍，也不要当着对方的面作谈话记录。

（5）男士不宜主动给自己朋友的夫人或女朋友留下名片，以免发生不必要的误会。

（6）忌发送名片贪早。选择适当的时候交换名片是名片交换礼节的第一步：除非对方要求，否则不要在年长的主管面前主动出示名片；对于陌生人或巧遇的人，不要在谈话中过早地发送名片。因为这种热情一方面会打扰别人，另一方面有推销自己之嫌；处在一群彼此不认识的人当中，最好等别人先发送名片。名片的发送可在刚见面或告别时，但如果自己即将发表意见，则在说话之前发名片给周围的人，可帮助他们认识你；出席重大的社交活动，一定要记住带名片，交换名片时如果名片用完，可用干净的纸代替，在上面写下个人资料。

（7）忌随意递交名片。递名片给他人时，要郑重其事，应该起身站立，走上前去，用双手或者右手将名片正面面对对方，交给对方。不要以手指夹着名片给人。切勿以左手递交名片，不要将名片背面递给对方或者是颠倒着递给对方，不要将名片举得高于胸部，也不要低于腰部以下。如果对方是少数民族或外宾，最好将名片上印有对方认得的文字那一面面对对方。如果是与多人交换名片，应讲究先后次序，或由近而远，或由尊而卑，一定要依次进行。切勿挑三拣四，采用“跳跃式”，否则容易被人误认为厚此薄彼。地位较低的人或者是来访的人要先递出名片。

知识链接

见面礼节种种

世界各国的见面礼节各不相同。在美国，初次见面，通常的客套话是“您好吗？”但对方不会答复你。因为这只是双方见面时互用的一句话。在西方、拉美等地，男子见面除握手之外，还有相互拥抱的习惯。但男子见到女子不仅不能随便拥抱，而且连握手也有规矩，一定要等到女子主动伸出手来，女子如不伸手，只要点头致意即可。对比较熟悉而且亲近的女子，有的是吻腮的两旁，有的是吻她的右手背。老年人对小孩的疼爱，一般是吻孩子的脸颊。东欧人，多以拥抱表示亲热。但如再见面时你能送一束鲜花给他们，那就显得更为尊重。在丹麦，女人（特别是未婚的），对有身份的男子要一边行屈膝礼，一边伸手给对方。男子相逢彼此握手时，切不可四人交叉。否则对方就认为这是触霉头的事。在日本，男子见面总一边握住对方的手，一面深鞠躬，妇女则是以深深地一鞠躬表示谢意。日本人常喜欢在见面时赠送些物品。如有时女孩用彩纸扎成各种纸花送给对方来表示祝贺，有时也把自己用过的旧东西送给朋友，以表示亲密无间。但在赠送时，切勿赠数字为“9”的礼物，这样会产生误会，以为你把他看作强盗，起了相反作用。与日本北海道人见面时，要双手合十，将手举向额前，掌心朝外摊开，然后拍拍自己——男子拍胡子，女人拍上嘴唇，做完这些动作后，再紧紧握手。

（资料来源：期刊网http：//www.qikan.com）

学习评价

一、基础知识测试

（一）填空题

1. 作为介绍者在为他人作介绍时，手的正确姿势应（ ），（ ），胳膊略向外伸，指向被介绍者，并向另一方点头微笑，上体前倾（ ），手臂与身体约（ ）。
2. 合十礼可分（ ），（ ），（ ）为三大类。
3. 拱手礼即两手抱拳，（ ），行礼时，不分尊卑，拱手齐眉，上下加重摇动几下，重礼可作揖后鞠躬。
4. 向对方递送名片时，应面带微笑，注视对方，将名片正对着接受名片的人，用双手的拇指和食指分别持握名片上端的两角，上体向前倾（ ）递给对方。
5. 一般情况下，握手应遵循（ ）的原则。

（二）不定项选择题

1. 自我介绍时要简洁，尽可能地节省时间，以（ ）左右为佳。

   A. 半分钟　B. 1分钟　C. 1分钟30秒　D. 2分钟

2. 人数较少一方和人数较多一方之间的介绍，应遵循以下原则（ ）。

   A. “少数服从多数”的原则

   B. 位卑者一方礼让位尊者一方，先介绍位卑者的一方，后介绍位尊者的一方；在介绍各方同行人员时，同样是由尊而卑，依次进行

   C. “尊者居后”的原则

   D. “尊者居前”的原则

3. 在他人介绍中，就一般而言，具有（ ）身份者，可以充当介绍者。

   A. 社交场合的长者　B. 正式活动中的负责人

   C. 在交际应酬中，被指定的介绍者　D. 熟悉被介绍者双方者

4. 与人握手时，施礼者与受礼者相距约1米远，双腿呈立正姿势，上身微向前倾，右臂自然向前伸出，与身体约略呈（ ）°角，手掌向左微向上，拇指与掌分开，其余四指并拢并微向内屈，与对方右手相握两三下。

   A. 30 ～ 40　B. 40 ～ 50　C. 50 ～ 60　D. 60 ～ 70

5. 握手力度一般不超过（ ），以不握疼对方的手为限度。

A. 1千克　　B. 2千克　　C. 3千克　　D. 4千克

（三）判断题

1. 女士之间的介绍，若是一人站着，一人坐着，坐着的也不必站起来。（　）
2. 宾主之间的握手较为特殊，客人抵达时，应由主人首先伸手，以示欢迎之意，客人告辞时，则应由客人首先伸手，以示主人可就此留步。（　）
3. 一般来讲，在普通场合与别人握手所用的时间以3秒钟左右为宜。（　）
4. 施鞠躬礼时，应立正站好，保持身体端正，面对受礼者距离2～3步，以腰为轴上体前倾15°～90°角（其具体前倾角度视行礼者对受礼者的尊敬程度而定），目光向下，双手自然下垂放于膝前或体侧，礼毕，身体恢复立正姿势，并用眼睛注视受礼者。（　）
5. 在正式外事接待场合，对女宾也宜行拥抱礼。（　）

二、能力训练

（一）个人能力训练

1. 案例分析

某公司王经理约见一个重要的客户方经理。见面之后，客户就将名片递上。王经理看完名片就将名片放到了桌子上，两人继续谈事。过了一会儿，服务人员将咖啡端上桌，请两位经理慢用。王经理喝了一口，将咖啡杯子放在了名片上，自己没有感觉，可方经理皱了皱眉头，没有说什么。

思考题：

（1）请分析王经理的失礼之处。

（2）接过对方的名片后应如何放置？

2. 自我展示

你是一名刚刚考入本院旅游管理专业的一名大学生，为了能够让大家认识你，使你更快地融入这个班集体，请做一次一分钟以内的礼仪式自我介绍。

（二）团队能力训练

四人组成一个学习小组，设计一个见面场景，将介绍、握手、递送名片等日常见面礼节融入其中，进行演示。

规则：

（1）符合礼仪规范。

（2）团队协作完成。

（3）学习小组互评。

学习任务 2 日常交往礼仪

引导文章

小处不可随便

传说有人把于右任先生写的“不可随处小便”重新组合装裱，于是就有了“小处不可随便”的典故。其实，“小处不可随便”是中国人自古以来的一条处世原则。古语道：“战战栗栗，日谨一日。人莫踬于山，而踬于垤。”告诫人们时时提防被小土堆绊倒，这或许是“小处不可随便”的最古老的典故。

不光是中国，外国人也有差不多的观念。针眼大的窟窿斗大的风，小处随便的人往往不受欢迎，在某些特殊的场合甚至会造成致命的后果。这方面最典型的例子大概是18世纪的法国公爵奥古斯丁。1786年，法国国王路易十六的王后玛丽·安东尼到巴黎戏剧院看戏，全场起立鼓掌，放荡不羁的奥古斯丁为了引起王后的注意，面向王后吹了两声很响的口哨。当时吹口哨被视为严重的调戏行为，国王大怒，把奥古斯丁投入监狱。而奥古斯丁入狱后似乎就被遗忘了，既不审讯，也不判刑，就日复一日地关着。后因时局变化，也曾有过再次出狱的机会，但阴差阳错，终究还是无人问津。直到1863年老态龙钟的奥古斯丁才被释放，当时已经72岁。两声口哨换来50年的牢狱之灾，实在是天大的代价。

与此相反，一滴水可以折射太阳的光辉，小处端正的人往往能取得人们的信任。法国有个银行大王，名字叫恰科，但他年轻时并不顺利，52次应聘均遭拒绝。第53次他又来到了那家最好的银行，礼貌地说完再见，转过身，低头往外走去，忽然，他看见地上有一枚大头针，横在离门口不远的地方。他知道大头针虽小，弄不好也能对人造成伤害，就弯腰把它捡了起来。第二天，他出乎意料地接到了这家银行的录用通知书。原来，他捡大头针的举动被董事长看见了。从这个不经意的小动作中，董事长发现了他品格中的闪光的东西，这样精细的人是很适合做银行职员的。于是，董事长改变主意决定聘用他。恰科也因此得到了施展才华的机会，走向了成功之路。

问题：

你是怎样理解“小处不可随便”这个问题的？

日常交往礼仪是旅游接待人员与旅游者交往中文明行为的规范，旅游接待人员要使自己有成功的交际形象，在向旅游者提供优质的旅游服务的同时，还必须掌握常见的交际礼仪，这是树立个人形象和所在企业形象的重要环节。

一、电话礼仪

今天在世界各地，电话已成为人们彼此联系和互通信息的重要工具。电话既然是社交的重要渠道，人们就不能不注意接打电话的礼节。

（一）拨打电话礼仪规范

打电话时原则上以不影响对方休息和工作为前提，只有这样才合乎礼节。

1. 打电话的四要素

（1）时间。打电话首先应该选择合适的时间。白天应在上午8点以后，节假日最好在9点以后，晚间应在22点以前，另外，下午的13～15点也不要给人打电话。非特殊需要不要在半夜、拂晓或别人吃饭、休息的时候打电话，以免引起对方的反感。如打国际电话还要考虑到不同国家间的时差。如忽视时差把对方从睡梦中惊醒，是很不礼貌的。打公务电话，不要占用他人的私人时间，尤其是节假日时间。非公务电话避免在对方的通话高峰期和业务繁忙的时间段内拨打。因此，打电话时要兼顾对方的时间，不能觉得自己方便就可以了，而对对方的时间全然不顾。

（2）对象。给上级领导打电话请示或汇报工作时，不要显得过于拘谨，谈吐应自然得体，讲话时要开门见山，条理清晰；给下级打电话时，态度要谦和、亲切、自然，注意不摆架子，不打官腔。

（3）地点。在家里打电话应注意不要影响家里人的休息；在单位应放低自己的音量，尽量不要影响同事办公；使用公共设施，应具有公共意识，若使用公用电话时，更应该长话短说。

（4）内容。打电话前，应理清思路，拟好谈话要点和顺序，切忌表达含混不清，语无伦次，耽误时间，影响工作。

2. 打电话应注意的事项

（1）形象应得体。身体不倚靠桌子、墙壁，不能坐在桌子或椅背上，不能把双脚高架在桌子上，注意保持温文尔雅的风度。话筒与嘴的距离保持在3厘米左右，嘴不要贴在话筒上。挂电话时应轻放话筒，不要用力一摔，这样很可能会引起对方不快。

（2）语言简洁明了。打电话时要注意语言简洁，不要喋喋不休。切勿把办公室当成自家居室一样地随便，使用公共设施缺乏公共观念。因为打长电话会造成电话长时间占线，影响业务信息的传达，耽误工作。

（3）嘴里万万不可嚼东西，以免给周围的人留下懒散和心不在焉的印象。

（4）电话接通后，需要先说“你好”，声音清晰、明快，要主动报单位的名称和自己的姓名，不要让对方猜测自己是谁。商务电话只有在确认信号好坏的情况下，才能开口喊“喂”，其他场合，均为禁例。

（5）打错电话时，要向对方道歉“对不起，打错了”“打扰您了”等。切勿直接挂断电话，不做任何解释。

（6）通电话中途万一断线，要主动打过去并且说：“刚才电话断了，请原谅。”

（7）事情谈完了，要说些客套的结束语，如“拜托了”“麻烦您了”“打扰您了”“请您多多指教”“谢谢”“再见”等礼貌用语，待对方挂上电话之后再放下话筒。

（8）在单位打私人电话，也是最容易遭到上司责难的事，因为电话是联系业务、处理讯息的主要渠道之一，若因私事而影响到它的畅通，使工作或经营受到损失，必须承担相应的责任。

（9）在打电话之前，要将所讲事情的要点写在纸上，准备好相关资料，避免在打电话时有所遗忘。为了告知自己忘记说的事情，又重新打电话给对方，会多次打断对方的工作，给对方带来麻烦。

（10）要长话短说。这里，要特别强调“三分钟原则”。所谓“三分钟原则”是指：打电话时，拨打者应自觉地、有意识地将每次通话时间控制在三分钟内，尽量不要超过这个限定。对通话时间的基本要求是：以短为佳，宁短勿长，不是十分重要，紧急、烦琐的事务一般不宜通话时间过长。

（二）接听电话礼仪规范

引导案例

某杂技团计划于下月赴美国演出，该团团长刘明就此事向市文化局请示，于是他拨通了文化局局长办公室的电话。可是电话响了足足有半分多钟，没有人接听。刘明正纳闷着，突然电话那端传来一个不耐烦的女高音：“喂，什么事啊？”刘明一愣，以为自己拨错了电话：“请问是文化局吗？”“废话，你不知道自己往哪儿打的电话？”“哦，好，我是市歌舞团的，请问王局长在吗？”“你是谁啊？”对方没好气地盘问。刘明心里直犯嘀咕：“我叫刘明，是杂技团的团长。”“刘明？你跟我们局长什么关系？”“关系？”刘明更是丈二和尚摸不着头脑：“我和王局长没有私人关系，我只想请示一下我们团出国演出的事。”“出国演出？王局长不在，你改天再来电话吧。”没等刘明再说什么，对方就挂断了电话。刘明感觉像是被人戏弄了一番，拿着电话半天没回过神来。

思考题：

读了这篇案例你有何感想？接听电话时应该注意哪些礼仪规范？为什么？

1. 接电话礼仪规范

（1）电话铃响时，应尽量快接，最好在三声之内接听而不要故意延误。

（2）拿起电话听筒应说：“您好！”然后再报单位的全称或规范简称，让对方明白是否打对了电话。要注意声音柔和，语调亲切。

代接电话时注意事项

（3）在接听电话时，如遇重要内容，应做好详细笔录，然后及时转给有关部门负责人，不得延误，以免给工作造成损失。

（4）若对所询问内容不甚了解或不应由自己答复时，应请相应的部门主管答复，注意自己不可越权。

（5）若电话是找其他人，要用手轻捂送话筒，然后再呼喊远距离的受话人。

（6）若受话人不在或不便接听电话时，可代其询问对方的工作单位、姓名、电话号码等，或告知对方何时再打来。

（7）如遇对方打错电话号码时，请对方再重拨一次号码，不要责怪对方。

（8）接听私人电话时，在高兴之余切勿忘记自己的身份，也不必把声音压得很低，否则会使人误解你在泄露单位或工作机密，自己也很尴尬。此时自己所能做到的是尽量缩短通话时间。接听公务电话时，应声音清晰，也应避免给人一种窃窃私语的印象。

2. 接电话时的语言技巧

（1）应付马拉松电话。有的人打电话，一接通便啰里啰唆地说个没完，旅游接待人员为了不影响两个单位之间的关系，拟缩短通话时间可以采取以下两种方法婉拒：一是金蝉脱壳法。比如，你可以这样对对方说："对不起，上司正在叫我，等会儿我再给您挂电话好吗？"或者说："另一部电话在响铃，我们能否以后再谈？"二是幽默法。比如，你可以这样说："好了老朋友，你的3分钟已经过了，挂断电话吧！否则你就会多付电话费了。"

（2）婉拒对方的邀请。一个你不怎么喜欢的人打电话请你吃饭时，直截了当地拒绝会让对方下不了台，也伤害了对方的自尊心，是极不礼貌的。妥当的做法是不妨找出一两个理由，让对方了解你真的是无法赴约。这比没有理由的拒绝更容易被接受。

（三）手机礼仪规范

手机日益普及，成为人们随身必备、使用频繁的通信工具。在日常交往中使用移动电话大体应注意如下礼仪规范。

1. 置放到位

手机的使用者，应当将其放置在适当之处。大凡正式的场合，切不可有意识地将其展示于人。按照惯例，外出之际随身携带手机的最佳位置有二：一是公文包里，二是上衣口袋之内。穿套装、套裙之时，切勿将其挂在衣内的腰带上。否则撩衣取用或观瞧时，即使不使自己与身旁之人"赤诚相见"，也会因此举而惊吓对方。

2. 遵守公德

使用手机时，一定要讲究社会公德，避免使自己的行为骚扰到其他人士。

（1）在公共场所活动时，尽量不要使用手机。当其处于待机状态时，应使之静音或转为震动。

（2）需要与他人通话时，应寻找无人之处，而避免当众自说自话。公共场所乃是公有共享之处，在那里最得体的做法，是人人都要自觉地保持肃静。显而易见，在公共场所里手机狂叫不止，或是在那里与他人进行当众通话，都是侵犯他人权利、不讲社会公德的表现。在参加宴会、舞会、音乐会，前往法院、图书馆，或是参观各类展览时，尤须切记此点。

（3）在工作岗位上，也应注意不使自己的手机使用有碍于工作、有碍于别人。在写字间里办公时，尽量不要让手机大呼小叫。尤其是在开会、会客、上课、谈判、签约以及出席重要的仪式、活动时，必须要自觉地提前采取措施，令自己的手机静音不响。在必要时，可暂时将其关机，或者委托他人代为保管。这样做，表明自己一心不可二用，因而也是对有关交往对象的一种尊重和对有关活动的一种重视。

（4）酒店服务员、旅游商品导购人员不宜带手机上岗。导游员在做景点讲解或与游客沟通时，不宜接打手机。

3. 重视私密

通信自由，是受到法律保护的。在通信自由之中，秘密性，即通信属于个人私事和个人秘密，是其重要内容之一。使用手机时，对此也应予以重视。一般而言，手机的号码不宜随便告之于人。即便在名片上，也不宜包含此项内容。因此，不应当随便打探他人的手机号码，更不应当不负责任地将别人的手机号码转告他人，或是对外界广而告之。考虑到相同的原因，随意借用别人的手机也是不适当的。

4. 注意安全

使用手机时，对于有关的安全事项绝对不可马虎大意。在任何时候，都切不可在使用时有碍自己或他人的安全。

（1）按照常规，在驾驶车辆时，不宜忙里偷闲，同时使用手机通话。弄不好的话，就极有可能导致交通事故。

（2）乘坐客机时，必须自觉地关闭本人随身携带的手机。因为它们所发出的电子讯号，会干扰飞机的导航系统。

（3）在加油站或是医院里停留期间，也不宜开启手机。否则，就有可能酿成火灾，或影响医疗仪器设备的正常使用。

（4）在一切标有文字或图示禁用手机的地方，均须遵守规定。

5. 铃音设置注意事项

时下个性化的铃声正迅速走俏。这些个性化铃声为生活增添了色彩，人们选择它无可非议。但是过于个性化的铃声应注意使用场合。

（1）铃声不能给公众传导错误信息。

（2）铃声要和身份相匹配。相对来说，过于个性化的铃声与年轻人的身份比较匹配，一些长者或者有一定身份的人如果选择与自己身份不太匹配的铃声，会损害自己的形象。

（3）铃声音量不能太大。无论是座机还是手机铃声，都不能调得过大，以离开座位2米可以听见为宜。有些人的铃声像是“凶铃”，在大家埋头干活时突然刺耳地响起，让人心跳都会加快。还有在医院、幼儿园等场所，过大的铃声会成为一种公害。

6. 不要用手机偷拍

照相手机是手机中最新的功能，不要因为拍得方便就随意拍照。在用手机拍照或者摄影时，应该征得对方的同意，不要在车厢、剧院、餐馆等地方用摄像手机对着行人拍照。如果对方允许你拍照存在你的手机里，也不能未经对方同意将他（她）的照片转发给其他人欣赏，甚至传到网络上广为传播。

二、网络礼仪

引导案例

案例一：

2011年3月11日，日本东海岸发生9.0级地震，地震造成日本福岛第一核电站1至4号机组发生核泄漏事故。谁也没想到这起严重的核事故竟然在中国引起了一场令人吃惊的抢盐风波。从3月16日开始，中国部分地区开始疯狂抢购食盐，许多地区的食盐在一天之内被抢光，期间更有商家趁机抬价，市场秩序一片混乱。引起抢购的是两条消息：食盐中的碘可以防核辐射；受日本核辐射影响，国内盐产量将出现短缺。

经查，3月15日中午，浙江省杭州市某数码市场的一位网名为“渔翁”的普通员工在QQ群上发出消息：“据有价值信息，日本核电站爆炸对山东海域有影响，并不断地污染，请转告周边的家人、朋友储备些盐、干海带，暂一年内不要吃海产品。”随后，这条消息被广泛转发。16日，北京、广东、浙江、江苏等地发生抢购食盐的现象，产生了一场全国范围内的辐射恐慌和抢盐风波。

3月17日，国家发改委发出紧急通知强调，我国食用盐等日用消费品库存充裕，供应完全有保障，希望广大消费者理性消费，合理购买，不信谣、不传谣、不抢购，并协调各部门多方组织货源，保障食用盐等商品的市场供应。18日，各地盐价逐渐恢复正常，谣言告破。

3月21日，杭州市公安局西湖分局发布消息称，已查到“谣盐”信息源头，并对始作俑者“渔翁”作出行政拘留10天、罚款500元的处罚。

案例二：

北京市海淀区人民法院发布案件播报，音乐人高晓松诉新浪微博平台公司及微博账户持有人侵权案已审结。原告高晓松称，2016年7月，“王小呆V”与“八卦壹姐V”在各自新浪微博空间陆续发布其与某影视演员谈恋爱的不实信息，并使用侮辱性文字进行诋毁。

法院审理认为，被告方发布关于高晓松恋情的虚假信息，引发广泛关注，造成了原告人格权益受损，侵害了其名誉权。最终，法院判令王某、邵某均在其个人微博账户连续15日发布致歉声明，向高晓松赔礼道歉。判令王某向高晓松支付精神损害抚慰金50 000元、公证费5 000元、律师费20 000元；邵某向高晓松支付精神损害抚慰金20 000元、公证费5 000元、律师费20 000元。新浪微博平台公司因及时删除了涉案微博内容，履行了法定义务，故对涉及该公司诉请内容，法院不再支持。

网络礼仪是指在网上交往活动中形成的被赞同的礼节和仪式。换句话说就是人们在互联网上交往所需要遵循的礼节，是一系列使人们在网上有合适表现的规则。

随着互联网的发展，不道德、不文明的行为也开始在网络上泛滥起来。人们在享受到互联网所带来的便利和好处的同时，也不得不忍受网络上一些浅薄与无礼现象的存在。网络文明与网络礼仪正在受到越来越强烈的关注。网络礼仪规则不是法定的制度，但掌握这些规则，可以帮助你避免误解，保持良好的网络人际关系。

（一）网络礼仪原则

1. 遵纪守法

由于网络有着极大限度的自由，有些人行为变得肆无忌惮，不顾及个人形象，其实网络也是一种环境，和我们的生活环境一样，也同样需要遵纪守法。

2. 用语文明

网络语言要文明，不可侮辱、谩骂他人。网络用语要以礼待人，不造谣诽谤，不传播暴力。网络的平台赋予我们每个人自由平等的话语权，它为我们创造了自由交流的空间，它是我们生活的一部分。但长期以来，网络并不是一个温馨文明的家园。造谣、攻击、污言秽语等这些不文明现象仍然存在。正是因为网络自由，我们更要学会自律，学会尊重他人，学会使用网络文明用语。

3. 尊重隐私

尊重他人隐私，维护自身权利不受侵犯。网络信息传播速度快，一不小心就会对他人造成伤害。别人与你用电子邮件或私聊（ICQ/QQ）的记录应该是隐私的一部分。如果你认识某个人用笔名上网，在论坛未经同意将他的真名公开也不是一个好的行为。网民一般不愿公开自己的真实姓名、地址、电话等私人信息。如果不小心看到别人打开电脑上的电子邮件或秘密，不应到处传播。

4. 不传谣言

网络谣言，是指通过网络介质（例如：邮箱、聊天软件、社交网站、网络论坛等）而传播的没有事实依据，带有攻击性、目的性的话语。网络上散布谣言需要承担相应的法律责任。

对于网络上散布谣言需要承担的法律责任，主要分为三种责任：一是民事责任，即如果散布谣言侵犯了公民个人的名誉权或者侵犯了法人的商誉，依据《中华人民共和国民法典》的规定，要承担停止侵害、恢复名誉、消除影响、赔礼道歉及赔偿损失的责任；二是行政责任，即如果散布谣言，谎报险情、疫情、警情或者以其他方法故意扰乱公共秩序的，或者公然侮辱他人或者捏造事实诽谤他人的，尚不构成犯罪的，要依据《中华人民共和国治安管理处罚法》等规定给予拘留、罚款等行政处罚；三是刑事责任，即如果散布谣言，构成犯罪的要依据《中华人民共和国刑法》的规定追究刑事责任。

（二）网络办公礼仪

网络已进入各级国家行政机关，以及各级企事业单位，成为办理日常事务时所使用的一种高效便捷的工具。在使用网络进行办公时，应当遵守网络礼仪，体现个人的良好素养，维护其整体形象。

国家行政机关的电脑是办公工具，因此不可利用工作之便为个人服务，玩网络游戏、上网聊天或做其他与公务无关的事情。上网查阅资料要提高效率，网上使用的语言要文明、规范，不使用攻击性、侮辱性语言。不以单位或部门的名义在网上任意发布个人对新闻时事的看法。尽量避免在网上谈及与自己所知机密相关的话题，更不可故意泄密。

三、书信礼仪

书信是人们在不能、不便或不需要见面的情况下，为了表示郑重其事、交流信息、沟通感情，在社会交往过程中使用的一种书面交际形式。

（一）书信撰写格式

掌握书信的格式和要求，有助于更好地发挥书信的功能。

1. 书信的格式

信文由称谓、正文、敬语、落款及时间四部分组成。

（1）称谓。应在第一行顶格写，后加冒号，以示尊敬。称谓应遵循长幼有序、礼貌待人的原则，选择得体的称呼。

（2）正文。正文是信函的主体。可根据对象和所述内容的不同，灵活地采用不同的文笔和风格。

1）问候语。问候语要单独成行，以示礼貌。有“你好”“近好”“节日好”等。

2）先询问对方近况和谈与对方有关的情况，以表示对对方的重视和关切。

3）回答对方的问题或谈自己的事情和打算。

4）简短地写出自己的希望、意愿或再联系之事。

（3）敬语。写信人在书信结束时对对方表达祝愿、勉慰之情的短语，多用“此致、即颂、顺祝”等词紧接正文末尾。下一行顶格处，用“敬礼、安康”等词与前面呼应。

（4）落款及时间。在信文的最后，写上写信人的姓名和写信日期。署名应写在敬语后另起一行靠右位置。一般写给领导或不太熟悉的人，要署上全名以示庄重、严肃；如果写给亲朋好友，可只写名而不写姓；署名后面可酌情加启禀词，对长辈用“奉、拜上”，对同辈用“谨启、上”，对晚辈用“字、白、谕”等词。

2. 信封

信封上应依次写上收信人的邮政编码、地址、姓名及寄信人的地址、姓名和邮政编码。

（1）邮政编码要填写在信封左上方的方格内。

（2）收信人的地址要写得详细无误，字迹工整清晰；发给机关、团体或单位的信，要先写地址，再写单位名称。

（3）收信人的姓名应写在信封的中间，字体要略大一些，在姓名后空二三字处写上“同志、先生、女士”等称呼，后加“收、启、鉴”等字；寄信人地址、姓名要写在信封下方靠右的地方，并尽量写得详细周全一些。

（4）填写好寄信人的邮政编码。

（二）书信礼仪规范

（1）要按照书信规格写信，外文书信与中文书信的内容要求是完全一样的，格式上有所不同，要根据该国文字的常规要求和书信规格进行书写，不要随心所欲。

（2）一般书信内容要求把想要说的事情说清楚，把想要说的话都写上就可以了，只要收信人能读懂你写的全部意思就算达到了目的。如果是商务往来和其他经济业务性质的书信，在内容的叙述上就要讲究一些，把重要的因素必须全部包括在内容中，不得遗漏。

（3）传达信息、联络感情等方面的书信，要做到及时、准确，感情表露要恰当，遣词造句要和缓，字要书写工整，不要出现错别字以及造成收信人的误解和不悦。

（4）写信时忌用红笔或铅笔，私人的书信最好不用打印的字，如果是公函可以打印，但是末尾的签字必须用手亲笔书写。

（5）信不能不封口发出去，如果是请人代信的话，就要不封口当面交给代信人，以示信任；如果别人让你代信时，就要当面把信封好，以表示谨慎、认真。

（6）信写完以后，一定要检查一下，至少阅读一遍，看看有无遗漏、错别字等，如果有，就要纠正过来。遗漏的意思和话写在附语里，附语写多少都无关紧要。

（7）同时写几封信时，就要把信封和信纸（内容）一定弄正确，不要张冠李戴。

（8）关于信封的书写，传统礼仪中收信人的名字后面要写“同志”，因为这不仅是给邮递员看的。但是在现实生活里，人们不大愿意接受，尤其是给领导、长辈写信时，名字后面写“同志”二字感到难下笔。主张从礼仪的原则出发，应该灵活机动，不必强求一律。

四、馈赠礼仪

引导案例

2017年11月，习近平总书记访问越南期间，亲自送了一份国礼——《人民日报》给阮富仲。习近平指着这份泛黄的报纸介绍说：“这是1955年胡志明主席访华时的报纸，我们费了些劲找到的，一共16期。”阮富仲很惊喜，仔细端详60多年前的那些照片和文章。（资料来源：新浪网http：//mil.news.sina.com.cn/2017-11-13/doc-ifynrsrf4509562.shtml）

馈赠是商务活动中不可缺少的交往内容。随着交际活动的日益频繁，馈赠礼品因为能起到联络感情、加深友谊、促进交往的作用，越来越受到人们的重视。所以，馈赠活动对礼节的要求，也就一再得到强调。

（一）确定馈赠目的

（1）为了交际。礼品的选择，要使礼品能反映送者的寓意和思想感情，并使寓意和思想感情与送礼者的形象有机地结合起来。

（2）为了巩固和维系人际关系，即“人情礼”。人情礼强调礼尚往来，以“来而不往非礼也”为基本准则。因此无论从礼品的种类、价值的大小，档次的高低、包装的式样、蕴含的情义等方面都呈现多样性和复杂性。

（3）为了酬谢。这类馈赠是为答谢他们的帮助而进行的，因此在礼品的选择上十分强调其物质利益。礼品的贵贱厚薄，取决于他人帮助的性质。

（二）选择礼品

（1）投其所好。选择礼品时一定要考虑周全，有的放矢，投其所好。可以通过仔细观察或打听了解受礼者的兴趣爱好，然后有针对性地精心挑富有意义、耐人寻味、品质不凡却不显山露水的礼品。尽量让受礼者感觉到馈赠者在礼品选择上是花了一番心思的，是真诚的。因此，选择礼物时要考虑它的思想性、艺术性、趣味性、纪念性等多方面的因素，力求别出心裁，不落俗套。

一般来说，送礼对家贫者，以实惠为佳；对富裕者，以精巧为佳；对恋人、爱人、情人，以纪念性为佳；对朋友，以趣味性为佳；对老人，以实用为佳；对孩子，以启智新颖为佳；对外宾，以特色为佳。

送营养品、食品、化妆品等应注意保质期，过期的东西不能送，离保质期最后期限不远也不要送。

送礼注意对方的喜好和习惯。

（2）考虑具体情况。选择礼物要考虑具体的情况或场合。如厂庆可送花篮，逢节可送贺卡等。

知识链接

部分国家的赠送礼品的选择

日本：中国的文房四宝、名人字画、工艺品等最受日本人的欢迎。接、送礼物时要用双手，不能当面打开礼物。再次见到送礼的人时要提及礼物的事，并表示感谢。

美国：去美国人家中做客一般不必备厚礼，带些小礼品如鲜花、美酒和工艺品即可，如果空手赴宴，则表示你将回请。

英国：英国人讲究外表，一般送礼都是花费不多的东西，如巧克力、名酒和鲜花是英国人送礼的最爱之物。

法国：法国人将香槟酒、白兰地、糖果、香水等视为好礼品，体现文化修养的书籍、画册也深受欢迎。

俄罗斯：送鲜花要送单数。用面包与盐招待贵客，表示友好和尊敬。

（资料来源：中华礼仪网http：//www.uoeoo.com）

（三）把握馈赠时机

馈赠注意时间，把握好机会。

（1）传统的节日。春节、中秋节、圣诞节等，都可以成为馈赠礼品的黄金时间。

（2）喜庆之日。晋升、获奖、厂庆等日子，应考虑备送礼品以示庆贺。

（3）企业开业庆典。在参加某一企业开业庆典活动时，要赠送花篮、牌匾或室内装饰品以示祝贺。

（4）酬谢他人。当自己接受了别人的帮助，事后可送些礼品以回报感恩。

送礼时机要视实际情况灵活掌握，选择好送礼时机。

（四）掌握馈赠礼节

要使对方愉快接受馈赠并不是件容易的事情。即便是精心挑选的礼品，如果不讲究赠礼的艺术和礼仪，也很难达到馈赠的预期效果。

（1）注意包装。精美的包装不仅使礼品的外观更具艺术性和高雅的情调，显示出赠礼人的文化艺术品位，而且还可以避免给人俗气的感觉。

（2）注意场合。当众只给一群人中的某一个人赠礼是不合适的，给关系密切的人送礼也不宜在公开场合进行。因为受礼人会有受贿和受愚弄之感，而且会使没有受礼的人有受冷落和受轻视之感。只有象征着精神方面的礼品，如锦旗、牌匾、花篮等才可在众人面前赠送。

（3）注意态度和动作。赠送礼品时，只有态度平和友善、动作落落大方并伴有礼节性的语言，才容易让受礼者接收礼品。

（4）注意时机。送礼的时间间隔也很有讲究，过频过繁或间隔过长都不合适。时常大包小包地给别人送礼，目的性太强会让人惊恐。另外，礼尚往来，人家还必须还清你。一般来说，以选择重要节目、喜庆、寿诞送礼为宜，送礼的人既不显得突兀虚套，受礼的人也必安理得，两全其美。

（5）处理好有关收据。礼品上写有价钱和标签一定要早点清除干净。但如果礼品是有保修期的"大物件"，如家用电器、电脑等，可以在赠送礼品的时候把发票和保修单一起奉上，以便将来受礼人能够享受三包服务或方便其转手处理。

（五）受礼礼仪规范

在别人给你赠送礼物时，我们应当注意自己的行为，不能失礼于人。一般来说，我们可以从以下几个方面着手。

1. 从容接受礼物

在接受对方赠送的礼物时，我们要落落大方地接受。接受礼物时要注意礼貌，但不要过于推辞，没完没了地说："受之有愧，受之有愧！"以致伤害送礼者的感情，即使送的礼物不合你意，也应有礼貌地加以感谢。另外，我们还要注意行为上的礼仪，接受礼物时应双手接礼，然后用右手与对方握手并表谢意。

2. 要当面打开礼物

在接过他人相赠的礼物之后，应当尽可能地当着对方的面，将礼品包装当场拆封，以便大家共享礼物的快乐。它表示自己看重对方，同时也很看重获赠的礼品。在打开礼物之前，应当首先认真地看礼物上附带的卡片，然后注视送礼物的人，并向对方微笑。在启封时，动作要井然有序，舒缓文明，不要乱扯、乱撕、乱丢包装用品，此时，撕破包装纸被认为是粗鲁的举止。但请注意，结婚礼品是不可当场打开的。当面拆开包装后，要以适当的动作和语言，表示你对礼品的欣赏，并再次感谢送礼者。

3. 要让对方感觉到你的愉快

我们可以找到一些悦耳的话或者是令人开心的话来表达自己的喜悦之感。

（1）我们可以感谢送礼人所花费的心血。比如："你能想到我太好了。"

（2）我们可以感谢对方为买到合适的礼品所付出的努力。比如："你竟然还记得我收集古代地图。"

（3）如果我们确实喜欢某件礼物，那就明确地告诉对方。

4. 记得及时写感谢信

在口头表达感谢之外，别忘了写封感谢信。收到礼物后一定要以书面的形式表示感谢，而不是随便一个电话。它表明你花了一些时间，就像送礼人花费时间来挑选礼物一样。在写感谢信时我们要注意以下内容：

（1）感谢函要在收到礼物后几天，最迟两个星期内寄出，写信给年纪大的人应尽量快，这样才是有礼貌的。

（2）如果我们同时收到很多礼物，也必须抽时间尽快回复，而且每一件礼物都该分开亲自致谢。在结婚的情况下可除外。

（3）如果给我们送礼的人太多或时间太紧，不能及时给每位送礼者写感谢信，那么，我们可以给每位送礼者寄张明信片，表明已收到了礼物。这是万不得已的策略，稍后有空时仍应写封感谢信。

（六）回赠礼仪规范

收到馈赠的礼品后，受礼人一般要回赠，从而加强联系，增进友谊。在回赠礼品时，我们应该注意以下几个方面。

1. 注意回礼的时机

选择回礼的时机与赠送礼品的时机的要求大致是一致的，我们要长短适度，如果还礼过早容易被别人认为是“等价交换”。如果拖延太久，等事情完全冷淡了再还礼效果也不好。但是，在一些特殊情况下，则不受此约束。

（1）在节日庆典时期，可以在客人走时立即回赠。

（2）在生日、婚庆、晋级、升迁等时候接受的礼品，应在对方有类似的情形或适当时候再回赠。

（3）在此后登门拜访时还礼。

2. 回赠礼品的技巧

在还礼的时候就要选择得体的还礼形式。如果还礼的形式不当，“还”不如“不还”。下面还礼的几种形式，可以借鉴：

（1）回赠的礼品切忌重复，一般要价值相当，也可以根据自己的情况而定，但也不必每礼必回。

（2）每当接受他人的馈赠，你应留心记住礼物的内容，回赠时以选择类似的物品为宜。比如：你送我书刊，我可以给你影碟。

（3）因为一般人在选择礼物时，无意之间会选择自己喜欢的物品。因此，回赠对方时，不妨参考一下对方馈赠的礼物，较易赢得对方的喜悦。

（4）可用某种意在向对方表示尊重的方式来代替，不必非要还礼，一般对方也是非常愿意接受的。比如，在受礼后，口头上或书面上向对方致谢，或者见面的时候使用对方的赠礼等。

五、出行礼仪

一个人在日常工作、学习和社会生活中，离不开乘车走路。在出行的时候，不论是上学读书，上街购物，还是出门访友，漫步散心，同样包含着一系列的礼仪要求，同样需要注意讲究公德礼仪。

（一）行路礼仪

1. 基本原则

（1）始终自律。在行路时要严格约束个人行为。不吃零食，不吸香烟，不乱扔废物，不随地吐痰。不过分亲密，不尾随围观，不毁坏公物，不窥视私宅，不违反交通规则。

（2）相互体谅。主要表现在：热情问候，答复问路，帮助老幼，扶正斗邪，彼此谦让。

2. 行路礼仪规范

（1）引路。迎宾，主人走在前；送客，主人走在后。

（2）散步。一般居中者为上，以右为上，以内侧为上；以左为下，以外侧为下。多人单行行走时，以前为上，以后为下。

（3）道路上行走。自觉走右侧一方人行道，自觉让出盲道，尽量走路边。要保持一定的速度，不要过于迟缓，阻挡身后之人。尽量不要在道路上长谈。

（4）上下楼梯。应单行行走，不要多人并排行走。应身靠右侧而行，将左侧留出来，方便有紧急事务者快速通过。不要站在楼梯上或楼梯转角处长谈，有碍他人通过。上楼时尊者、妇女在前，下楼时则相反，位低者在前，尊者、妇女在后。不要在上下楼梯时快速奔跑。

（5）出入房间。出入房间，都要以手轻推、轻拉、轻关，不要以身体的其他部位代劳。如不能以肘推门，以脚踢门，以臀拱门，以膝顶门，也不要听任房门自由开关。一般情况下，要请尊长、女士、客人先进入房间，先走出房间，必要时要主动替对方开门或关门。若出入房间时逢他人与自己方向相反，则要对其礼让。一般是房内之人先出，房外之人后入。倘若对方为尊长、女士、客人，可优先对方。

（二）乘坐自动扶梯和电梯礼仪规范

1. 乘坐自动扶梯

（1）乘坐自动扶梯，应靠右侧站立，空出左侧通道，以便有急事的人通行。

（2）应主动照顾同行的老人与小孩踏上扶梯，以防跌倒。

（3）如需从左侧急行通过时，应向给自己让路的人致谢。

2. 乘坐电梯

（1）乘坐厢式电梯，应先出后入。

（2）如果电梯有服务人员，应让老人和妇女先进入，如无服务人员，可先进入轿厢操控电梯，让老人和妇女后进电梯以确保安全。

（3）先进入轿厢的人要尽量往里站。

（4）与同乘电梯人不相识时，目光应自然平视电梯门。

（5）在电梯里不高声笑谈，保持安静。

（6）在没有明令禁止宠物乘电梯的地方，小宠物应由主人抱起乘梯；大宠物应在没有其他乘客的情况下方可由主人带乘电梯。

（三）乘坐交通工具礼仪规范

在快节奏的现代生活中，人们经常要乘坐各种车辆及飞机，利用这些现代的交通工具，具有节省体力、方便舒适、快速省时、较为安全等特点，因而已经成为现代社会中人们日常生活的重要组成部分。乘车和乘机都要讲究礼仪规范。

1. 乘坐轿车

自轿车发明以来，车内座位就根据安全、舒适、方便等因素，被人们规定了尊卑、主次之座位。乘坐轿车，也为我们的工作生活带来了巨大的便捷。乘车之时，虽然短暂，但仍要保持风度、以礼待人。

（1）上下车的姿态。上车下车，看似简单，其实大有学问，对于女士而言，则尤显重要。

①女士上下轿车，要采用背入式或正出式（图3–8），即将身子背向车厢入座，坐定后随即将双腿同时缩入车厢。

②如穿长裙，在关上门前应先将裙子理好。

③如穿低胸服装，不妨加披一条围巾，以免弯身下车时出现难为情的局面，也可利用钱包或手袋轻按胸前，并保持身体稍直。

④准备下车时，应将身体尽量移近车门（图3–9），车门打开后，先将双腿踏出车外，然后将身体重心移至双脚，头部先出，然后再把整个身体移离车外，这样可以有效避免"走光"，也会显得姿态优雅。

（2）座次有别。在比较正规的场合，乘坐轿车时一定要分清座次的尊卑，并在自己合适之处就座，而在非正式场合，则不必过分拘礼。

座次礼仪规则可概括为"四个为尊，三个为上"。"四个为尊"是客人为尊、长者为尊、领导为尊、女士为尊，此四类人应为上座；"三个为上"是方便为上、安全为上、尊重为上，以这三个原则安排座次，其中"尊重为上"原则最重要。轿车上座次的尊卑，在礼仪上来讲，主要取决于下述四个因素。

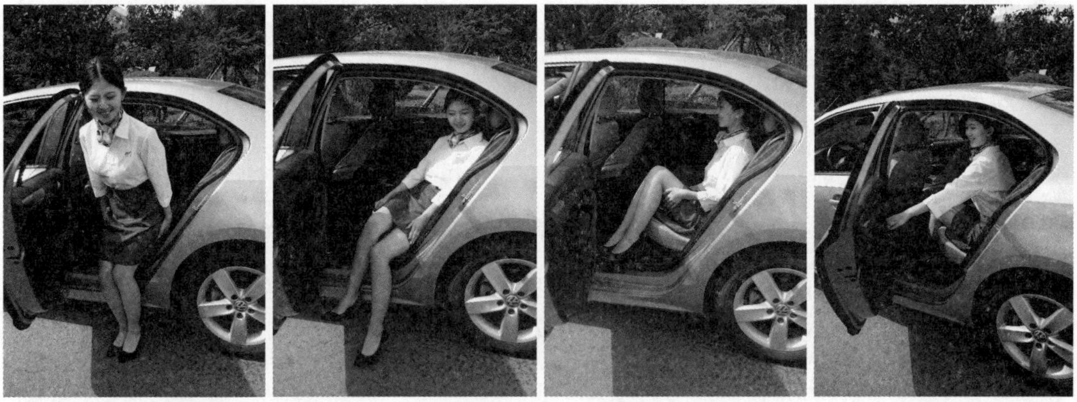

图3–8　上轿车姿势

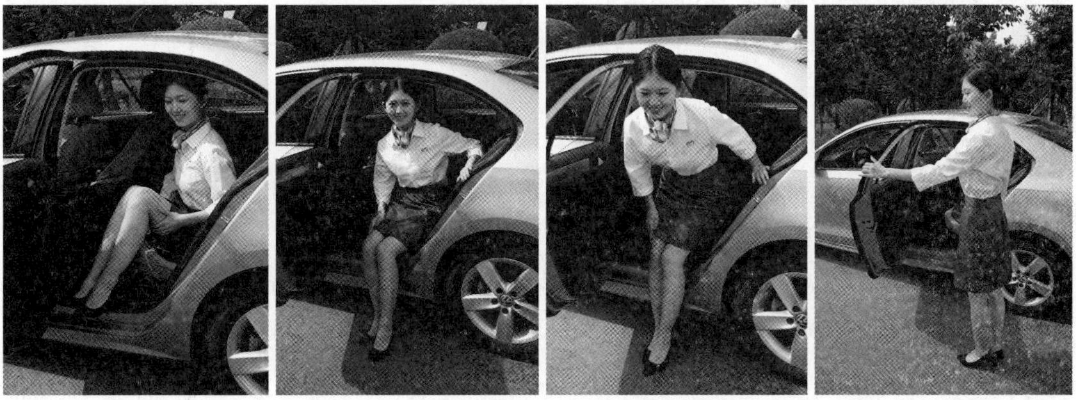

图3–9　下轿车姿势

①轿车的驾驶者。

驾驶轿车的司机一般有两种人：一种是轿车主人；另一种是专职司机。国内目前所见的轿车多为双排座与三排座，车上座次尊卑的差异如下：

a. 主人亲自驾车时：当主人或领导亲自驾车的时候，此时一般称之为社交用车，上座为副驾驶座（图3-10）。这种情况，一般前排座为上，后排座为下；以右为尊，以左为卑。这种坐法体现出“尊重为上”的原则，体现出客人对开车者的尊重，表示平起平坐，亲密友善。

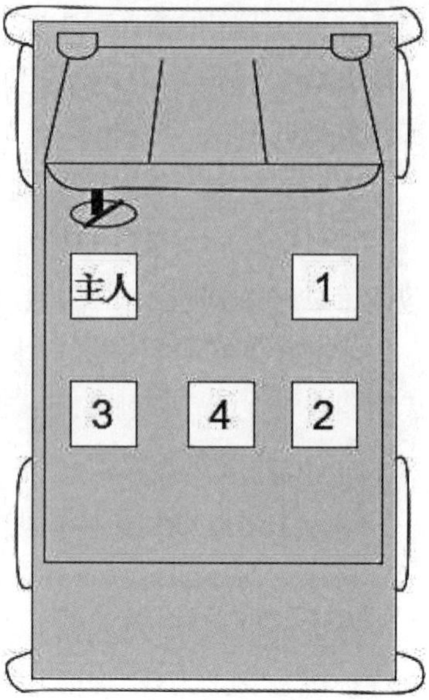

图3-10 主人亲自驾车时的座次

乘坐主人驾驶的轿车时，最重要的是不能冷落主人，也就是不能令前排座位“虚位以待”，一定要有人坐在那里，以示相伴。由男士驾驶自己的轿车时，若夫人或女友在场，她一般应坐在副驾驶座上。

b. 专职司机驾车时：由于右侧上下车更方便，因此要以右尊左卑（图3-11）为原则，同时后排为上，前排为下。在接待非常重要客人的场合，如政府要员、重要外宾、重要企业家，这时候上座是司机后座，因为该位置的隐秘性好，而且是车上安全系数较高的位置。

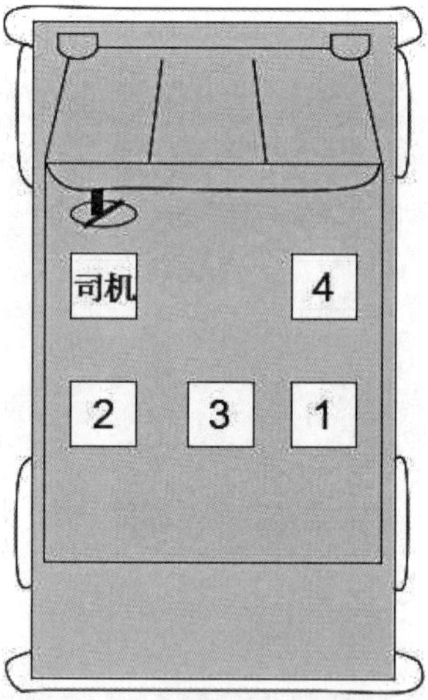

图3-11 专职司机驾车时的座次

②轿车的类型。

上述方法，主要适用于双排座、三排座轿车，对于其他一些特殊类型的轿车并不适用。

a. 吉普车：简称吉普，它是一种轻型越野轿车。它大都是四座车。吉普车底盘高，功率大，主要功能是越野，减震及悬挂太硬，坐在后排颠簸得厉害。不管由谁驾驶，吉普车上座次由尊而卑均依次是：副驾驶座，后排右座，后排左座。

b. 多排座轿车：指的是四排以及四排以上座次的大中型轿车。其不论由何人驾驶，均以前排为上，以后排为下；以右为尊，以左为卑；并以距离前门的远近，来推定其具体座次的尊卑。以一辆六排十七座的中型轿车为例，依次应为：第二排右座→第二排中座→第二排左座→第三排右座→第三排中座→第三排左座→第四排右座……

③轿车上座次的安全系数。

从某种意义上讲，乘坐轿车理当优先考虑安全问题。在轿车上，后排座比前排座要安全得多。最不安全的座位，当数前排右座。最安全的座位，则当推后排左座（驾驶座之后），或是后排中座。

当主人亲自开车时，之所以以副驾驶座为上座，既是为了表示对主人的尊重，也是为了显示与之同舟共济。由专人驾车时，副驾驶座一般也叫随员座，通常坐于此处者多为随员、译员、警卫，等等。

有鉴于此，一般不应让女士坐于专职司机驾驶的轿车的前排座，孩子与尊长也不宜在此座就座。

④轿车上嘉宾的本人意愿。

通常，在正式场合乘坐轿车时，应请尊长、女士、来宾就座于上座，这是给予对方的一种礼遇。然而，更为重要的是，与此同时，不要忘了尊重嘉宾本人的意愿和选择，并应将这一条放在最重要的位置。应当认定：必须尊重嘉宾本人对轿车座次的选择，嘉宾坐在哪里，即应认定哪里是上座。即便嘉宾不明白座次，坐错了地方，轻易也不要对其指出或纠正。这时，务必要讲“主随客便”。

（3）上下车顺序。上下轿车，看似简单，其实大有学问，也是有礼可循的。倘若条件允许，须请尊长、女士、来宾先上车、后下车。具体而言，又分为多种情况，主要包括：

①主人亲自驾车。

主人驾驶轿车时，出于对乘客的尊重和照顾，如有可能，应后上车，先下车。

②分坐于前后排。

乘坐由专职司机驾驶的轿车时，坐于前排者，大都应后上车，先下车，以便照顾后排者，因为此时，后排客人是受尊重的一方。

③同坐于后排。

应请尊长、女士、来宾从右侧车门先上，自己再从左侧车门后上车；下车时，自己先从左侧下，从车后绕过来帮助对方。若车停于闹市，左侧车门不宜开启，则于右门上车时，自然里座先上，外座后上；下车时相反。总之，以方便易行为宜。

④折叠座位的轿车。

为了上下车方便，坐在折叠座位上的人，应当最后上车，最先下车。

⑤乘坐多排轿车。

乘坐多排轿车时，通常应以距离车门的远近为序。上车时，距车门最远者先上，其他人随后由远而近依次而上。下车时，距车门最近者先下，其他人随后由近而远依次而下。

2. 乘坐飞机

（1）按时登机，对号入座，进入机舱后保持安静。

（2）不将超大行李和有异味的物品带上飞机，尽快放好随身行李，保持通道畅通。

（3）登机后主动关闭手机等无线电设备。

（4）不乱动飞机上的安全用品及设施，需要找乘务员时，可以按呼唤铃，不宜大声喊叫，接受乘务员服务应致谢。

（5）在飞机上进餐时，主动将座椅椅背调至正常位置，以免影响后排乘客进餐。

（6）保持舱内整洁卫生，因晕机呕吐时，应使用机上专用呕吐袋。飞行过程中尽量不要脱下鞋子以免异味影响他人；如果是长途飞行，脱下鞋后应在外面再罩上护袜。

（7）机上读物阅后整齐放入面前插袋。

（8）飞机未停稳时不抢先打开行李舱取行李，以免行李摔落伤人。

（9）上下飞机时，对空中乘务员的迎送问候有所回应。

（10）为乘机人送行时，可说“一路平安”等祝语，不宜说“一路顺风”（飞机需逆风起飞）。飞机上救生衣是飞机遇险，在海上迫降时供乘客逃生使用的，切勿随意打开或带下飞机。

3. 乘坐火车

（1）放置行李应相互礼让，与人方便。

（2）主动帮助老、幼、病、残、孕等特殊旅客。

（3）在车厢里，自觉维护车内环境卫生，垃圾投入垃圾箱内。

（4）不随意脱下鞋子，更不可把脚跷放到对面座位上。

（5）车厢内禁止吸烟；不可长时间占用卫生间和盥洗间。

（6）在车厢内不应大声喧哗，以免影响其他旅客。

4. 乘坐公共汽车

（1）排队候车，先下后上，礼让妇女、老人和孩子先上车。

（2）听从司乘人员的引导。

（3）主动给老人、病人、残疾人、孕妇和带小孩的乘客让座。

（4）保持车厢和站点的环境卫生；雨雪天，妥善放置所携雨具，以免影响他人。

（5）后下车的乘客应主动给先下车的乘客让道。

六、进餐礼仪

（一）入座礼仪

（1）先请客人入座上席，再请长者入座客人旁，依次入座，入座时要从椅子左边进入，入座后不要动筷子，更不要弄出什么声响来，也不要起身走动，如果有什么事要向主人打招呼。

（2）如果自己是做主人，在入座之前，应走到每个没见过的客人旁，伸出手去自我介绍；对自己相识的客人，要叫出他的名字打个招呼，这样的姿态会给客人留下深刻的印象。

（3）入座后姿势端正，脚踏在本人座位下，不可任意伸直，手肘不要靠桌缘，或将手放在邻座椅背上，应与餐桌保持适当的距离。坐姿应保持稳定，不能前后摇摆。应腰板挺直，膝盖放平。无论男女，用餐时跷起二郎腿都不美观而且失礼。再者，将腿跷起，餐巾就不能平放在腿上，衣服也容易被弄皱。另外，移动腿部，稍不留意就会碰到桌子，使桌上的餐具摇晃而惹出意想不到的麻烦。把腿张成八字形、伸伸懒腰、松松裤带、摇头晃脑、伸展双臂做体操等，这些姿势都很失礼、不雅观。

（二）餐中礼仪

（1）进餐时，先请客人、长者动筷子，若是做客则等到主人宣布开始时再动筷。吃饭喝汤时不要出声响，喝汤用汤匙小口地喝，不宜把碗端到嘴边喝。汤太热时凉了以后再喝，不要一边吹一边喝。

（2）要闭嘴咀嚼，细嚼慢咽，这不仅有利于消化，也是餐桌上的礼仪要求。绝不能张开大嘴，大块往嘴里塞，狼吞虎咽的，更不能在搛起饭菜时，伸长脖子，张开大嘴，伸着舌头用嘴去接菜；一次不要放入太多的食物进口，不然会给人留下一副馋相和贪婪的印象。

（3）用手进食、吸吮手指或以餐巾揩拭都是不雅的仪态。

（4）假使你想打喷嚏或擦鼻涕的话，不必道歉，应该立刻用餐巾按住口、鼻部，同时面向侧面，免得更引起人家注意。

（5）在用餐的时候，讲究“己所不欲，勿施于人”。可以劝人多用一些，或是品尝一下菜肴，但切勿越俎代庖，不由分说，擅自做主，主动为他人搛菜、添饭。且不说这样做不够卫生，还会让人勉为其难。这一般适用于中餐宴请的便宴情况。

（6）必须小口进食，不要大口地塞，食物未咽下，不能再塞入口。这样，可以方便与人交谈。送食物入口时，两肘应向内靠，不要向两旁张开，碰及邻座。自己手上持刀叉，或他人在咀嚼食物时，均应避免跟人说话或敬酒。食物带汁，不能匆忙送入口，否则汤汁滴在桌布上，极为不雅。如欲取用摆在同桌其他客人面前之调味品，应请邻座客人帮忙传递。

（7）搛菜时，应从盘子靠近或面对自己的盘边搛起，不要从盘子中间或靠别人的一边搛起，更不能用筷子在菜盘子里翻来倒去地“寻寻觅觅”，眼睛也不要老盯着菜盘子，一次搛菜也不宜太多。遇到自己爱吃的菜，不可如风卷残云一般地猛吃一气，更不能干脆把盘子端到自己跟前，大吃特吃，要顾及同桌的人。如果盘中的菜已不多，你又想把它“打扫”干净，应征询一下同桌人的意见，别人都表示不吃了，你才可以把它吃光。搛菜时，不要碰到邻座，不要把盘里的菜拨到桌子上，不要把汤泼翻，不要将菜汤滴到桌子上。嘴角沾有饭粒，要用餐纸或餐巾轻轻抹去，不要用舌头去舔。咀嚼饭菜，嘴里不要发出“叭叭”“呱唧呱唧”的声音。口含食物，最好不要与别人交谈，开玩笑要有节制，以免口中食物喷出来，或者呛入气管，造成危险；确需要与家人谈话时，应轻声细语。

（8）有必要起身时，不能扭头就走，应对旁边的人轻轻地道声对不起，然后安静地走开。没有必要大声宣布你要离席了。但请记住离席时，把餐巾放在桌上。进餐时不要打嗝，如果出现打嗝，肠鸣等不由自主的声响时，要说一声“真不好意思”“对不起”之类的话，以示歉意。

（9）如果给客人或长辈搛菜，最好不用筷子，可以把离客人或长辈远的菜肴送到他们跟前。按我们中华民族的习惯，菜是一个一个往上端的。如果同桌有领导、老人、客人的话每当上来一个新菜时应请他们先动筷子，以表示对他们的重视。

（10）作客时，不要品评自己不喜欢的食物。如端上的食物因故不能吃时，必须礼貌地谢谢主人，不予置评，尤其是女主人亲自烹调时，最好能予以赞赏一番。

（11）若想补妆，千万不要在餐桌上擦抹脂粉，应到化妆室去。也不可在餐桌前搔首弄姿或梳理头发。尽量避免在餐巾和杯子上沾染口红。

（12）如果是因为公事要明确以谈生意为主，还是以联络感情为主或是以吃饭为主。如果是前者，在安排座位时就要注意要谈判人的座位相互靠近，便于交谈和疏通情感。如果是后者，只需要注意一下常识性的礼节就行了，把重点放在欣赏菜肴上。

（三）餐后礼仪

（1）餐后，许多人会大声嘬牙，想把留在牙缝里的残留物吸出来。没有什么比这个令人不愉快的动作和响声更能毁坏你的良好形象。请务必改掉这坏习惯。

（2）最后离席时必须向主人表示感谢或者就此时邀请主人以后到自己家做客，以示回敬。

（3）告辞。宴会完毕，便可以告辞了，这时主人若已经站在门口准备送客了，你可以顺着众客人走到主人面前，跟主人握一下手，说声谢谢便成了。千万不要拉着主人的手谈话，即使你有很多的话要跟主人说，也该留待他日有空再谈，免得阻碍人家送客。

知识链接

餐巾的正确使用法

餐巾可以预防调味汁滴落时弄脏衣物，但是，其最主要的作用还是用来擦拭嘴巴。吃了油腻的食物后满嘴油渍，若以这副尊容与人说话，委实不雅。况且喝酒时还会把油渍留在玻璃杯上，更是难看。至于口红也是同样要用餐巾略擦一擦，避免唇印沾在酒杯上。

餐巾用毕无须折叠整齐。用餐完毕要站起来，首先将腿上的餐巾拿起，随意叠好，再把餐巾放在餐桌的左侧，然后起身离座。如果站起来后才甩动或折叠餐巾，就不合乎礼节了。餐巾用完后无须折叠得太过整齐，但也不能随便搓成一团。如有主宾或长辈在座，一定要等他们拿起餐巾折叠时才能跟着动作。

中途暂时离席时，须让餐巾从餐桌上垂下一角。宴席中最好避免中途离席。暂时离席时，许多人会把餐巾叠好放在椅子上，这种处理方式并没有错，因为餐巾摆放在桌上容易被误会已经离席。其实，最理想的方式是用盘子或刀子压住餐巾的一角，让它从桌沿垂下，当然脏的那一面朝内侧才雅观。

把餐巾放在腿上。从餐桌上拿起餐巾，先对折，再将褶线朝向自己，摊在腿上。绝不能把餐巾抖开，如围兜般围在脖子上，或塞在领口。而把餐巾的一角塞进扣眼或腰带里，也是错误的方法。

（资料来源：陈姮. 旅游交际礼仪［M］. 大连：大连理工大学出版社，2005.）

七、奉茶礼仪

奉茶礼仪

自古以来，中国人待客就有“坐，请坐，请上座；茶，上茶，上好茶”的说法，由此可见，以茶敬客在待客之际是一种不可缺少的重要礼仪。

1. 做足充分的准备

俗语说：“众口难调”，饮茶其实也是如此。有可能的话，应多备几种茶叶，使客人可以有几种选择。在上茶之前，应先询问一下客人喜欢用哪一种茶，并为其提供几种可能的选择。

2. 遵循奉茶礼仪规范

（1）奉茶之人。以茶待客时，由何人为来宾奉茶，往往涉及对来宾重视的程度问题。在家中接待重要的客人时，则应由女主人，甚至由主人自己为之亲自奉茶。

在工作单位待客时，一般应由秘书、接待人员、专职人员为来宾上茶。接待重要的客人时，则应由本单位在场的职位最高者亲自为之上茶。

（2）奉茶顺序。若来访的客人较多时，上茶的先后顺序一定要慎重对待，切不可肆意而为。合乎礼仪的做法如下：

①先为客人上茶，后为主人上茶。

②先为主宾上茶，后为次宾上茶。

③先为女士上茶，后为男士上茶。

④先为长辈上茶，后为晚辈上茶。

如果来宾甚多，且其彼此之间差别不大时，可采取下列四种顺序上茶：

①以上茶者为起点，由近而远依次上茶。

②以进入客厅之门为起点，按顺时针方向依次上茶。

③在上茶时以客人的先来后到为先后顺序。

④上茶时不讲顺序，或是由饮用者自己取用。

（3）奉茶方法。在上茶时，应当借此机会，向客人表达自己的谦恭与敬意。标准的上茶步骤是：双手端着茶盘进入客厅，首先将茶盘放在临近客人的茶几上或备用桌上，然后右手拿着茶杯的杯托，左手附在杯托附近，从客人的左后侧双手将茶杯递上去。茶杯放置到位之后，杯耳应朝向外侧。若使用无杯托的茶杯上茶时，也应双手捧上茶杯。奉茶时应注意：

①从客人左后侧为之上茶，意在不妨碍其工作或交谈的思绪。万一条件不允许时，至少也要从其右侧上茶，而尽量不要从其正前方上茶。

②为了提醒客人注意，可在为之上茶的同时，轻声告之“请您用茶”。若对方向自己道谢，不要忘记答以“不客气”。如果自己的上茶打扰了客人，应对其道一声“对不起”。

③为客人敬茶时，一定要注意尽量不用一只手上茶，尤其是不要只用左手上茶。同时，双手奉茶时，切勿将手指搭在茶杯杯口上，或是将其浸入茶水，污染茶水。

④在放置茶杯时，要注意细节，不要把茶杯放在客人的文件上，或是其行动时容易撞翻的地方。将茶杯放在客人右手附近，是最适当的做法。

3. 掌握好续水时机

（1）为客人端上头一杯茶时，通常不宜斟得过满，更不允许动辄使其溢出杯外。得体的做法，是应当斟到茶杯的七分满，不然就有厌客或逐客之嫌。

（2）为了显示主人真心诚意地以茶待客，最适当的做法，就是要为客人勤斟茶，勤续水。一般来讲，客人喝过几口茶后，即应为之续上，绝不可以让其杯中茶叶见底。这种做法的寓意是：“茶水不尽，慢慢饮来，慢慢叙。”

（3）为来宾续水让茶一定要讲主随客便，切勿神态做作，再三再四地以斟茶续水搪塞客人，而始终一言不发。以前，中国人待客有“上茶不过三杯”一说。第一杯叫作敬客茶，第二杯叫作续水茶，第三杯则叫作送客茶，如果一再劝人用茶，而无话可讲，则往往意味着提醒来宾“应该打道回府了”。有鉴于此，在以茶招待较为守旧的老年人或海外华人时，切勿再三为之斟茶。

（4）在为客人续水斟茶时，仍以不妨碍对方为佳。如有可能，最好不要在其面前进行操作。非得如此不可时，则应一手拿起茶杯，使之远离客人身体、座位、身子，另一只手将水续入。

（5）在续水时，不要续得过满，也不要使自己的手指、茶壶或者水瓶弄脏茶杯。如有可能，应在续水时在茶壶或水瓶的口部附上一块洁净的毛巾，以防止茶水“自由泛滥”。

八、拜访与接待礼仪

拜访又叫拜会、拜见，是指前往他人的工作单位或住所，去会晤、探望对方，进行接触。接待又叫迎访，即迎接客人来访，包括迎客、待客、送客三个环节。

（一）拜访礼仪规范

1. 事先约定

去他人的工作单位和住所拜访，可以提前写信、打电话或者口信预约并把拜访的目的告诉对方。不能突然袭击，做不速之客，否则会打乱别人正常的工作和生活秩序。如果确有急事非突然造访不可，见面时应当首先向主人表示歉意，并说明之所以这样做的理由。

2. 时间恰当

到工作单位拜访，最好不要选择星期一，因为星期一是一周的开始，往往是大家最忙的时间。如果是到家里访友，时间最好安排在节假日的下午或晚饭以后。尽量避开对方用餐时间，除非是对方请你赴宴。晚上访友不宜太晚，以免影响主人家的休息。

3. 认真准备

在拜访之前，应根据访问的对象、目的、场所等，将自己的衣饰、容颜适当地修饰一番。注意仪表仪容端庄，容光焕发。

4. 遵时守约

要按事先预定的时间如期赴约，不能迟到，也不要早到。按双方约定的时间准时到达最得体。一般比约定时间早或迟到两三分钟，原则上也是允许的。

5. 进门有礼

（1）拜访时，进门之前应先敲门或按门铃。按门铃的时间不要太长，敲门声也不要太大，只要主人能够听到就可以了。

（2）待主人请你进房时，方可入内。

（3）进房前，应礼貌地询问是否要换鞋。

（4）随身的外衣、雨具以及携带的礼品或物品，应放在主人指定的地方。

（5）主人开门之后，如未邀请入室，不要擅自闯入。

（6）入室之后，如果主人没请你脱下外衣或就座，则表示主人不打算留客，你应简短说明来意后立即离去。

6. 做客有方

（1）进门后，应主动向所有相识的人（包括主人的家人或先到的客人）打招呼、问好。

（2）如主人没有向你介绍其他客人，不可随便打听其他客人与主人是什么关系，也不要主动与其他客人亲昵地攀谈或乱插话，不要喧宾夺主。

（3）主人请你入座时，应道声“谢谢”，不要自己找座位，要根据主人的邀请，坐在主人指定的座位上。

（4）拜访时态度要诚恳大方，言谈要得体，没有主人邀请，不应该提出参观主人的房间，更不应该到处乱闯，特别不应该随便进入卧室。

（5）即使是比较熟悉的朋友，也不要去触动主人的物品和室内陈设、书籍。

（6）对主人家的个人生活和家庭情况不要过度关心，否则是不礼貌的。

7. 适时告辞

（1）拜访的时间不宜过长，当宾主双方都谈完该谈的事，叙完该叙的情谊之后，就应及时起身告辞。

（2）告辞时应对主人的款待表示谢意，并说一些“打扰了”“添麻烦了”“谢谢”之类的客套语，如有必要，还应根据对象和实情说“请你以后多指教”“希望以后多多合作”等。

（3）告辞时，若主人的长辈在家，应先向长辈告辞，若主人处还有其他客人，也要礼貌地道别。

（4）出门后应主动请主人留步，礼谢远送。

（二）迎访礼仪规范

1. 精心准备

（1）清扫整理房间，保持房间整洁。

（2）根据客人年龄、性别、爱好，备好茶水、果品和点心等待客的必备物品，如公事拜访还要准备客人所需要的资料。

（3）要做好个人仪表的准备，衣着要整洁、大方。

（4）根据需要，还可以做膳食、住宿和交通工具的准备。

2. 热情迎客

（1）对于来访的客人，主人可根据情况亲自或派人到大门口、楼下、办公室或住所门外迎接，对来自远方的客人，应主动到车站、码头、机场迎接。

（2）客人到来时，要立即请客人入室，室内的人都应起身相迎，不应端坐不动随便请客人自己进来，这样会使客人感到不受重视。

（3）对家人、亲朋好友或同事，要一一介绍，以表现出友好的态度。

（4）安排客人就座，应把最佳的“上座”位置让给客人坐。

（5）客人进房后，主人要协助客人把携带的物品放好。

3. 周到待客

待客之礼，应是主动、热情、周到，善解人意。

（1）为客人上茶，茶水要浓度适中，一般斟七成满较为适宜，茶与果品应双手送上，烟要亲自为客人点火。

（2）与客人交谈要精神集中，不要来回走动、看书报或做其他事情，更不要频频看表或打哈欠，以免对方误解你在逐客。

（3）当客人已经把话题讲完，主人就应减少讲话，不再主动挑起话题，不再向客人杯中添加饮料，以给客人告辞的机会。

（4）如果留客人用餐，菜肴可视情况而定，但应比平时丰盛些，主人也应有分工，不可因忙于做菜而使客人无人作陪。

（5）如果客人带小孩同来，要提供玩具、儿童读物等，以供小孩玩乐。

（6）如果客人赠送了礼品，主人要表示谢意，并请客人今后不要再破费，同时应回赠些合适的礼品，对客人的礼品无动于衷是失礼的。

4. 礼貌送客

（1）如客人提出告辞时，主人应婉言相留，如客人执意要走，也要等客人起身告辞时，主人再站起来相送。

（2）如果是非常熟悉的朋友，一般送到大门口、楼下，与客人说“再见”或“欢迎下次再来”的礼貌用语，目送客人远去，再返身回屋；如果是为远道的朋友送行，要送到车站、机场或码头，要等火车、飞机、汽车或轮船开动后再离开。

引导案例

三A原则

交往礼仪之中的一条十分重要的原则，叫作“三A原则”。它的含义，是要求人们在与其他人进行交往的过程中，要努力地以自身的实际行动，去接受对方，重视对方，赞同对方。接受对方，指的是要求同存异，容纳对方，不要对对方见外排斥。重视对方，指的是要使对方感受到自己尊重对方，对方在自己心目中十分重要，而非无足挂齿。赞同对方，则指的是要善于发现对方之长，并加以及时肯定，既不要自高自大，又不要曲意奉承对方。因为接受、重视、赞同三个词词头的第一个英文字母皆为A，故称之为“三A原则”。在人际交往中，运用该原则是非常必要的，所以务必要铭记在心。

（资料来源：金正昆. 社交礼仪教程. [M]. 2版. 北京：中国人民大学出版社，2005.）

学习评价

一、基础知识测试

（一）填空题

1. 进餐入座时要从椅子（　）边进入，入座后不要动筷子，更不要弄出什么声响来。
2. 从客人（　）为之上茶，意在不妨碍其工作或交谈的思绪。
3. 为客人端上头一杯茶时，通常不宜斟得过满，更不允许动辄使其溢出杯外。得体的做法，是应当斟到茶杯的（　），不然就有厌客或逐客之嫌。
4. 接待又叫迎访，即迎接客人来访，包括（　）、（　）、（　）三个环节。
5. 对信奉（　）、（　）的人不要敬烟。

（二）不定项选择题

1. 打电话的要素包括（　）。

A. 时间　B. 对象　C. 地点　D. 内容

2. 电话铃响时，应尽量快接，最好在（　）之内接听而不要故意延误。

A. 两声　B. 三声　C. 四声　D. 五声

3. 网络礼仪原则包括（　）。

A. 遵纪守法　B. 用语文明　C. 尊重隐私　D. 不传谣言

4. 当主人亲自驾车时（　）。

A. 上座为副驾驶座　　B. 一般前排座为上，后排座为下

C. 以右为尊，以左为卑　　D. 副驾驶座不是上座

5. 以下关于乘坐自动扶梯和电梯礼仪正确的是（　）。

A. 乘坐自动扶梯，应靠左侧站立，空出右侧通道，以便有急事的人通行

B. 乘坐厢式电梯，应先出后入

C. 乘坐厢式电梯，先进入轿厢的人要尽量往里站

D. 乘坐自动扶梯，应靠右侧站立，空出左侧通道，以便有急事的人通行

（三）判断题

1. 在加油站或是医院里停留期间，不宜开启手机。（　）

2. 只有象征着精神方面的礼品，如锦旗、牌匾、花篮等才可在众人面前赠送。（　）

3. 应付马拉松电话，可采用金蝉脱壳法。比如，你可以这样对对方说："对不起，上司正在叫我，等会儿我再给您打电话好吗？"（　）

4. 结婚礼品是不可当场打开的。（　）

5. 为乘机人送行时，可说"一路平安"等祝语，不宜说"一路顺风"。（　）

二、能力训练

（一）个人能力训练

（1）远在异地旅游的父母要你代他们去看望正在本地出差的一位长辈，这位长辈你从未见过面，你该做哪些准备？

（2）你要去探视一位肠道疾病患者时应该如何选择礼品？

（二）团队能力训练

1. 任务训练

（1）电话铃声……（长）

女：喂！

客：请问是四海公司吗？

女：是啊！

客：我找服务部张副理。

女：等一下。

（2）转接声……

服：喂！这里是四海公司，你好。

客：你是售后服务部吗？叫你们老板出来！

服：小姐，我们老板不是随便可以出来的，你有什么事吗？

客：喂！搞清楚，我花那么多钱，买你名牌，又是最贵的机种，用到第三天就坏了，太离谱了……（被打断）

服：小姐！那也不一定是我们手机的问题。

客：你怎么知道？

服：我只是说“不一定”，你别那么凶好不好。

客：我凶？那你这是什么态度？对了！你叫什么名字？

服：我姓李。

客：好，李先生，那你告诉我，现在我要怎么做？

服：送来修理啊！

客：什么？我还得大老远跑一趟？费用呢？

服：保修期限内应该不用钱。但如果是你自己弄坏的，当然要付钱！

客：我住在淡水，有没有比较近的维修点？

服：使用手册上应该有吧！

客：好，算了算了，算我倒霉，我想我这辈子我不会再买四海的东西！（电话挂断）。

问题：

（1）看完上述案例，以团队为单位，找出案例中哪些地方不符合接听电话礼仪规范。

（2）结合本情境，运用你所学过的电话礼仪规范重新编写此剧本，并进行模拟演示。

2. 案例分析

习近平夫妇赠APEC领导人景泰蓝赏瓶等3件国礼

2014年3月，一纸关于2014年APEC会议领导人及配偶礼品的设计制作邀请函在全国范围内发出，征集内容包含领导人礼品和配偶礼品两部分，设计要求中提出，礼品要体现中国特色，展示中华威仪和大国风范，弘扬中国文化，突出北京文化特色。要紧扣2014年APEC会议主题“共建面向未来的亚太伙伴关系”。要体现传统与现代相融合，追求艺术性、实用性，显示中国艺术水平和制作水平。同时，配偶礼品尤其需要注意艺术性和实用性相结合。

经过几轮竞争，最终入选国礼的20套方案29款工艺品中，工艺美术集团有限责任公司“独占鳌头”，占据了其中15套方案24款工艺品，其品种基本涵盖了中国和北京最具代表性的传统工艺。

在8月26日最后一轮筛选中，习主席亲自挑选出瓶身38厘米高，为天坛祈年殿38米身高的等比例缩小的《四海升平》景泰蓝赏瓶，但面对配偶礼品的选择时，工艺美术集团有限责任公司的两款以花丝镶嵌和錾刻两门传统技艺，靠设计师和工艺大师合作的礼品让人难以取舍，最终使得原定为2件的礼品清单被扩充到了3件。其中纯银丝巾果盘是由整块银板经过上千万次的纯手工錾刻而成，《繁花》手包套装同样也将北京工艺美术“燕京八绝”中的花丝镶嵌和京绣发挥到了极致。

思考题：

（1）日常生活中赠送礼品应注意哪些问题？

（2）国礼的选择应注意哪些问题？

学习任务3 言谈礼仪

引导案例

一位外国客人在中国餐厅用餐，他对餐厅使用的景泰蓝筷子非常喜欢，当他用餐完毕时，随手就将自己刚刚用过的一双景泰蓝筷子插进了西装口袋，准备带走。作为餐厅服务员，不能让餐厅受损失，你该怎样做？下面是客人在两家中国酒店的不同遭遇。

A酒店：服务员冲着客人大叫："站住！"客人被吓了一跳，服务员快步走过来，接着对客人说："先生，您想去哪里？您似乎带走了不该带走的东西！请把筷子放回餐桌。"客人窘得满脸通红。

B酒店：女服务员微笑着走向客人，她手里托了一个丝绒盒，用亲切的语气对客人说："您好！先生，感谢您对中国景泰蓝工艺的欣赏，经餐厅经理批准，我把一双图案精美，并经过严格消毒的景泰蓝筷子送给您，并以最优惠的价格记在您的账上，您看可以吗？"客人笑着说："谢谢！那我就以旧换新吧！"他把口袋里的筷子拿出来交给服务员，接过丝绒盒去付账了。

思考题：

（1）本案例中A酒店的服务员错在什么地方？

（2）B酒店的服务员在服务理念上，说话方式上有哪些地方值得我们借鉴？

语言是社会交往的工具，是人们表达意愿、思想情感的媒介和桥梁。在旅游接待服务过程中，从业人员必须做到语言礼貌。旅游行业礼貌用语的广泛使用，实际上是一个"形象工程"。它可以起到塑造自身品牌形象、为宾客营造一个良好的文明礼貌环境、扩大企业的知名度与号召力、推销和宣传产品、在提高企业社会效益的同时提高经济效益等方面的重要作用，可以说它将直接关系到旅游业的生存与发展。

一、旅游行业礼貌用语的分类

服务礼貌用语作为旅游行业的职业用语，按照不同的标准，可以把它分为不同的类型。

（一）基本形式

1. 敬语

敬语是表示尊敬、恭敬的习惯用语。这一表达方式的最大特点是当旅游接待服务人员与宾客交流时，常常以"请"字开头、"谢谢"收尾，而"对不起"则常挂嘴边。称呼客人须用尊称，如"您""阁下""贵方"等，使用敬语，应注意神态的专注和语气的真诚，应让宾客感受到后面所包含的谈话人的真情实感，要根据时间、地点、环境、对象的不同，准确地使用敬语。

2. 谦语

谦语是向人们表示一种谦恭和自谦的词语。它作为礼貌用语的一种，在旅游接待服务工作中应用相当广泛。谦语通常和敬语同时使用，在对宾客使用敬语的同时，对自己则用谦语表达，如在交谈时，常用“愚”“敝人”等。

3. 雅语

雅语又称为婉辞或委婉语，是指一些不便直言的事用一种比较委婉、含蓄的方式表达双方都知道、理解但不愿点破的事。在礼貌服务用语中，雅语的广泛使用是与宾客沟通思想感情、使交际活动顺利进行的途径。它既能使双方传达信息，同时又因为没有点破要表达的内容，所以一旦交往不顺利时便容易“下台阶”，如用“我去方便一下”或“去一趟洗手间”代替“去上厕所”；用“不新鲜”代替“臭了”等，雅语的使用不是机械的、固定的，它需要根据不同场合、不同人物、不同时间灵活运用。

（二）用法分类

1. 称呼语

称呼语是服务人员对宾客的尊称，要分清国内和国外的常用称呼，力求做到准确恰当和容易理解。

职场中称呼的注意事项

（1）准确恰当。

①我国常用称呼。

一般情况下，中国人常以下列方式称呼：

a. 以职务相称：单称职务或姓氏加职务，如“局长”“王处长”“徐总”。

b. 以职业身份相称：单称职业或姓氏加职业，如“医生”“李律师”。

c. 以性别相称：男士统称为“先生”，女士称“小姐”或“女士”。

②国外常用称呼。

在面对外国客人时，常以下列方式称呼：

a. 西方人之间如无血缘关系，对男子统称“Mr.”，西方女性比较重视对自己的称呼，对未婚女性可称“Miss”，对已婚女性称“Mrs.”，切忌把未婚的女性当成已婚的太太来称呼，如果你不确定对方是未婚还是已婚，尽量用统一的称呼“Miss”。

b. 对地位高的政府官员、外交使节，军队中的高级将领，按不同国家的习惯，可称“阁下”，以示尊重。

c. 对君主制国家应称国王、王后为“陛下”，称王子、公主、亲王为“殿下”。

d. 对教会中的神职人员，一般可称教会的职称，或姓名加职称，或职称加先生。

（2）容易理解。避免使用易产生误会的称呼，如“爱人”，中国人爱把自己的配偶称为“爱人”，而外国人则将爱人（Honey）理解为“情人”；还有“同志”“老人家”等，易使外国人产生误会或引起反感的称呼不要使用。另外，也不要使用过时的或不通用的称呼，让对方不知如何理解。

（3）尊敬对方。尊重一个人，首先要从尊重一个人的姓名开始，从有礼貌的友好的称呼开始。这对展示一个人的风度、形成良好的人际关系和社会风尚是十分重要的。服务人员应避免使用有歧视、侮辱性的称呼，如洋毛子、洋妞、黑鬼等。在正式场合，不要使用低级、庸俗的称呼或用绰号作称呼，如哥们儿、姐们儿等。

2. 问候语

旅游接待服务人员在工作区域遇到客人时，应主动与客人打招呼并礼貌问候，能否灵活地运用问候语，是检验旅游从业人员语言沟通与交际能力高低的一个重要依据。问候语是指在接待宾客时根据不同的对象、时间、地点所使用的规范化问候用语。

（1）初次见面时，首先用“您好”，欢迎语再跟上，如“欢迎到中国来”“欢迎参加我们旅行团”等。

（2）一天中不同时间段分别用“早上好”“中午好”“晚上好”等问候语问候客人。

（3）节日问候语有“祝您新年快乐”“节日愉快”等。

（4）表示祝贺的问候语“祝您生意兴隆”“祝你们演出成功”等。

（5）根据接待地点使用不同的问候语，在宾馆，可以说“您好，欢迎下榻我们饭店！”，在博物馆，可以说“您好，欢迎您来参观访问！”等。

（6）祝福问候语有“祝您生日快乐”“祝您健康长寿”等。

（7）表示关切的问候语“您现在好点了吗？”“您太劳累了，要注意休息”等。

（8）表示安慰的问候语“您别着急”“放宽心，一切都会好起来的”等。

（9）服务工作中的问候语通常用“您需要帮忙吗？”“您有什么需要？”等。

3. 应答语

旅游从业人员，在接待服务工作中经常要回答客人提出的各种问题，如何巧妙作答，让客人满意，里面既包含礼貌规范的要求，同时又反映出员工的语言表达技巧，不同的问题需要用不同的表达方式去回答。

（1）对前来问询的客人在客人开口之前，应面带微笑，倾身向前的同时主动说“您好，我能为您做什么？”

（2）接受客人吩咐时应说“好，明白了！”

（3）没听清或没听懂客人的问话时应说“对不起，麻烦您，请您再说一遍”。

（4）不能立即明确回答客人问话时应说“对不起，请稍等一下”。

（5）对等候的客人应该说“对不起，让您久等了”。

（6）当客人表示感谢时应说“别客气，这是我应该做的”。

（7）当客人因误解而致歉时应诚恳地说“没关系，这算不了什么”。

（8）当受到客人的赞扬时应说“谢谢，您过奖了”。

（9）当客人提出无理或过分地要求时，应该说“很抱歉，我们没有这种做法”或者是满怀遗憾地说“哎呀，我也特想满足您的这种要求，但是我不能这么做”。

（三）旅游行业服务用语分类

1. 饭店服务礼貌用语

饭店服务礼貌用语是饭店业服务的规范用语，如对初次见面的入住客人应该说：“欢迎您下榻我们的饭店！”“欢迎光临！”；客房部服务员在将客人安排好以后，临走前应该说：

"祝您在这儿生活愉快！""您有什么需要我帮助的，请尽管吩咐。"

2. 旅行社礼貌用语

旅行社礼貌用语是旅行社旅游服务的规范用语，如对前来咨询的客人应该说"您好，请问您需要了解哪条线路？"；在游览观光途中提醒客人注意有关问题时应该说"请小心！""请注意安全！"；送别客人应该说："祝大家旅途愉快！""祝大家一路顺风""欢迎您再来！"

3. 旅游交通礼貌用语

旅游交通礼貌用语是旅游交通业服务用语，如对乘坐交通工具表示感谢时应说："欢迎乘坐本次列车！"；对因道路不好或在水上航行因风大引起的颠簸向旅客致歉时说："对不起，让大家受苦了！"

4. 旅游商店礼貌用语

旅游商店礼貌用语是旅游商店服务用语，如对进店的顾客说，"欢迎光临"；客人看商品时，可以问："您好！请问我有什么可以帮您的吗？"

二、旅游接待人员语言规范原则

（一）以宾客为中心原则

在旅游行业中，接待与服务工作的本身就是以满足客人的需要为前提。旅游行业接待与服务工作的语言规范之一，即语言表达力求体现"以宾客为中心"的原则，讲求言辞的礼貌性。

旅游行业用语言辞的礼貌性，主要体现在敬语的使用上。且在旅游接待服务中，有"五声"的要求，即宾客来时有迎客声；遇到宾客有称呼声；受人帮助有致谢声；麻烦宾客有道歉声；宾客离去有送客声。

（二）赞美原则

赞美是一种卓有成效的交往艺术。国外有社会心理学家把赞美看作"仙人的魔棒"，但如果运用不恰当，会引起不良的心理反应。因此，赞美也讲究艺术。

1. 赞美的态度要恳切

态度恳切是影响赞美效果的首要因素，只有真诚的赞美才最能打动人的心灵。因此，赞美别人需要有一颗真诚、热情的心，善于发现、欣赏别人的优点和长处。

2. 赞美的语言要得体

不同年龄、性别、个性、职业的人，对赞美的心理需求是不一样的。因此，在具体的语言表达方式上要因人而异，如对年轻人要多些夸奖，对长者则多些尊重。

3. 赞美的内容要具体

赞美的内容具体是指赞美什么、为什么赞美要明确，并要实事求是，恰如其分。

4. 赞美的频率要适度

赞美的频率要适度是指在一定的时间内对他人或对同一事物、同一对象赞扬的次数要适度，过于频繁的赞美不但会降低赞美的激励作用，而且会让人产生反感情绪。

5. 赞美的时机要恰当

适时赞美，有利于促使或激励其把良好的动机转变为行为，就比等他把事做完之后再赞美更有益。由此可见，由于服务员用词不合语法，不合规范，不注意对方的年龄，尽管出于好心，却在无意中伤害了客人，这不能怪客人敏感和多疑。

（三）征询与委婉的原则

与客人交流，语气要温和，多采用商量式、询问式、建议式、选择式的方法进行表达，避免转达式、通知式、命令式、指责式。让客人始终拥有主角意识，得到被尊重、被重视的精神享受和满足。

三、旅游接待人员的说话技巧

引导案例

来自台湾的旅游团在某饭店用餐，当服务员发现一位70多岁的老人面前是空饭碗时，就轻步走上前，柔声说道："请问老先生，您还要饭吗？"那位先生摇了摇头。服务员又问道："那先生您完了吗？"只见那位老先生冷冷一笑，说："小姐，我今年70多岁了，自食其力，这辈子还没落到要饭吃的地步，怎么会要饭呢？我的身体还硬朗着呢，不会一下子完的。"

旅游接待是与人打交道的工作，沟通无时不在发生。中国人常说"一言使人笑，一言使人跳"，可见，礼貌而又技巧的说话是很重要的。旅游接待人员讲话时应做到言之有物、言之有效、言之有情三点。

（一）言之有物

所谓言之有物就是说话要有内容、有价值，说什么很重要。旅游接待人员在与客人沟通时，要想给客人留下良好的第一印象，甚至想引导、创造消费，就必须言之有物，以专业、有内容、有价值的语言说服、征服客人，让客人感到："听你的，不会错！"

【案例一】

A组

游客：这龙华寺的山门有什么特别之处吗？

导游：它有五门，别的地方都是三门。

B组

游客：这龙华寺的山门有什么特别之处吗？

导游：这个问题问得好！各位朋友，请大家看一下，龙华寺山门有几门呢？

游客：五门。

导游：那么你们是否知道中国的佛寺山门有几门呢？

游客：三门吧？

导游：对，中国的佛寺山门一般是三门。龙华寺的山门有五门，有三层含义：一是明代皇帝曾给龙华寺赐额赐印，龙华寺便享有皇家建筑的风格；二是体现了中国古代的阴阳五行的哲学思想；三是代表东西中南北，意为普天之下，莫非佛土。

在上述形成鲜明对比的案例中，A组中的导游言语空洞，客人听不到有价值的内容，而B组中的导游员的言谈就有内容，有价值，有文化含量，有说服力，让游客感到这一行是长知识。长见识的文化之旅，对导游员也会留下良好印象。

【案例二】

A组

客人："我们第一次来这里，你们有什么特色菜？"

餐饮服务员："你们有六个人，我建议你们荤菜点烤鸭、木耳熘肝尖和半斤基围虾，素菜点清炒苦瓜和百合红枣蒸南瓜，再加个山药枸杞乌鸡罐汤……总价钱不会超过300元，很实惠的……"

B组

客人："我们第一次来这里，你们有什么特色菜？"

服务员环顾着在座的四女两男征询："请问有什么忌口没有？""没有，朋友聚餐。""听口音，你们是南方人吧？""是的。""南方人喜欢煲汤，建议您来个山药枸杞乌鸡罐，禽肉的脂肪较少，山药和枸杞都有保健作用；素菜点百合红枣蒸南瓜和清炒苦瓜，前者原味甜，而且百合、红枣很适合女士。后者清新爽口，苦味祛火，又有滋阴润肺之功能；烤鸭是我们酒店的特色菜，鸭、鹅、鲸被称为三大绿色菜，鸭肉属凉性食物，很适合夏季食用；木耳熘肝尖，黑木耳清血排毒，猪肝养眼，两者酸碱中和；半斤基围虾，基围虾蛋白质很高，很有营养……"随着服务员的娓娓道来，客人们连连称赞："嗯，好！不错，就听你的！"

A组中的餐饮服务员言语空洞，除了报出菜名和价钱外，客人听不到有价值的内容，很难对服务员的话建立起信任感。而B组中的服务员的言谈就有内容，有价值，有文化含量，有说服力，让客人感到这一餐是物有所值，从而心悦诚服地接受服务员的安排。

在对客服务沟通中，如何才能做到言之有物？从以下两个方面入手。

1. 口才

口才，即较强的口头语言表达能力。口才是一个人素质的全面体现，它集中体现一个人的文化素质、心理素质、道德素质、智慧和才干。旅游接待人员要培养良好的口才需要从以下几个方面入手：

（1）丰富的心灵和大脑。所谓"口才是浪花，内涵是海水"。我们的心灵和大脑相对于我们的嘴来说，就好像是一口井，它源源不断地向我们的嘴输送源泉，当我们这口井很满时，我们所知道的东西就会像流水一样从我们的嘴里自然地流出来。而一旦知识欠缺，肚里没货，则表达就会空洞无物，捉襟见肘。所谓"书到用时方恨少"，纵然你有伶牙俐齿，也少了口若悬河的根基。所以，要成为一名优秀的旅游接待人员，就必须要用渊博的专业知识来武装自己。我们常说"祖国山河美不美，全靠导游一张嘴""看景不如听景""导游一张嘴，调动游客两条腿"。一个优秀的导游，必须上知天文，下晓地理，是个"杂家"，只有拥有广博的知识，才能游刃有余。再如做餐饮的服务员，不但要掌握本餐厅所有菜肴的名称、价格、口味、颜色、烹饪方法、原料配备和各种酒水的品牌、酒精度数、口感、香型、价格外，对其他菜系的相关内容也应触类旁通，以便更好地为客人提供服务。另外，从调剂客人口味和健康负责的愿望出发，餐饮服务员还应知道各地风土人情、习惯嗜好尤其是饮食要求等。在人们对健康饮食要求越来越高的今天，餐饮服务员又有营养师之称，掌握营养知识是点菜师的一项基本技能，药膳知识又可以为餐饮服务员增加许多制胜的砝码，让其服务更加完美。除了这些，餐饮服务员还要对一些菜肴的典故有所了解，以便更好地向客人介绍菜肴，让客人觉得吃出文化，也能提高自己饭店的文化氛围。总之，一个旅游接待者要想在客人面前侃侃而谈、娓娓道来，就必须丰富自己的心灵和大脑，让自己的这口井能源源不断地涌流。

（2）积极的语言实践锻炼。要想拥有一流的口才，就必须重视语言实践锻炼，即多说，多实践，表达的过程是越练越迅速、越准确，越不练越迟钝。在生活中，你会发现，大多数被人们公认为口才好的人都有个特点：喜欢说话，乐于表达，他们越说越会说，越能说，对语言的驾驭能力就越强；而那些被人们称为口才很差的人也大都有这样的特点：不爱说话，他们总觉得自己说不好，于是就不愿意说，越不说就越说不好，甚至感觉表达不出来。可见，旅游接待人员必须注重语言实践锻炼，让自己多说，多练，多实践，这样，你的表达能力一定会在不断的练习与实践中得到很大的提高。

2. 言为心声——语言体现着一个人的修养

旅游接待人员应注意对客言谈中的有所不为：

（1）涉及客人隐私的话题（西方人的八不问：不问年龄、收入、婚姻、经历、工作、住址、信仰、身体）。

（2）令客人尴尬、反感的话题。

（3）说话勿伤众、勿伤人（说话不要打倒一大片，不要伤害别人）。

（4）倾向性错误的话题（非议国家、民族、单位、个人的话题）。

（5）格调不高的话题（低级下流的话题、小道消息等）。

（二）言之有效

交流是双方的，当信息的发送者把信息传递出去后，不要以为自己就真的完成任务了，沟通就一定成功了，如果信息的接受者没理解、没接受，那说了就等于白说，谈了就如同没谈一样，沟通就是无效的。所以说更重要的是该怎么说。

1. 错误观点：我告诉他了，所以我和他沟通过了

这是在现实的工作、学习、生活中，最容易被人们忽视，又最容易犯的错误。即在沟通中，人们往往只重视信息的发送（传递）过程，以为只要信息发送出去了，就算是完成沟通了。其实，接受者能否理解，理解的程度如何，是更为重要的。在饭店与客人的沟通中，这类事件时有发生：

实例1：

客人在等电梯，可电梯迟迟不来，客人急不择言，对服务小姐埋怨道：“小姐，这饭店的电梯怎么这么慢？”小姐樱唇一张，吐出一句话：“我们的电梯是进口的。”

实例2：

几位客人在餐厅用餐，某道菜客人觉得有问题，味道不对，服务员微笑着请客人稍等，端起菜走进厨房，一会儿端回来，仍然微笑着说：“对不起，厨师长说就是这味儿。”客人

气不打一处来，“是我们花钱吃菜还是你们厨师长花钱吃菜？真是岂有此理！”

实例3：

深夜，一女客人被困于某饭店的电梯中，急按紧急电话，工程部经理“安慰”女客人，“小姐，别着急，这种事在我们酒店经常发生。没事儿。”女客人一听，真是又气又怕，发誓再也不来该酒店。

从以上例子中可以看出，饭店从业人员在与客人沟通时，如果以为我说了，我就沟通了，那就大错特错了。你的表述达到目的吗？客人理解吗？如果客人不理解，不能接受，沟通就将是无效的，而无效沟通的结果将会导致客人对饭店失去信心与兴趣。

2. 关注与你沟通的对象——投其所好

旅游接待人员必须要关注自己的沟通对象，要清楚自己在和什么样的客人说话，他（她）的年龄、职业、性别、阶层、民族、性格、文化水平……他（她）是哪儿的人，有什么特点、偏好，有哪些特别要求等。只有关注客人，了解客人，才能有的放矢、投其所好、言出事成、达到效果。

（1）沟通对象的国籍、民族。不同国家、民族，在沟通中有很大差异。

在现代饭店业的沟通中，文化差异是一个非常重要的影响因素，因为现代的饭店其接待的客人可能来自五湖四海，文化的差异必然给人们的沟通带来问题。

（2）沟通对象的文化水平。我们接触的客人文化层次参差不齐，文化水平的高低常常决定一个人的对事物的接受和理解程度。

（3）沟通对象的性别差异。男女的沟通，是一种跨文化的沟通，主要体现在：

①男女在认识方式的许多方面存在差异。

a．在记忆力方面：男性擅长理解性记忆，长时记忆；女性则是机械性记忆，短时记忆。

b．在知觉能力上：男性空间知觉能力较强，对方向性更为敏感，所以在生活中，男司机总比女司机多，而且技术要好。

c．在思维方式上：男性善于逻辑思维，推理能力强；女性善于形象化思维，注重直觉。

d．在感觉方式上：男性注重事实，女性注重细节；男性更为理性，女性更为感性。

②男女在沟通上的差异。

a．男性之间的沟通是为了交流信息或解决问题，所以他们热衷于谈国际大事，谈新闻，谈运动，却忘了谈自己；女性之间的沟通是为了增进人际关系，所以她们喜欢谈家长里短，谈人，论事，谈活动，喜欢从对方那里寻找与自己共鸣的情感和相匹配的经历。

b．男性在社交中不易受暗示，比较理性；女性则相对而言易受暗示，较敏感，注重感性。

c．男性的身体动作比较大，女性的身体动作比较小，女性的面部表情比男性丰富。

（4）沟通对象的个性差异。每个人与别人都不一样，都有自己个性的一面。

（三）言之有情

旅游接待人员的对客沟通不仅仅是信息的交流，同时也是同宾客情感的交流。“感人心者，莫先乎情”，所谓言之有情就是旅游接待人员运用语言的“亲和性”功能，在接待过程中，把宾客当作自己的朋友，营造出亲切随和的沟通氛围。让宾客感觉到温暖、舒心、愉悦。真诚、有人情味的话是最能打动人心的。

1. 要心中有情

所谓“有情”就是旅游接待人员应从心里把客人当成朋友，切实站在客人的角度为客人着想，只要心中有情，亲切、有人情味的话语自然就会流出来。比如：当看到客人生病了，旅游接待者真的为客人难过、担心，他（她）自然就会多问一声：“好一点吗？要不要看医生？”，接待刚下飞机的客人，说上一句：“旅途辛苦了！”对年老体弱的客人真的心中有关怀之情，嘴里就会多问声：“晚上休息的好吧？如果需要什么帮助请不要客气。”下雨天，给客人一句温馨的提醒“雨天路滑，请带好雨具”等。

2. 要说话动情

即旅游接待者要善于运用富有感染力的语言对客说话，如导游要帮助游客进入情景交融的境地，保持旺盛的旅游兴趣，很多人说“中国导游很多，可好导游很少。”许多导游在解说时声音中不动情，他们只是把导游词背一遍，游客听得索然无味。而那些每次解说都充满激情的导游，则常常让游客觉得余音绕梁。饭店服务员对客说话时不要大声问好，那是工作式语言，应用客人能听到的音量，不厌其烦地向每一位客人问好，我在说给您听。

3. 要与客人共情

即旅游接待人员要知道如何建立和客人共同、共有、共享的情感，实现与客人在情感上的“共振”，使自己和客人的情感保持一种和谐与默契。

案例1：

海天大酒店总机室内，一个电话打进来，服务员小王熟练地提起电话。“快转××房间”，一个急切的声音通过听筒传到小王耳朵里，当大脑得到客人要转接的房号时，小王微笑着脱口而出：“先生，请稍等。”话音刚落，话筒里的人火冒三丈的说：“小姐，你什么意思！我有急事，等什么等，赶快给我转……”

案例2：

凌晨2点，某酒店前台接待处，一刚下飞机的客人疲惫地来到前台办理入住手续，服务员动作很慢，客人不高兴了，说道：“小姐，你能不能快一点儿？”服务员眼皮一抬，说：“着什么急！你后面又没有人！”

上述两个案例中的服务员都没有与客人共情。案例1中客人有急事，要赶快转接时，小王还用一如既往的语调和速度说：“请稍等”，客人当然会火冒三丈。案例2中如果服务员能体会凌晨抵达的客人着急、疲倦的心理，就不会说出这样的话来。

四、旅游接待人员的倾听艺术

引导案例

乔·吉拉德被誉为当今世界最伟大的推销员，在一次推销中，乔·吉拉德与客户洽谈顺利，正当看样子就要快签约成交时，对方却突然变了卦。

当天晚上，按照顾客留下的地址，乔·吉拉德找上门去求教。客户见他满脸真诚，就实话实说："你的失败是由于你没有自始至终听我讲话。就在我准备签约前，我提到我的独生子即将上大学，而且还提到他的运动成绩和他将来的抱负。我是以他为荣的，但是，你当时却没有任何反应，而且还转过头去用手机和别人讲话。"

（一）倾听是一种沟通的技能

1. 倾听和听的区别

听是一种生理本能，倾听是一种沟通的技能。听不需要学习，是一种与生俱来的本领，而倾听则需要学习。在我们人生时间中，9%书写、16%阅读、35%交谈、40%倾听，可见倾听是多么的重要。

2. 真正的倾听是察言观色

（1）会听——听话要会听音。

所谓听话要会听音，最起码的要求是旅游接待者要能从客人说话的口音中迅速判断出客人是哪里的人，从而有针对性地为客人服务。如当客人操着略带南方口音的普通话对餐饮服务员说："我们第一次来这里，你们有什么特色菜？"服务员即推荐道："南方人喜欢煲汤，建议您来个山药枸杞乌鸡罐，禽肉的脂肪较少……"客人听了很高兴；当听到客人说话是苏、沪一带口音时，服务员安排的菜则多半是酸甜、白汁、不辣、味轻的。客人们满意地笑了。听话要会听音的深层次要求是要能听出话里之话，弦外之音。一个旅游接待者必须是耳功了得，要能从客人的言谈中听出客人的需求、想法。有时客人会直接亮出底牌，但有些时候却不方便说，这时就要靠耳朵听了。

（2）会看——对客人鉴貌辨色。

①观察衣冠服饰。

衣冠服饰能显示人的社会等级、工作职业、性情爱好、文化修养、信仰观念、生活习惯及民族地域等信息。如文化修养较高的教授、学者，因长期从事脑力劳动，戴眼镜的较多，有书卷气，衣着款式不随波逐流，一般比较喜欢深色的衣服。政府公务员、公司职员或企业家、商人讲究效率，给人以精明强干、处事严谨的印象，衣着多为挺括的西服或夹克。演艺界人士多衣着华丽、光彩照人。英国人、日本人一般衣着讲究、彬彬有礼。美国人穿着随意，不拘一格，宾客所佩戴的饰品也是其身份的象征。如胸戴十字架，是一种宗教信仰的表示。戒指的戴法更是一种信号和标志，我们可以根据情况比较准确地称呼他们。

②观察面部表情。

宾客的面部表情是反映宾客内心情感状态的寒暑表。宾客的喜怒哀乐等情绪变化，均可在面部有所反映。细心观察宾客的眼神变化，就可以窥见其基本的心理状态。比如，作为导游，发现游客较长时间注视某人或某物，说明他对其产生浓厚兴趣；如果游客目光游移不定、东瞧西看，说明游客的兴趣已消减、注意力在分散；游客闭目养神、沉默不语，说明游客已感疲惫，需要休息；目光不怎么接触或有意避开，说明害羞或害怕；眼睛直直地盯着人，表示威胁、恐吓。如斜着看人，那表明游客对导游不满意，甚至瞧不起。微笑作为最基本的表情语言，在人类各种文化中是基本相同的，它是能超越文化的传播媒体之一。

③观察体态动作。

谦虚的人，躬身俯首，微缩双肩，力求不引人注目；高傲的人，挺胸腆肚，摇头晃脑；矫揉造作的人，娇滴滴的，装模作样；好媚的人，卑躬屈膝，低三下四。手势动作反映的含义极其丰富。一般来说，西方国家的宾客喜欢用较多的手势表达自己说话的意思，他们在说“不知道”或“那没有什么办法”时，总是习惯用两手的手心向上配以耸肩的动作。东南亚的宾客忌讳用左手接送东西。步态也可以反映宾客的性格、职业和情绪等特点。步履轻盈，甚至手舞足蹈的宾客，心情肯定很高兴；而走起路来步履沉重、缓慢无力的宾客，或许疲惫或许沮丧；性格内向平和的人，走路时上身前倾；性格外向爽快者，则手脚麻利，步态轻快。当然，动作还包括头姿、站姿、坐姿等身体的各种姿势。心理学家在警告人们不要为动作的假象迷惑时，提出了四条原则：即离脸部越远发生的动作越真实；越不自觉的动作越真实；越不明显的动作越真实；越不自然的动作越真实。旅游接待者用这四条原则来检验宾客动作的真假性，更能达到准确认知宾客心理的目的。

（二）如何更好地倾听

1. 创造良好的倾听环境

与客人沟通时，创造一个安静的、没有干扰的倾听环境是非常重要的。好的倾听环境包括：安静、不被打扰、适宜的时间和地点等。

2. 学会提问

我们的旅游接待不是刻板的、机械的工作，而是人与人之间的沟通交流，同客人沟通，才能了解客人的需求及特点，而提问就是一种非常好的方式，但提问是有技巧的。

3. 学会回应

回应客人是非常重要的，用有声语言和身体语言回应，告诉客人：“我在听您说”“您说得真好，我在听，请继续。”旅游接待人员在工作中应做到：

①要面带微笑，和颜悦色，给客人以亲切感，不能面孔冷漠，表情呆板，给客人以不受欢迎感。

②当客人向你的岗位走过来时，无论你在做什么，都应暂时停下来，主动和客人打招呼。当客人与你说话时，要聚精会神，注意倾听，给人以受尊重感；不要没精打采或漫不经心，给客人以不受重视感。

③要坦诚待客，不卑不亢，给人以真诚感，不要诚惶诚恐，唯唯诺诺，给人以虚伪感。

④要沉着稳重，给人以镇定感，不要慌手慌脚，给人以毛躁感。

⑤要神色坦然、轻松、自信，给人以宽慰感，不要双眉紧锁，满面愁云，给客人以负重感。

⑥不要带有厌烦、僵硬、愤怒的表情，也不要扭捏作态、做鬼脸、吐舌、眨眼，给客人以不受敬重感。

4. 投入地倾听

听的繁体字构造为“聽”，我们可以把它分解开诠释，耳——用耳朵听、目——用眼睛看、心——用心灵感受、王——王者为尊，要尊重对方、四心——耐心、虚心、细心、会心。

学习评价

一、基础知识测试

（一）填空题

1. 谦语是向人们表示一种谦恭和（　）的词语。
2. 中国人爱把自己的配偶称为“爱人”，而外国人则将爱人（Honey）理解为（　）。
3. 东南亚的宾客忌讳用（　）接送东西。
4. 心理学家在警告人们不要为动作的假象迷惑时，提出了四条原则：即离（　）越远发生的动作越真实；越不自觉的动作越真实；越不明显的动作越真实；越不自然的动作越真实。
5. 真正的倾听是（　）。

（二）不定项选择题

1. 下面说法正确的有（　）。
   A. 赞美的态度要恳切　B. 赞美的内容要具体
   C. 赞美的频率要高　D. 赞美的时机要恰当
2. 旅游接待人员讲话时应做到（　）三点。
   A. 言之有物　B. 言之有效　C. 言之有理　D. 言之有情
3. 旅游接待人员要培养良好的口才需要从（　）几个方面入手。
   A. 丰富的心灵和大脑　B. 积极的语言实践锻炼
   C. 言为心声　D. 说话伤害别人
4. 以下属于西方人的八不问的有（　）。
   A. 不问性别　B. 不问住址　C. 不问身体　D. 不问信仰
5. 男女在（　）方面存在差异。
   A. 记忆力　B. 知觉能力　C. 思维方式　D. 感觉方式

（三）判断题

1. “我告诉他了，所以我和他沟通过了。”这种观点是正确的。（　）
2. 男性之间的沟通是为了交流信息或解决问题，所以他们热衷于谈国际大事，谈新闻，谈运动，却忘了谈自己；女性之间的沟通是为了增进人际关系，所以她们喜欢谈家长里短，谈人，论事，谈活动，喜欢从对方那里寻找与自己共鸣的情感和相匹配的经历。（　）
3. 听话要会听音的深层次要求是旅游接待者要能从客人说话的口音中迅速判断出客人是哪里的人，从而有针对性地为客人服务。（　）
4. 目光不怎么接触或有意避开，说明游客已感疲惫，需要休息。（　）
5. 性格内向平和的人，走路时上身前倾。（　）

二、能力训练

（一）个人能力训练

1. 倾听技能测试

倾听技能测试表

态度和行为	几乎都是（5分）	常常（4分）	偶尔（3分）	很少（2分）	几乎从不（1分）	你的得分
1. 你喜欢别人说话吗？						
2. 你会鼓励别人说话吗？						
3. 你不喜欢的人在说话时，你也注意听吗？						
4. 无论说话人是男是女，你都很在意听吗？						
5. 朋友、熟人、陌生人说话时你都注意听吗？						
6. 你是否会目中无人或心不在焉？						
7. 你是否注视说话者？						
8. 你是否忽略了足以使你分心的事物？						
9. 你是否微笑、点头以及使用不同的方法鼓励别人说话？						
10. 你是否深入考虑说话者所说的话？						
11. 你是否试着指出说话者所说的意思？						
12. 当说话者犹豫时，你是否鼓励他继续下去？						
13. 你是否重述他的话，弄清楚后再发问？						
14. 在说话者讲完之前，你是否避免批评他？						
15. 无论说话者的态度与用词如何，你都很注意听吗？						
16. 若你预先知道说话者要说什么，你还注意听吗？						
17. 你是否询问说话者有关他所用字词的意思？						
18. 为了请他更完整解释他的意思，你是否询问？						

要求：将所得分加起来，看看你在人际沟通中的倾听技能是否合格。其中，90～100分，你是一个优秀的倾听者；80～89分，你是一个很好的倾听者；65～79分，你是一个勇于改进，尚算良好的倾听者；50～64分，在有效倾听方面，你确实需要再训练；50分以下，你注意倾听吗？

（资料来源：苏勇，罗殿军. 管理沟通［M］. 上海：复旦大学出版社，2005.）

2. 请用礼貌服务用语更正下列不礼貌说法

部门	酒店不礼貌用语	正确说法
前厅部	“今天客满了，你要是没预定，赶快找别的酒店去吧。”	
	“……有面向海滩的房间，但价钱很贵。”	
	“什么？卡拉OK厅的营业时间？不知道。承包给私人老板了。”	
	“晚上去北京的飞机？好像7点15分有一班。”	
	“有没有佛跳墙？不好意思，我不太清楚，您问一下餐厅吧。”	
客房部	“这是空调的遥控器。您会用吗？”	
	“这是你们买的西瓜吧？注意别把地毯弄脏了。”	
	“水不够热？不要紧的，现在天气不是很冷，您很快就会适应的。”	
	“冰箱里的饮料是要钱的。”	
	“请等一下，我看看房间里少了东西没有。”	
餐饮部	“你们几个坐在这里吧！”	
	“看了这么久还没决定点什么菜吗？”	
	“……不放辣椒？那叫什么鱼香肉丝啊？”	
	“宫保鸡丁？没有。我们餐厅不做川菜。”	

（二）团队能力训练

案例：

商人王先生入住一家涉外五星级酒店，头一天晚上曾委托接线生叫早，但不知为何接线生并没有准时叫醒客人，从而使客人延误了航班，引起了客人的投诉。下面是大堂副理与客人的一段对话。

大堂副理：先生，您好。我是大堂副理，请您告诉我发生了什么事？

客人：什么事你还不知道？我耽误了飞机，你们要赔偿我的损失。

大堂副理：你不要着急，请坐下来慢慢说。

客人：你别站着说话不腰疼，换上你试试。

大堂副理：如果这件事发生在我身上，我肯定会冷静的，所以我希望你也能冷静。

客人：我没你修养好，你也不用教训我。我们没有什么好讲的，去叫你们经理来。

大堂副理：叫经理可以，但你对我应有起码的尊重，我是来解决问题的，可不是来受气的。

客人：你不受气，难道让我这个花钱的客人受气？

大堂副理：……

问题：

（1）大堂副理在处理客人投诉时语言沟通有什么问题？

（2）以学习团队为单位，用你认为正确的沟通方式模拟一段情景对话来解决这一客人投诉。

下篇

职业礼仪篇

学习情境 4

尽显岗位服务风采

礼仪，不是表面是细节；尊重，不是忍让是双赢。满足您的需求，留下我的魅力！

情境描述

本学习情境是在对旅行社接待人员、酒店服务员、景区接待人员等职业岗位相关知识进行了全面系统的学习，并且在熟练地掌握了主要岗位工作流程与服务规范的基础上，将礼仪规范落实到旅游企业职业岗位中。在教学中，将宗教礼仪、少数民族礼仪、涉外礼仪融入其中。通过岗位礼仪的学习，培养学生敬人、敬己、敬业的职业精神，为未来职业生涯发展奠定良好基础。为了实现教学目标，该学习情境设置了旅游岗位服务礼仪、酒店岗位接待礼仪与外事活动接待礼仪三个学习任务。本学习情境通过引导文教学法、任务训练法、讲授法、小组独立工作等教学方法在课堂上的使用，通过多媒体与网络教学手段的运用，实施教学活动，实现教学目标。

学习目标

· 知识目标

1. 了解各民族的民族禁忌及客源国的风俗礼仪
2. 掌握旅行社的电话接待礼仪
3. 掌握面对面的谈话技巧和接待礼仪
4. 掌握旅游景区的讲解服务工作礼仪
5. 掌握旅游酒店前厅的服务工作礼仪
6. 掌握旅游酒店餐饮的服务工作礼仪
7. 掌握旅游酒店客房的服务工作礼仪

· 能力目标

1. 能够熟练运用电话、网络、面谈等多种形式接待咨询的游客
2. 能够运用所学少数民族知识，有接待旅游团队的能力
3. 能够按照酒店前厅礼仪规范熟练为客人安排入住、订叫早、早餐、出发的时间，完成咨询及结账的手续
4. 能够融合少数民族礼仪、客源国礼仪、酒店餐饮服务礼仪而为客人服务，包括就餐

服务、会议、各类宴请等的安排

5. 能够做好客房服务礼仪，客房服务一般属于背对背式的服务，要掌握其处事原则，灵活做好

· **素质目标**

1. 培养学生遵守礼仪服务规范的职业习惯
2. 培养学生团队协作的职业精神
3. 培养学生主动的服务职业意识
4. 培养学生耐心细致的职业态度

学习任务1 旅游岗位服务礼仪

任务布置

“推动文化和旅游融合发展是以习近平同志为核心的党中央做出的重要决策，我们深深体会到文化是旅游的灵魂，旅游是文化的载体。文化使旅游的品质得到提升，旅游使文化得以广泛传播。”2019年3月8日，文化和旅游部部长雒树刚在人民大会堂“部长通道”回答记者提问时表示，通过文化和旅游的融合发展，文化更加富有活力，旅游也更加富有魅力。

文化丰富了旅游，旅游更能体现文化。我国国内的旅游产品及旅游线路中都包含了大量的文化内涵，少数民族的文化都渗透在“吃、住、行、游、购、娱”的各个环节。作为一名旅行社的接待人员，在向游客介绍行程时，不仅应该考虑到游客饮食、住宿等多方面的文化习惯，更应该注意提醒游客所到之处的礼仪禁忌。

要求：

请同学们根据课文中的少数民族礼仪习惯，按照旅行社接待人员的礼仪、语言规范，设计一段接待情境，并做练习。

相关知识

旅游服务岗位必备知识——我国少数民族民俗礼仪

中华民族是一个具有5000年文明历史、对东方文化曾发挥过重大作用、对全人类的文明有过巨大贡献的民族。汉族是我国也是世界人口最多的民族，除汉族外，我国还有55个少数民族共同生活在这片广阔的土地上，由于所占人口比例较小，习惯上称为“少数民族”。由于各种历史和自然的原因，各民族都形成了各具民族特色的礼貌礼节、饮食习惯、岁时节庆和各自为本民族所遵循的禁忌等。在旅游接待与交际中，应贯彻党的民族政策，尊重他们的

宗教信仰、礼俗和各种禁忌。

一、满族

（一）礼节习俗

俗话说："满洲人规矩大。"满族十分注重礼节。

满族常见的礼节是请安、打千。过去小辈对长辈，三天一请安，五天一打千。请安为小礼，垂手站立，鞠躬唱喏："请某某安。"打千为大礼，其形式男女有别。男人见到长辈先哈腰，左腿前伸并弯曲，右腿曳后，左手扶膝，右手下垂；女的头微低，双手贴腹相交，膝下蹲，同时唱喏："请某某安。"

抱腰接面礼是满族表示最亲密的大礼，一般用于至亲相见，其形式是：右手抱腰，左手抚背，交颈贴面。

满族许多节日受到汉族影响，在今天也过一些汉文化的传统节日，主要有春节、元宵节、二月二、端午节和中秋节。节日期间一般都要举行珍珠球、跳马、跳骆驼和滑冰等传统体育活动。

满族一般会挂旗过年，清朝满族分八旗，春节时，每个旗的人都分别在门上挂上自己的旗。这些旗图案优美，色彩鲜艳，象征着一年的吉祥开端。

（二）饮食习俗

满族由于生活环境的不同以及与汉族频繁交流，饮食习惯一方面与汉族有相似之处，如吃大米、小米、面食等；另一方面仍有自己的特点，如喜吃甜食、过节时吃"艾吉格饽"（即饺子）等。还保留了饽饽、酸汤子、萨其马、火锅等有民族特色的食品。

清代另一个非常著名的菜肴是满汉全席，又名"满汉燕翅烤全席"。满汉全席产生于清代官府，因而菜肴繁多精美，场面豪华，礼仪讲究，其中满族珍馐起着主导作用。在满汉全席中，熊掌、飞龙、猴头、人参、鹿尾等满族故土的特产是席上的珍肴，其做法是满族传统的烧、烤、煮、蒸。在满汉全席中，火锅类和砂锅类菜肴也占突出地位，这类菜肴都和满族风味有关。

满族人有红白喜事时，设肉食宴，无论认识与否，都可以参加，吃得越多，主人越高兴。至今，满族人仍有杀猪时把亲友、邻里请来吃白片肉、血肠的习惯。

（三）日常禁忌

满族人生活中有许多忌讳，犯忌则被视为无礼貌。满族人不打狗，不杀狗，忌吃狗肉，最忌讳别族人戴狗皮帽进家来。传说当年汗王遭难时，狗有救驾之恩，满族视之为恩祖而加以保护和珍爱。院中有锁龙杆，不许拴牲口。

满族人还有尊卑、等级关系上的忌讳和规矩。新媳妇不能同公公、婆婆、丈夫同桌吃饭。长辈吃饭，媳妇在旁伺候，否则，就视为不敬不孝。平时，家中人就餐，上辈人不动筷，晚辈人绝不动筷。大爷、伯父辈不得同侄儿媳妇开玩笑。侄儿媳妇不在大爷面前露胳膊露腿。过去满族妇女旗袍长至脚背，袖长至手背，与今日之短袖旗袍大相径庭。

客人到满族人家做客，不随便上西炕，西炕被视为最尊贵之处，用以供奉祖宗、祭祀神灵，故不得随意坐人和堆放杂物。

满族人行土葬，忌在西炕或北炕死人，人死入棺后从窗户抬出，家里死了人送葬之后就不能在家哭泣，否则会认为不吉利。

二、朝鲜族

（一）礼节习俗

朝鲜族礼节很严。晚辈对长辈说话必须用尊称、敬语；平辈之间初次见面也要用敬语；与长者同路时，年轻者必须走在年长者后面；路遇认识的长者，要问安让路；就餐时给老人摆单人桌，父子不同席，儿媳恭顺地侍候，待老人吃完，全家才能就餐；晚辈不能在长辈面前喝酒，席间若无法回避时，年轻人应举杯背席而饮。到朝鲜族人家做客，进屋要脱鞋，席炕而坐。

由于受儒家传统的影响，朝鲜族的婚仪过程也较为复杂，从提亲开始，对“四柱”，行“六礼”（纳彩、问名、纳吉、纳币、请期、亲迎），六礼的最后一道程序“亲迎”指的是那个复杂的婚礼过程，这个过程中较特别的是“献木雁”。

朝鲜族最忌讳子女不孝。孝道不仅是对父母而言，而且也关系到与他人的来往以及当地社会对其品行的评判。根据传统习俗，朝鲜族长子结婚后一般不与父母分开居住，他有赡养父母、抚养弟妹的责任；次子结婚后可以另立门户。

朝鲜族喜欢穿素白色衣服，显示出喜爱清净朴素的特性。所以自古有“白衣民族”之称，自称“白衣同胞”。男子穿短上衣，外加坎肩，裤腿肥大，外出时再穿上斜襟的布带纽扣的长袍；妇女穿短衣长裙，为长布带打结的短上衣和腰间有许多皱褶的裙子。裙有短裙和长裙之分，长裙长及脚面，短裙过膝；有筒裙和缠裙两种。

按旧习俗，老人死后，亲人三天内不准洗脸、理发，也不准吃干饭，而且必须穿孝。三天后埋葬，以后每逢死者的生日、去世的日子、清明、端午、中秋等都要祭祀。

朝鲜族人温文尔雅，礼貌好客，很重视礼节。儒家“孝”的思想对他们影响颇深。尊老，是朝鲜族最具民族特色的风尚。

朝鲜族非常注重社交礼仪，在相识的人及同事之间，对比自己年长10岁以上的人都用敬语尊称，但是相差不到10岁的人彼此则以平辈称呼。

朝鲜族祖先仁爱礼貌，“其人好让不争”“行者相逢”，往往“皆住让路”。至今，在朝鲜族聚居地区，邻里关系都非常融洽和睦，大家互相帮助，有民族自豪感。

朝鲜族的节日除中华民族传统节日春节、清明节和中秋节等节日外，还有家庭的节日：如婴儿满周岁时，要邀请客人共同欢度生日；回甲节，即诞生60周年的纪念日；回婚节是结婚60周年的纪念日。在后两个节日里，儿女、亲友、邻居都向老人祝福祝寿。

（二）饮食习俗

主食为大米、小米，辣泡菜为家常菜。喜欢吃打糕、冷面、大酱汤、辣椒，尤其喜欢吃狗肉，但婚丧及佳节不杀狗，不食狗肉。朝鲜族男子多喜欢饮酒，家里来了客人一般都要摆席以酒款待。除白酒外，还有民间自己酿造的“马利格”酒，比汉族的黄酒甜，是乡村地区最为流行的一种酒。

（三）日常禁忌

朝鲜族民间日常生活中曾有过很多禁忌，其中包括禁言、禁食、禁看、禁触等内容；把这些内容亦可分类为生育禁忌（含怀孕期禁忌和分娩前后禁忌）、婚姻禁忌、丧礼与祭礼禁忌、建房和搬迁禁忌、种田禁忌、信仰禁忌等。

在建房和搬迁禁忌中，房屋正面要开阔，忌讳与山峰恰好相对；搬家时，要选择吉日和普通日，避开凶日（农历每月的七、十七、二十七日为吉日，九、十、十九、二十日为普通日，其他为凶日）。

在种田禁忌中，大田播种日期分为伸日和缩日（农历每月的一至五、十一至十五、二十一至二十五日为伸日，其他为缩日），选在伸日播种，庄稼长得好。

朝鲜族的各种禁忌习俗大部分已经废弃，但有一些仍延续至今。

朝鲜族人不论男女，不能在客人面前随意伸腿，更不能叉开双腿。

朝鲜族简称“朝族”，忌称之为“鲜族”。另外，还忌讳坐门槛。

知识链接

中国朝鲜族的来源

在清朝对东疆的“封禁”时期，中朝两国对边界的管理都相当严格。但是，由于种种原因，朝鲜人越江而至中国领土者仍屡见不鲜。公元1697年（清康熙三十六年、朝鲜肃宗二十三年）至1699年，朝鲜全国遭遇严重的自然灾害和瘟疫，致使大量朝鲜人死亡。

在这种情况下，于公元1700年在朝鲜北部首次出现了携家眷、牵牛马而潜居我国东北谋生的现象。此后，为了生计而潜越边界者越来越多。从史书的诸多记载可知，在19世纪中叶以前潜越边界的朝鲜人，无论何种原因，一经发现，皆被遣还回国，朝鲜大多将其处以重刑。当然，也有越江后藏匿起来的。留在中国境内的朝鲜人皆剃发易服，被汉、满民族所同化。1987年，有人对延边各县市进行过朝鲜族迁入时间的专门调查，结果证实，近代最早迁入延边的朝鲜族皆在1850年前后，没有发现1850年之前迁来定居的例子。

因此，中国朝鲜族的历史应从19世纪后半期算起，而19世纪前半期朝鲜族的迁入，皆应视为朝鲜移民史或中朝关系史。

三、蒙古族

（一）礼节习俗

首饰、长袍、腰带和靴子是蒙古族服饰的四个主要部分，妇女头上的装饰多用玛瑙、珍珠、金银制成。蒙古族善于歌舞，著名的有“安代舞”及蒙古族长短调两种。

蒙古牧民多住圆形的蒙古包，它便于拆迁。蒙古族是精骑善射的民族，过去主要从事游牧业，故有“游牧民族”之称。骑马、摔跤、射箭等为群众所喜好。

蒙古族热情好客，讲究礼貌。传统礼节主要有献哈达、递鼻烟壶、装烟和请安等。到蒙古族家做客，主人应走出帐篷，立于门外两侧迎接。右手扣胸部，微躬身，左手指门，请客人先行。客人进入帐篷入座后，主人要以“浅茶满酒”礼俗敬献奶茶和美酒，客人要一饮而尽，以表示对主人的尊重。客人告别时，主人送客到蒙古包外，并祝“一路平安”，欢迎再次光临。

蒙古族的传统节日主要有旧历新年，蒙古语为“查干萨仁”，即白色的月。蒙古族的年节也称“白节”或“白月”，这与奶制品的洁白紧密相关。此外还有那达慕、祭敖包、马奶节、鲁班节等。

（二）饮食习俗

农区饮食以粮食为主，奶食为辅，牧区以牛、羊肉及奶制品为主食。蒙古族的饮食大致分三大类，即肉食、奶食、粮食。一日三餐，两稀一干，早晨中午一般喝奶茶泡炒米、奶食、手扒肉，晚上汆羊肉下面条、吃包子。蒙古族牧民视绵羊为生活的保证、财富的源泉，日食三餐，每餐都离不开奶与肉。以奶为原料制成的食品，蒙古语称“查干伊得”，意为圣洁、纯净的食品，即“白食”；以肉类为原料制成的食品，蒙古语称“乌兰伊得”，意为“红食”。蒙古族除食用最常见的牛奶外，还食用羊奶、马奶、鹿奶和骆驼奶，其中少部分为鲜奶饮料，大部分加工成奶制品。

（三）日常禁忌

吃肉时须用刀，递给别人刀时，忌刀尖朝向接刀者；忌用碗在水缸、锅中取水；忌碗口朝下扣放；忌讳从衣、帽、碗、桌、粮袋、锅台、磨台、井口、绳上跨过；忌以鞋、袜、裤为枕；忌乱摸乱动有宗教意义的法器、经典、佛像、佛阁等；敖包上的石头、树枝忌随便拿走。

进蒙古包时勿将马鞭带入包房；不要踢打牲畜，不得骑马闯入羊群，不得追打猎犬和看家犬；不要称赞主人的孩子和牲畜；未经允许不要进入包房；在包房内不要随便就座，不能蹲，不能将腿伸向西北方或炉灶；住房，长辈要住西间；客人来了，不能坐在西炕上；客人吃饭时要行礼，请本家长者入席，而且长者要坐首席。

不要用烟杆、筷子、剪刀指别人的头部；礼品要成双，送接礼品用双手，忌用单手，更忌左手接礼；客人告辞时从左侧离开包房，出门后不应马上上马或上车等。

蒙古人认为江河、湖泊和雨水是由神灵掌握的，因而禁忌在河流中洗手或沐浴。进入蒙古包后，禁忌在火炉上烤脚，更不许在火炉旁烤湿靴子和鞋子，不得跨越炉灶或脚蹬炉灶，不得在炉灶上磕烟袋锅、摔东西、扔垃圾；不能用刀子挑火，不能将刀子插入火中或用刀子从锅中取肉。

四、回族

（一）礼节习俗

回族人民日常生活中的习俗特点可用一个“洁”字来概括，有许多习俗、禁忌及礼仪均与此有关。在这样一种注重清洁的传统下，回族人民有许多保洁的措施。以洁净的身心，与安拉和族人交往。

回族人民大都居住在清真寺的周围。清真寺在回族人民群众的生活中非常重要，以至于历史地看，回族人口数量的变化可以间接地通过清真寺数量的变化反映出来。回族在中国呈现出“大分散，小聚居”的特点。

本族姑娘不外嫁，男性则可娶信仰伊斯兰教的外族姑娘为妻。

回族青年男女举行婚礼的前两三天，男方要带上蒸馍、羊肉给女方家送去，称为“催妆礼”。首先请阿訇念《古兰经》中的“喜经”；然后，阿訇当着证婚人，教育新婚夫妇要尊敬父母，互敬互爱，诚实劳动，不做违法之事。

回族在穿着打扮方面也同样受到了伊斯兰教的深刻影响。回族男子习惯于戴白帽子或黑帽子，这原本是教徒做礼拜时戴的，如今在日常生活中也能见到。妇女戴黑、白或者绿色的盖头，也和宗教规定有关。

回族实行土葬、速葬、薄葬。送葬的亲友不穿孝衣，不戴孝帽、黑纱，不哭丧，不放鞭炮。出葬时，要静听阿訇诵读《古兰经》；入葬时，阿訇诵经，亲属不许啼哭，这一点与汉族等民族的葬礼形成了鲜明的对比。

全民信仰伊斯兰教。伊斯兰教是宗教信仰，但又与社会制度和风俗习惯有着广泛而又密切的联系。因此，在历史上，人们曾从称谓上错误地将伊斯兰教与回族等同起来。回族在其形成和发展过程中，也受到了伊斯兰教的深刻影响。

回族人十分重视礼节，且有一定的规矩。男人与男人见面、女人与女人见面均可双手“拿手”，互道“色俩目”，切忌单手握手，特别是在清真寺里。

回族人民款待客人，饭前先上盖碗茶。倒茶水时当着客人的面将碗盖揭开，然后盛水加盖，双手递上。一则表示对客人的尊重；二则表示这碗茶不是别人喝过的剩茶。当客人道别时，主人总是满脸笑容，并一再挽留，一直将客人送出自家大门。

在回族村寨，当受到做客的邀请时，不可当成客套而随便谢绝，因为主人往往是很有诚意的。如有特殊情况不能前往，最好讲明原委并表示谢意。

开斋节、古尔邦节和圣纪节是回族三大宗教节日。

（二）饮食习俗

回族人民禁止食用猪肉，甚至讳言与猪相关的词语及与“猪”字同音的字，这主要是因为回族将猪视为不洁之物。此外，还忌食犬齿肉食动物的肉，忌食动物的血，忌食非经宰杀而死亡的动物的肉，甚至于不吃非回族屠宰的牲畜之肉。忌说“杀”，而说“宰”；忌说“肉”，而说“菜”，如一些回族人开的饭馆招牌上便写着“牛菜馆”字样；忌言“死”，而说“归真”“完掉了”“亡人”等；应将尸体称为“埋体”；忌说“肥”，可说“肉壮”，不可说“肉肥”；忌用禁忌之物做比喻，如禁忌“这个辣椒颜色像血一样的红”这种比喻说法等。从尊重对方文化的角度讲，我们在回族餐馆就餐时，不妨避开说“×肉”等词语。

回族人不喝酒，在家里也不备酒具，家里来客人一律不摆酒，有时接待客人，在参加宴会别人敬酒和碰杯时，回族多以水、橘子汁等饮料代替。回族人也不抽烟，认为抽烟特别是抽鸦片是一种犯罪，所以过去回族抽鸦片的很少，“百里无一”，男女老少皆知道它的毒害。因此，长辈对晚辈、妇对夫都常常进行劝导教育，敲警钟。

（三）日常禁忌

回族禁止求签、玩赌、拜偶像。自古至今，回族男女老少均不让阴阳、算命先生给自己算命，也不去给别人算命，不相面，不信风水阴宅，不求仙方神药，不搞驱鬼治病等。回族认为求签、算命等都是不正当的污秽行为。因为回族受伊斯兰教的影响，认为人的命运是真主安排的，人的一切都由真主钦定，所以不搞其他的迷信活动。

回族禁止拜任何偶像，在回族聚居的村寨一般不搞人头雕塑像，家里忌摆各种人物和动物塑像，墙上也不愿挂人头画像，只挂山水风景画。有的回族家虽挂了人物或动物画像，但礼拜时，在画像眼睛上盖一张白纸。因为回族只信真主不信其他一切神灵，也不崇拜一切偶像，所以养成了在家里不摆偶像的习惯。

回族还禁忌放高利贷，认为放高利贷使不得。另外，回族还禁止用食物开玩笑；禁止妇女袒胸露臂；忌汉人到回族家借餐具；回族还禁止男子戴金饰，不许过度装饰，严禁扎青（黥墨、文身）、拔部分眉毛等。

回族人外出时严禁露顶，男子必须戴帽子，女子则以纱巾包头。

五、维吾尔族

（一）礼节习俗

维吾尔族人一贯尊敬师长，孝敬老人。晚辈无论在何处都不能从长辈面前横穿过去，晚辈在任何场合见到长辈都要先起立后再施礼请长辈坐上席，喝茶吃饭要先端给老人长辈。走路、进屋也要请长辈先走、先进，吃饭时也让长辈先吃，说话时也让长辈先说，晚辈绝不能背对长辈，不能伸腿坐，需要经过时，也要从长辈身后走过去。晚辈不能在长辈面前抽烟、喝酒和说龌龊的话，在任何情况下晚辈不能与长辈顶撞。

维吾尔族人待人接物很讲礼貌。老人吃饭或到别人家做客，要做“都瓦”（一种双手摸脸的祝福）。待客要请客人坐在上席，摆上馕、各种糕点、冰糖等，夏天还要摆上一些瓜果，先给客人倒茶水或奶茶。待饭做好后再端上来，如果用抓饭待客，饭前要提一壶水，请客人洗手。吃完饭后，由长者领做“都瓦”，待主人收拾食具完毕，客人才能离席。吃饭时，客人不可随便拨弄盘中食物；不可随便到锅灶前去；一般不把食物剩在碗中，同时注意不让饭屑落在地上，如不慎落地，要拾起来放在自己跟前的“饭单”上；共盘吃抓饭时，不可将已抓起的饭粒再放进盘中。饭毕，如有长者领做“都瓦”，客人不能东张西望或立起。

维吾尔族的主要节日有开斋节、古尔邦节、圣纪节和那吾鲁孜节。

（二）饮食习俗

9世纪下半叶以后，维吾尔族的饮食从原来的以肉、乳为主转变为以谷物为主、以肉为辅。对维吾尔族来说，更大的社会变动是宗教上的变化。在维吾尔人今天的日常饮食中的饮食文化，不仅包括该民族作为土耳其民族的一支从上古游牧时代留传下来的传统饮食文化和维吾尔族改宗伊斯兰教后形成的饮食文化，而且还包括该民族同周围其他民族和地区的交流中产生的多彩的饮食文化。维吾尔族的饮食文化中最有代表性的食品是烤羊肉串（维吾尔语称之为“嘎巴布”）。从西亚各地到乌鲁木齐的街头都能见到这种食品。羊肉串看上去像是来自西方，但实际上是土耳其民族固有的食品。

谷类、粉食类食品中的用小麦粉和杂谷粉烤制的饼状的馕，可以看作是从西方传入的饮食文化。

面类食品中的拉面已普及到维吾尔族的千家万户中，其制作方法有两种：一种是像纺线一样把面条依次拉长放入锅中；另一种是用两手将一根面条加倍式地反复重叠拉长的方法。这些拉面可以看作是起源于汉族的拉面文化。

至于米饭的吃法，维吾尔族通常是把米饭制作成称作“朴劳”的什锦炒饭（即抓饭）。人们在米饭中放入羊肉、蔬菜和葡萄，食用时用右手的三个指头抓食。吃饭的这种方式，也属于伊斯兰教的饮食文化。汉族的把米煮成粥的饮食方法没有传入维吾尔族。

（三）日常禁忌

维吾尔族的饮食禁忌与伊斯兰教相同，他们忌用单手接送礼物；忌穿短裤、短小衣物外出；睡觉时，禁头东脚西，禁四肢平伸仰卧。做客时，洗手不可将湿手乱甩；不能在长者就座之前入座；吃抓饭不要用手乱抓或抓了再放回去；吃剩残物不要乱扔；用餐时不要从餐布或主人面前跨过；不要当着主客的面吐痰、擤鼻涕等。

六、壮族

（一）礼节习俗

壮族是个好客的民族，过去到壮族村寨任何一家做客的客人都被认为是全寨的客人，往往几家轮流请吃饭，有时一餐饭吃五、六家。平时有相互做客的习惯，如一家杀猪，必定请全村各户每家来一人，共吃一餐。招待客人的餐桌上务必备酒，方显隆重。敬酒的习俗为“喝交杯”，其实并不用杯，而是用白瓷汤匙。客人到家，必在力所能及的情况下给客人以最好的食宿，对客人中的长者和新客尤其热情。壮族人不仅热情待客，敬老爱幼，而且十分注重礼仪。他们的称呼依据年龄、身份、地位的高低而有所不同，特别是在叫长者时一定不能直呼其名。就连未生育的夫妻在称谓上也不能直呼其名。就餐时，其他人是不能坐老人专坐的主位的，而且有好吃的菜一定要先搛给老人，然后才能吃，晚辈给长辈盛饭时，要绕到老人的后边用双手把碗递上。长辈未动过的菜晚辈是不能吃的。先吃完饭的晚辈要对长辈说“慢吃”后才能离席。

壮族人没有作揖、跪拜、握手等见面礼，而是通过语言和丰富的表情充分表达自己的节日问候，人们在村里或路上相见，便互相道贺“恭喜发财”。

壮族比较具有本民族特点的节日是“三月三”歌节①、“牛魂节”②“中元节”等。壮族大多数的节日多与当地汉族相同，春节、元宵、春秋社日、清明、端午、中秋、重阳、除夕等传统汉族民间节日，也是壮族的岁时节日。

（二）饮食习俗

壮族的饮食文化习俗具有三大特点：喜食糯米食品、喜食生腌酸辣、饮食礼俗丰富多彩。壮族的节日特殊主食，代表了食品的民族特色。有色、味、香俱全的五色饭、糍粑、油堆和沙糕；有外形奇特的各种粽子；有吃法与众不同的包生饭；有金灿灿的黏小米饭；还有无论是节日或平时都受欢迎的米粉。壮族不论是吃稻米，还是食玉米，吃干饭还是吃粥，一

① 壮族的“三月三”歌节是每年最为隆重的节日。1984年，广西壮族自治区人民政府正式将农历三月初三这一天定为壮族的全民性节日“三月三”歌节。

② “牛魂节”，又称“牛王节”“开秧节”多在春耕以后的一天进行，有的地区固定于农历四月初八进行，因为相传这一天是牛王的诞辰。

天均三餐，即早、中、晚餐；农家则一天吃四餐。壮族的传统肉食，有猪肉、鸡肉、鸭肉、鹅肉、羊肉、牛肉、马肉以及山禽野兽等。在这些肉食中，较有特色的是白斩鸡、烤猪等。

（三）日常禁忌

壮族人忌讳农历正月初一这天杀牲；有的地区的青年妇女忌食牛肉和狗肉；妇女生孩子的头三天（有的是头七天）忌讳外人入内；忌讳生孩子尚未满月的妇女到家里串门。登上壮族人家的竹楼，一般都要脱鞋。壮族忌讳戴着斗笠和扛着锄头或其他农具的人进入自己家中，所以到了壮家门外要放下农具，脱掉斗笠、帽子。火膛、灶膛是壮族家庭最神圣的地方，禁止用脚踩踏火膛上的三脚架以及灶台。壮族青年结婚，忌讳怀孕妇女参加，怀孕妇女尤其不能看新娘。特别是怀孕妇女不能进入产妇家。家有产妇，要在门上悬挂袖子枝条或插一把刀，以示禁忌。不慎闯入产妇家者，必须给婴儿取一个名字，送婴儿一套衣服、一只鸡或相应的礼物，做孩子的干爹、干妈。

七、藏族

（一）礼节习俗

藏族普遍信仰藏传佛教。公元7世纪佛教从天竺传入吐蕃，已有1400多年的历史，佛教文化的痕迹贯穿于西藏的方方面面。从生产到生活，从民俗到信仰，处处都有佛教文化的影子。

藏族在迎接客人时除用手蘸酒弹三下外，还要在五谷斗里抓一点青稞，向空中抛撒三次；酒席上，主人端起酒杯先饮一口，然后一饮而尽，主人饮完头杯酒后，大家才能自由饮用；饮茶时，客人必须等主人把茶捧到面前才可以伸手接过饮用，否则会被认为失礼；吃饭时讲究食不满口，嚼不出声，喝不作响，拣食不越盘；用羊肉待客，以羊脊骨下部带尾巴的一块肉为贵，要敬给最尊敬的客人。制作时还要在尾巴肉上留一绺白毛，表示吉祥如意。

藏族非常注意使用敬语，不会敬语的人被认为缺少教养，而敬语用错了更会闹出笑话。藏族人非常重视称谓，称谓不准确被认为不懂礼貌，他们往往在对方名字后面加一个“拉”字，表示尊敬。例如：称格桑为“格桑拉”，扎西为“扎西拉”，教师称为“格拉”。

献哈达是藏族最普遍的一种礼节；婚丧嫁娶、民俗节庆、拜会尊长、拜佛、迎送宾客等场合，通常都要献哈达。献哈达是对人表示纯洁、诚心、忠诚的意思。自古以来，藏族人认为白色象征纯洁、吉利，所以哈达一般是白色的。献哈达的动作因人而异，一般来说，要用双手捧哈达，高举与肩平，然后再平伸向前。

磕长头是藏传佛教盛行地区信徒与教徒们的一种虔诚的拜佛仪式。信徒们遵循这样的程序：首先取立正姿势，口中一边念六字真言，一边双手合十，高举过头，然后行一步；双手继续合十，移至面前，再行一步；双手合十移至胸前，迈第三步时，双手自胸前移开，与地面平行前伸，掌心朝下俯地，膝盖先着地，后全身俯地，额头轻叩地面。再站起，重新开始。在此过程中，口与手并用，六字真言诵念之声连续不断。另外，还有一种为原地磕长头。

到藏族人家做客，主人便会敬酒，一般是青稞酒。喝茶则是日常的礼节，客人进屋坐定，主妇或子女会来倒酥油茶，但客人不必自行端喝，得等主人捧到你面前才接过去喝，这样，才符合礼貌礼节。

藏族自古就有敬老的美德，在许多节日里都有向老人祝拜的习惯。藏历年除夕晚上，全家吃“古突”辞旧迎新的时候，总是先请老人吃第一碗。初一的黎明，家中最小的姑娘或媳妇要抢先背回第一罐水，调制成酥油茶敬献老人，以此表示晚辈对老人的孝敬和祝福。

见到长者或尊敬的人，要脱帽置于手上，弯腰45°；见到平辈，头稍稍低下即可，帽子可以拿在胸前。有时合掌与鞠躬并用，合掌要过头，表示尊敬。

僧人见到自己的老师要行叩拜礼，如觐见活佛时，要行三叩头礼。坐垫子是根据地位的不同而有高低之分的。宗教节日时，达赖、班禅给朝拜者摩顶也有分寸，对大官员行碰头礼和用双手摩顶，对中等官员用一只手摩顶，对一般平民则用一条丝穗子在其头上拂一拂以表赐福。

传统的藏历年是藏族人民最隆重的节日，藏历六月底七月初是一年一度的西藏历史悠久的传统节日雪顿节，藏历十月二十五日是燃灯节，藏语称“葛登阿曲”，驱鬼节在藏历十二月二十九日举行。

（二）饮食习俗

藏餐菜品不多，不分菜系、菜派，但不同地方的菜点风格各异。细细研究藏餐，大致可分为四大风味：以阿里、那曲为代表的羌菜；以拉萨、日喀则、山南为代表的卫藏菜，也叫拉萨菜；以林芝、墨脱、梓木为代表的荣菜；以过去王家贵族及官府中的菜肴为代表的宫廷菜，共有200多种。

特色食品有酸奶、那曲的退（酥酪糕）、普兰的尼雾汁（醪糟煮油汁）、山南的鸡蛋、亚东的鱼、拉萨的糌粑、林芝的藏鸡烧香菇、昌都的蜂乳酱菜等。

（三）日常禁忌

藏族最大的禁忌是杀生，受戒的佛教徒在这方面更是严格。虽吃牛、羊肉，但他们不亲手宰杀。藏族人绝对禁吃驴、马肉和狗肉，有些地区也不吃鱼肉。吃饭时要食不满口，咬不出声，喝不出响。喝酥油茶时，主人倒茶，客人要待主人双手捧到面前时才能接过来喝。忌在别人背后吐唾沫，拍手掌。行路遇到寺院、玛尼堆、佛塔等宗教设施，必须从左往右绕行。不得跨越法器、火盆。经筒、经轮不得逆转。

忌讳别人用手触摸头顶。进寺庙时，忌讳摸佛像、翻经书、敲钟鼓。家里有病人或妇女生育时，门前都有标记，有的在门外生一堆火，有的在门口插上树枝或贴一块红布条。外人见有此标记，切勿进入。

藏族一般不吃鱼虾、鸡肉和鸡蛋，不要勉强劝食，但现在这类饮食习惯已有很大改变。

八、傣族

（一）礼节习俗

傣族民居大致有三种：干栏式、汉式、土掌房。

青年男女在结婚前有相当充分的社交自由，实行自由恋爱。婚后，入赘及从妻居的现象较为普遍。入赘者一般不会受到歧视。傣族夫妇离婚也比较自由，倘若双方感情疏远淡薄了，达成协议就可解除婚姻关系。男女离婚的频率较高。

傣族人尊老爱幼，和睦相处。老人把关心和照料小孩当成自己的责任，儿女也把赡养老人看作天经地义的事。傣族人特别爱护小孩，常常把三四岁的孩子用背篼背在身上。问傣族妇女通常背孩子到几岁为止时，回答是“到有了下一个孩子”。

傣族的葬法主要有土葬、天葬、水葬、火葬。其中，多数人实行土葬，而僧侣实行火葬，再以瓦罐盛骨灰，埋于寺后。傣族的丧葬仪式，过去较现在隆重，时至今日，一切都大大简化了。傣族下葬后一般不再祭扫坟墓。

傣族普遍信仰南传上座部佛教，通常称为小乘佛教。傣族村寨中几乎都建有寺庙。在传统社会里，傣族寺庙发挥着教育的功能，是一个重要的文化传承场。

进入傣族寺庙前必须脱鞋。

一般是女主人招待女客，男主人招待男客，而不可有相反的情况。

傣族人很尊敬长辈，晚辈从长辈面前经过时要弯腰细步轻行，以前还要行跪拜礼。

傣族人民的节日，多与宗教有联系。主要节日有关门节、开门节、泼水节等。

（二）饮食习俗

以大米为主。德宏地区的傣族吃粳米，西双版纳等地的傣族则爱吃糯米。性喜酸辣。肉类有猪、牛、鸡、鸭，还有鱼虾等水产品。常吃的蔬菜有白菜、萝卜、笋和豆类。喝酒是傣族人民的嗜好，嚼槟榔的习俗也很普遍。

（三）日常禁忌

忌讳外人骑马、赶牛、挑担和蓬乱着头发进寨子；进入傣家竹楼，要把鞋脱在门外，而且在屋内走路要轻；不能坐在火塘上方或跨过火塘，不能进入主人内室，不能坐门槛；不能移动火塘上的三脚架，也不能用脚踏火；忌讳在家里吹口哨、剪指甲；不准用衣服当枕头或坐枕头；晒衣服时，上衣要晒在高处，裤子和裙子要晒在低处；忌讳摸小和尚的头、佛像、戈矛、旗幡等一系列佛家圣物。

知识链接

泼水节的由来

泼水节是傣族一年一度的传统节日（4月13—15日）。傣语叫作“楞贺尚罕”，即“六月新年”或“傣历新年”。实际上泼水节就是傣历的元旦，因为傣文历法里，新的一年是从农历六月开始计算的。泼水节也叫浴佛节，从公历四月（即清明节后第7天）开始举行，历时3～4天。关于泼水节的来历，当地流传着这样一个传说。

很早以前，一个无恶不作的魔王霸占了美丽富饶的西双版纳，并抢来七位美丽的姑娘做他的妻子。姑娘们满怀仇恨，合计着如何杀死魔王。一天夜里，年纪最小的姑娘依香用最好的酒肉，把魔王灌得酩酊大醉，使他吐露了自己致命的弱点。原来这个天不怕、地不怕的魔王，就怕用他的头发勒住自己的脖子，机警的依香小心翼翼地拔下魔王一根红头发，勒住他的脖子。果然，魔王的头就掉了下来，变成一团火球，滚到哪里，邪火就蔓延到哪里，很快竹楼被烧毁，庄稼被烧焦。为了扑灭邪火，依香揪住了魔王的头，其他六位姑娘轮流不停地向上面泼水，终于在傣历的六月把邪火扑灭了。乡亲们开始了安居乐业的生活。

从此，便有了逢年泼水的习俗。

九、苗族

（一）礼节习俗

苗族还常以酒示敬，以酒传情，不同时间、地点，不同的对象，饮酒的礼俗也有所不同，如拦路酒、进门酒、双杯酒、交杯酒，不一而足，体现了苗族人民丰富多彩的酒文化。每当稀客要到，苗族男主人便穿上节日盛装，到村口迎接。来到家门口时，男主人便唱歌叫门，用歌声告诉女主人客人已经临门。女主人也穿上节日服装唱着欢迎客人的歌开门。客人进门要饮“牛角酒”，然后彼此问候、交谈。吃饭时，桌上摆满苗家的糯米饭和五颜六色的“姊妹饭”及自制的“醪糟酒”。席前，男女主人跳起民族舞蹈，然后才入席，陪着客人开怀畅饮。

苗族人对使用第二人称十分客气，他们把“你”一律称“友”，意思是把你当作自己的友人一样。当苗族人和客人一起走路时，他们从不抢先走第一步，也从不走在客人前面。客人来苗家串门时，如果是冬天，主人一定叫你坐在背风的火炉旁烤火。在客人面前，苗族妇女是绝对不会上楼的，如果非要上楼不可，她们便叫家里的男人代劳。她们认为，在客人面前登楼是不文明的。

苗族过去信仰万物有灵，崇拜自然，祀奉祖先。节日较多，除传统年节、祭祀节日外，还有专门与吃有关的节日，如吃鸭节、吃新节、杀鱼节、采茶节等。过节除备酒肉外，还要必备节令食品。其中以过苗年最为隆重。

（二）饮食习俗

苗族以农业为主，以狩猎为辅。距今6000多年前，便已懂得了“饭菜过煮，得肉便烧”的饮食方法。多以大米为主食，玉米、红薯、小麦等为辅，杂以荞麦、大麦、燕麦、高粱等。嗜酸辣咸，好烟酒茶。饲养家禽家畜，种植各种蔬菜。

副食方面，苗家喜爱用盐和茶油。贵州一带苗民多吃酸辣汤菜。烹调方法多为煮或烤。以各种蔬菜、辣椒、糯米为主料腌制的酸菜，可生吃，也可熟食。酸汤煮鱼是苗家风味名菜，苗家还善于制作豆豉、豆腐、灌肠、面酱等。好吃火锅，每有佳品，必架起小锅，放进蔬菜、肉、豆腐等，边涮边蘸辣椒盐水吃。

客人进家门时要饮“进门酒”，入席时要饮“转转酒”“劝杯酒”“双杯酒”等，还要唱祝酒歌。桂北地区苗家待客更热情，若客人赶上田头烤鱼尝鲜时，分给你的食物必须吃完，不得求助别人，吃到肚胀后才开始喝酒，敬酒必敬肉，看着客人欲咽不下，欲吐不能的狼狈样，人们会“呜依、呜依”地叫（意思是“好啊”）。

（三）日常禁忌

苗家人最忌外人以“苗子”相称，认为是对苗族人的最大侮辱，他们喜欢他们的自称“蒙”。苗家人忌食狗肉，禁止杀狗、打狗。

客人至苗家，必以酒相敬，客人若接受，主人会引为知己。若客人不胜酒力，也要象征性品咂一下。苗家人杀鸡待客时，总将鸡头、鸡肝、鸡脯奉予老人或最尊贵的客人，将鸡腿送给小孩，将翅膀交与青年男女，祝其前程无限。在一家几代同堂之时，青年男女不应有过分亲昵的举动。苗家人与自然关系亲密，认为无论桥头、树下、屋头、灶旁都有神灵依附，每逢节庆或贵宾来临，均烧香供奉，告慰祖先，以祈求平安，客人不宜对这类活动表示非议。

苗家人忌用白公鸡送喜庆贺礼；忌外人随意触动堂屋神龛；忌用脚踏火中的铁三脚架；门口插草标，意为家中有病人，忌外人入室。

苗族祖先神位所在的地方不让人坐，也不许人在家里或者夜间吹口哨。禁止已婚妇女再穿蓑衣，否则认为会触犯祖宗，招致大祸。

十、彝族

（一）礼节习俗

彝族人民热情好客，素有“客人长主三百岁”之俗话，凡有客人来，必须让位于最上方，至少也要以烟茶相待。彝族日常饮料有酒、有茶，以酒待客，民间有“汉人贵茶，彝人贵酒”之说。其中“三道酒”是彝族接待贵客的礼节。

彝族婚姻实行一夫一妻制。如果组成的家庭不和睦，双方感情不和，离异也较为简单，只要在村中请一位老人作证，拿一个木棒剖成两半即可，昙华山等地的一些罗罗濮彝族，有一种先定情后定亲的习俗。中华人民共和国建立后，宣传和贯彻执行《婚姻法》，原婚俗有所改变。

男子长大成年娶妻后，一般都与父母分居，自立门户，其父母由幼子赡养。如果父母去世，财产归幼子继承，不与幼子分遗产。彝族古代盛行火葬。彝族盛行祖先崇拜。彝族崇奉土地神。彝族图腾崇拜较为普遍，以虎图腾最为明显。他们自称虎族，视虎为祖。

彝族有尊老爱幼的美德，也有好客的美德。客人进屋，起身让座，置酒款待，客人告别，举家起身，送至家门外。

彝族对座次、进餐等有规定。火塘上方是男性长辈座位，下方为妇女座席，其余人多在侧面就座。每天进餐，全家的饭均由家庭主妇盛给，食肉则由当家男子搛菜，自行去碗中搛肉食者视为失礼。

彝族的节日主要有火把节、彝族年、拜本主会、密枝节、跳歌节等。火把节是彝族地区最普遍而最隆重的传统节日，一般多在夏历六月二十四日或二十五日。

（二）饮食习俗

由于彝族聚居的地方地势高峻、气候严寒，农作物大多以种植荞麦、燕麦、玉米、土豆为主，因此，多以荞麦、玉米和土豆为主食。彝族妇女把荞麦磨成粉后，多做成粑粑，放在火塘内烧着吃，或用铁锅烤着吃，也有的煮着吃。

坨坨肉是大小凉山彝家的传统美肴。牛、羊、鸡也可用此法食用。

彝族民间或家庭中用玉米、高粱、糯米等加入酵母后入封闭坛的“秆秆酒”在西南地区是有名的。锅贴乳饼是云南彝族的传统名菜。

转转酒：或在锅庄旁，或在路野、草坡、河边，彝族女三五成群席地而坐，只用一两只有限的酒碗一人一口从右至左依次轮转着喝，每个人喝后都要以左手横擦碗沿为礼，再递给身边的人。一直喝酒，不食肉菜，是彝族社会以酒交往的社会交际方式。

（三）日常禁忌

忌骑马遇人不下马。忌对婴儿用胖、重、漂亮之类赞词。禁食马、骡、狗、猫、猴、蛇、蛙等肉；忌食搅拌时，筷子折断的食物；拉羊到堂屋备杀时，羊突然叫者忌食；忌吃粮种；鸡跳过的饭菜忌食；忌用镰刀割肉而食；男子忌食推磨时，磨轴折断的面粉；禁孕妇吃猪肉、兔肉，禁小孩吃鸡胃、鸡尾、猪耳、羊耳；禁吃鸡回肠。

忌把包谷从火塘右侧（客位方）放入取出。

任务实施

一、旅行社接待礼仪规范

活动一　受理电话咨询服务

（一）电话咨询服务礼仪规范

（1）声音甜美应做到：咬字要清晰、语调要柔和、感情要亲切、心境要平和。

（2）前台接起电话的声音要不紧不慢，并始终保持轻松、愉悦的声调，不得在电话中和来电者耍脾气、使性子甚至说粗口。

（3）接电话中，要勤说“请问”“对不起”“请稍等”之类的谦词。

（4）在电话铃响的第二、第三声的时候接起电话。接起电话首先要说“您好，×××（旅行社名称，如果旅行社名称较长，应用简称）”，忌以“喂”开头。

（5）如果因故迟接，要向来电者说“对不起，让您久等了”。要有边听边记录信息的好习惯。

（6）如果要求转接领导电话、对方又知道领导姓名，不知道分机号的话，就要礼貌地询问，对方是谁、哪个单位的。如果是如广告、变相广告之类的电话，应该用礼貌的借口挡驾，或者转到相关部门处理。

（二）旅行社员工接听电话咨询时的服务范例

1. 电话咨询服务流程与标准

步骤1：问候客人。

步骤2：聆听客人所要咨询的问题并推销线路。

（1）礼貌询问客人姓名、联系方式、想要游览的线路。

（2）一边解释客人的问题，一边记录其信息。

（3）视情况主动向客人推介旅行社的产品。

步骤3：做好记录（包括客人的特殊要求）。

步骤4：确定报价包含内容。

（1）按照团队确定的报价。

（2）依情况而定，在自己的权限范围内可以给游客一定的折扣。

（3）将确定的价格备注在记录册上。

步骤5：尽量请客人来旅行社面谈。

步骤6：解释清楚所问的细节。

（1）景点中有哪些自费项目。

（2）报价内包含的标准。

（3）特殊要求的合理满足。

步骤7：留下客人尽量详细的资料。

（1）咨询的线路。

（2）旅游的意向。

（3）闲暇的时间。

（4）联络方式。

步骤8：告知客人，自己的身份。

步骤9：礼貌道别。

使用礼貌服务用语与客人道别，表示希望再次为其服务的态度。

2．电话咨询服务模拟对话（参考）

电话接待

接待员：您好！××旅行社。

客人：您好，我想了解一下9月份的火车专列，想给父母报个团。

接待员：好的，9月份我们旅行社主发4个专列，另外市面上有的所有专列也都有参与，不知道您想走什么方向呢？女士您怎样称呼？

客人：我姓张，弓长张。我9月底有时间，你说带着父母上哪儿比较好呢？

接待员：9月份是个丰收的季节，去哪儿都不错，并且气候也是全年最好的。但是从我个人而言，我认为去新疆比去云南、海南好。因为从时间上看，去云南、海南还是4月份的专列好一些，那个时候有可能赶上“三月三”，而这个时节有可能赶上新疆的开斋节，少数民族的大型节庆会给我们的行程带来新的体验的。

客人：嗯，您的建议非常好。我就决定跟你们旅行社走新疆的专列了。行程累不累啊？怕父母身体不行。

接待员：不会特别累的，我们这个专列就是针对老年游客的夕阳红专列，所以在行程设计上充分考虑了游客的体力和身体能力。这点请您放心，您方便到旅行社了解一下具体的行程并办理好出行的手续吗？

客人：好的，周末放假去社里一趟吧。

接待员：好的，欢迎您。您方便留一个电话或微信之类的联系方式吗？我先给您传一份具体的行程，让您和家人预先了解一下行程的具体内容。

客人：好的。我的手机是186××××××××，微信同号，你加我吧！

接待员：好的，我回头加您微信，期待您的到来。

客人：好的，再见。

接待员：再见！很高兴为您服务！

活动二 门店接待

（一）门店接待服务礼仪规范

（1）遇到有访客来时，应立即起身，面朝向来访者点头、微笑致意："您好，请问有什么可以帮您？""欢迎光临。"问清楚来访者目的，咨询、有预约（交钱或签合同）、访友……请来访者稍等，立即帮其联系。

（2）如果要找的人正在忙，可以请其稍等，用规范的仪态引领来访者入座倒水。如果等了很长时间，访客要找的人还在忙，要关照一下来访者并向其说明原因，不要扔在那里不管。

（3）如果来访者没有预约，只是随便了解一下旅游线路，并没有要旅游的打算，旅行社员工也应该热情接待，为其做好讲解。

（4）如果是找人，应该一边请其稍候，一边用电话帮忙联系。即使电话那头没有答应接待，也不要直接拒绝客人，应委婉推辞，为下一步的处理留下余地。

（5）如果来访者要找的人的办公室门即使是开着的，也要先敲门，获得许可后再请来访者进入，为来访者倒好茶后，接待员工就要返回岗位。当然，如果旅行社前台接待员工只有一位的话，直接运用手势或语言指引来访者就行了。

（二）门店接待游客咨询时的服务范例

1. 门店接待服务流程与标准

步骤1：主动起身迎候客人。

步骤2：请客人就座。

步骤3：询问客人来意，表示帮助的意愿。

步骤4：确定来意。

（1）首次来，没有目标的询问。

（2）有想去的线路，还没有决定与哪个旅行社合作。

（3）电话咨询过，来进一步了解内容的。

步骤5：针对客人的具体问题进行耐心的解答。

（1）一般先介绍客人（咨询/向往）的行程。

（2）介绍最近能成团的旅游线路行程。

（3）介绍景点及注意事项。

步骤6：解释清楚行程中的细节。

（1）根据景点游览顺序，一一解释并讲明行程内的自费要求。

（2）根据旅游六要素的各个方面向客人解释清楚报价内包含的标准。

（3）根据目的地的风俗习惯等特别注意事项有所交代。

步骤7：询问客人其他需求。

（1）确定客人针对用餐的要求。

（2）确定客人针对住房的要求。

（3）确定客人针对往返大交通的要求。

步骤8：签好旅游合同。

（1）签好姓名、联系电话，最好多记一个固定电话。

（2）询问是否需要其他的特殊服务。

（3）将情况写在合同上。

（4）告知旅游《特别约定》。

步骤9：做好收款工作。

步骤10：通知客人，集合地点及时间。

步骤11：礼貌道别。使用礼貌服务用语与客人道别，表示再次欢迎的心情。

2. 门店接待服务的模拟对话（参考）

面对面接待

接待员A，B：您好！××旅行社欢迎您。

客人：您好，我想了解一下新婚蜜月旅行。

接待员A：先生，您请坐。这里是新婚蜜月的所有的行程信息，您先了解一下。

客人：好的。

接待员B：您请喝水。

客人：谢谢。只有这些吗？有什么好建议吗？

接待员A：不知道您的婚礼选的是中式的还是西式的。其实新婚蜜月地因人而异，因为浪漫的点每个人理解不同。国内我还是比较喜欢海南，国际比较喜欢马尔代夫。

客人：我太太比较喜欢西式的，露天、海滩的那种。但是这些有点普通，我们想做一个特别的，这样比较难忘。

接待员B：您可以了解一下我们旅行社的私人订制啊！根据您的喜好，您的要求，您的时间为您量身订制一个只属于你们的蜜月之旅。

客人：这样可以吗？贵吗？

接待员B：价格肯定是要比市面上这些批量型蜜月游要贵一些，但是也不会漫天要价的，稍后您把要求告诉我们的订制师，他会给您出一份详细的分项报价的。你觉得不合适的项目可以取消。

客人：那太好啦！那就做一份私人订制吧！

接待员A，B：好的。那您里面请，详细的要求可以跟私人订制师谈。

客人：谢谢。

二、导游服务礼仪规范

活动一　导游接团

能与客人留下第一印象的人便是旅游团中的导游人员，得体的举止和言谈、端庄的仪表都会让游客产生一种依赖感。可见，导游人员注意自身形象、掌握相应礼节知识是十分重要的。

（一）导游接团服务礼仪规范

（1）导游人员到机场、车站、码头迎接客人，必须比预定的时间早到，等候客人，而绝不能让客人等候接团导游。

（2）服饰要求。在接待不同国别客人时，应考虑到他们所能接受的服饰颜色的习惯。接待人员应熟悉各国人员对颜色的喜好。

（3）接团时应事先准备好足够的旅游团客人乘坐的旅游车，并督促驾驶员将车身和车内清洗、清扫干净，准备好醒目的接团标志，最好事先了解全陪的外貌特征、性别、装束等。导游人员应手持（导游旗/接站牌）标识主动到车站、码头、机场迎接。一般要在班机、火车、轮船到达前30分钟赶到，这样会让经过长途跋涉到达目的地的客人不会因等待而产生不快。

（4）接到客人后，应说："各位辛苦了"，然后主动介绍自己的单位及姓名。

（5）导游人员在清点人数时，忌用手指人；在试话筒声音时，忌用手拍打麦克风或用嘴吹麦克风。导游人员在为旅游者导游时，不得吸烟、吃东西、嚼口香糖。站、坐、行、服饰、语言礼仪规范得体。介绍沿途景观。

（二）导游接团服务范例

1．导游接团服务流程与标准

步骤1：提前到达集合地点迎接客人。

（1）飞机、火车、船、大巴车都应提前30分钟。

（2）站在明显处微笑等候。

步骤2：与全陪导游做好交接工作。

（1）核实团号、人数、国别、旅行社名称、导游姓名、联系电话。

（2）确认旅行社实到人数、行李。

（3）询问全陪导游团队的特殊情况和注意事项。

步骤3：组织游客蹬车。

（1）立于车旁。

（2）面带微笑。

（3）扶老携幼（因客源国习俗而定，有些客人不喜欢被别人搀扶，不服老）。

（4）清点人数。

步骤4：致欢迎词。

（1）表示欢迎。

（2）介绍身份。

（3）表明态度。

（4）预告节目，并适当介绍旅游目的地的风俗习惯和注意事项。

（5）预祝愉快。

步骤5：沿途讲解。

（1）为游客调整时差，讲解注意事项。

（2）注意观察客人的精神状况，如客人精神状况较好，在前往目的地途中可介绍一下沿途景点及城市概况（根据客人兴趣点出发）。

（3）如客人较为疲劳，则可让客人休息。

（4）如果行驶长途客车（火车、船）中，可以适当组织游客进行文娱活动。

2．导游接团模拟欢迎词（参考）

地陪欢迎词

游客朋友们：

大家好！欢迎来到与美国科罗拉多大峡谷齐名的施恩大峡谷，这里的景色呢，只能用四个字形容——人间仙境，说不定还会蹦出两个仙女来，但是大家千万不要跟着仙女回天庭，不然啊我还得去请悟空来找你们，我是你们此行的导游，×××。在我右手边的是我们的王牌司机，××师傅。他可以说是跨过山河大海也穿过人山人海。大家尽可以放心乘坐王师傅开的车，游览我们美丽的景区。我们二人将竭诚为您服务。接下来我们将带领大家进入这个美丽的大峡谷，在此之前，我将认真仔细地为大家介绍一下这里的美妙，最后预祝大家游得开心！玩得愉快！一起度过这里的美好时光！

活动二　办理入住登记

（一）办理入住登记礼仪规范

（1）地陪导游应先下车，自己先去办理入住手续，游客由领队或全陪组织下车。

（2）领队和全陪分房的时候要照顾老年人和带孩子的家长，尽量让他们的房间靠近电梯，如果是一大家人则尽量让他们做邻居。

（3）向服务台了解清楚房间电话的使用办法，最好每个房间准备两张进门卡，如果时间充裕，可以把自己的房号写在客人的房卡信封上。

（4）分房要迅速，不要让客人在大堂里长时间等候。如果房间出现问题可以直接找地陪导游协助解决。

（5）客人进房前，要先简单介绍游程安排，并宣布第二天日程细节。第二天活动安排较早，应通知总台提供团队叫早服务。

（6）要记清游客房间号码，且不要单独去异性游客的房间，如有必要最好请全陪或领队同往。

（二）办理入住登记服务范例

1．办理入住登记服务流程及标准

步骤1：介绍饭店。

抵达前，向客人介绍酒店及其周边的设施和环境。

步骤2：办理入住登记。

到达酒店后，全陪应协助酒店做好客人入住登记，要熟悉客人情况，将每个客人安排妥当。

步骤3：活动安排。

客人进房前，要先简单介绍游程安排，并宣布第二天日程细节。如安排叫早时间，应通知酒店总台提供团队客人的叫早服务，并记住团员所住房号。

步骤4：礼貌道别。

全陪与客人道晚安，并将自己的联系方式告知客人。

步骤5：查房。

（1）全陪与地陪导游一起到每个房间进行检查，看游客是否有额外要求。

（2）查验房间有何安排不妥之处，及时改进。

2. 办理入住登记服务模拟对话（参考）

入住办理

导游员：各位团友，我们现在已经到了我们今天晚上入住的××酒店，请大家在大厅内稍候，我去为大家办理入住手续。

接待员：您好！有什么可以帮您?

导游员：您好！我是中国旅行社的，请给我预订的旅游团体房卡。

接待员：好的，请您稍候。

接待员：这是给您的房卡，其中403、405是三人间，其余都是标准间，都在5楼，您的陪同房也在5楼，是501。

导游员：房况有什么特殊的吗？例如阴阳面之分或大小之分。

接待员：大小都一样，单数是阳面，双数是阴面。

导游员：好，谢谢。

接待员：请预留200元押金。

导游员：给您，我们明天需要叫早服务，6：00叫早，6：30早餐，7：00出发。

接待员：好的，请您在这里做好登记。这是您的押金收据，请收好。

宣布当日或次日的活动安排

导游引导
文明旅游规范

地陪：各位团友，我们明天7：00叫早，8：00离店后就出发去游览藏传佛教（格鲁派）的圣地，也被称为“世界的屋脊”布达拉宫。在此要先强调一下注意事项以及明天出门必备的物品。我们在布达拉宫参观，需要遵循所有藏传佛教的禁忌，如不能戴帽，不能戴墨镜，不能拍照（指进入宫殿以后，宫殿外可以拍一些“外景”），不能踩踏门槛等。我们需要在1小时内完成参观，因此在宫殿内任何地方都不允许停留，参观结束后从布达拉宫西门出来，经后山下山坡可以走到布达拉宫正门来。参观布达拉宫时，不允许携带水、饮料、化妆品等液体，不允许携带刀具、火具（火机、火柴）等物品。携带了以上东西的朋友可以把东西寄存在布达拉宫售票处，待您参观完布宫从北门出来时，再到寄存处领回就可以。最重要的是爱美的女士们衣服穿得不要太暴露了，毕竟布达拉宫是有名的圣地，是吧！最后建议女士们不要穿着高跟鞋进去参观。好了，各位团友，我们已经到达今晚下榻的酒店。请带好您所有的行李，随我下车办理入住吧！

全陪：各位团友，我们明天不住在这家酒店里，所以大家要在早餐前就把行李打包好，放在旅游车上！我现在要给各位团友分配一下房间，叫到名字没有异议的团友可以直接带着自己的行李回房间，电梯间在我们的右手边。有特殊要求的游客请事先提出！

客人：导游，明天早餐在哪儿吃啊?

地陪：不好意思，明早早餐在二楼梅花厅。

全陪：李明夫妇504，张伟夫妇537……

李明：对不起，导游，我们和张伟夫妇是一起的，能不能让我们的房间挨着啊?

全陪：（微笑）这间酒店的房间序号是单号一边，双号一边，537应该在504的对面，您看可以吗?

客人：是这样啊！可以，可以，谢谢。

全陪：不客气。其他团友如果没有问题，就可以直接上楼休息了，我会和我们的地陪导游一起查房的，有问题再随时提出，大家晚安！

抵达特色民居前导游介绍

地陪：游客朋友们，来到内蒙古怎么能不体验一下《最炫民族风》的蒙古包呢？蒙古包其实是为了适应游牧民族的居住特点而设计的，那么我们今天来到大草原就一定要走进蒙古包，走进这个流浪的民族，去体验真正的蒙古族文明。住蒙古包还有很多注意事项，我先来给大家介绍一下。一会儿大家抵达后，要注意：进门不要踩门槛，入室不要动坠绳，聚会不要碰灶火。在内蒙古，门槛是很神圣的，踩了门槛就代表对可汗不敬；进了蒙古包你可能会在蒙古包的中心发现一根绳索不要去动，因为那是固定蒙古包用的；如果热情的蒙古人邀请你到家里聚会点燃灶火，记住，千万不要去碰，连灶火周围的木框都不能碰，因为蒙古人最尊重灶火。大家住的蒙古包是相对集中的，我们会在这里住两晚。明天大家将会于早上8：00在我们下车后指定的地点集合。人齐后随我去吃早餐，然后坐大巴前往希拉穆仁草原和银肯响沙湾两处景点。最后再将大家带回到蒙古包。

地陪：好了，游客朋友们，请带好您的全部行李准备下车，今晚18：00我们集合，我将与大家一起享用我们的第一餐——内蒙古烤全羊，并开始晚上的篝火晚会。晚上天气凉，大家一会儿出来的时候多带一件衣服。如果大家还有什么其他问题请及时联系我，我尽量为大家解决的。

活动三　参观景点

（一）带团参观礼仪规范

（1）在景点介绍的时候，如果人多最好用麦克风，并且不要挡嘴。要始终在客人左侧前方行走，如果有转弯的地方，要在转弯的外侧给客人指路。注意导游旗始终保持举过头顶。

（2）导游员要强调景区中的卫生清洁，提醒游客不要有乱扔垃圾、攀折花木等破坏规定的行为。

（3）导游员对文物古迹要特别保护珍惜，更不能带头违反规定。

（4）导游员要严格遵守时间。导游员必须及时把每天的活动时间安排清楚地告诉每个旅游者，并且随时提醒。

（5）讲解中要尊重旅游者的宗教信仰、风俗习惯，特别注意他们的宗教习惯和禁忌，并且向有关人员提醒。

（6）要尊重老人和女士，对小孩多加关照，对残疾人要进行特殊服务，表现出热情、体贴而不怜悯，对重点客人接待服务要有分寸，不卑不亢。

（7）导游员讲解服务礼仪的基本要求是正确、流畅、清楚、生动和幽默。

（8）导游员不得携带自己的亲友随旅游团活动。

（9）导游员与游客交谈时，内容可根据不同的对象有所侧重，但不应涉及对方的隐私，要遵循“五不问”，即一不问年龄（尤其是女性），二不问婚姻，三不问履历，四不问工资收入，五不问家庭地址。交谈时，距离不要太近，以相距半米为佳。

（10）多人交谈时，要照顾大家，不要只同一两个人说话而冷落在场的其他人，也不要只顾自己说话，要尽量给其他人安排讲话的机会。

（11）游览中不介绍游客参加不健康的娱乐活动，不诱导、强拉游客购物，不可以擅自改变计划，降低服务标准。

（二）带团参观服务范例

1．导游员带团参观服务流程及标准。

步骤1：进入景点之前的讲解及服务。

（1）向游客介绍景点概况。

（2）讲清楚游览时间及游览路线。

（3）说明景点内的游览注意事项。

（4）强调集合时间、地点车牌号和旅游车外貌特征及导游员的联系方式和下一站目的地名称。

步骤2：景点内的讲解及服务。

（1）讲解内容全面，得体，健康，符合导游员的基本讲解要求。

（2）确认客人，要时常清点人数，以防走失。

（3）嘱咐客人注意人身财务安全，环保、安全等意识。

（4）运用标准态势语辅助讲解，使讲解生动、形象有感染力。

（5）在景区较空旷处，人多的情况下要使用扩音器，但是在木建筑景点内部可以使用扩音器。

步骤3：景点游览之后的讲解及服务。

（1）向游客反复强调集合时间、地点。

（2）导游员应提前到达集合地点，等待游客。

（3）集中好游客，要时常清点人数。

（4）帮助游客回顾景区内重要景点内容，做好下一站的预报工作。

2．景点参观模拟对话（参考）

地陪抵达景区前的介绍

地陪：各位游客朋友们，来到云南，我们当然要去具有当地特色的少数民族村寨了。接下来，我们前往的是云南阿昌族部落。在云南这片广阔的区域，生活着一个勤劳善良且能歌善舞的民族，在漫长的历史长河中，它创造了色彩斑斓的民族文化，它创造了异域民族风情，它就是——阿昌族！

阿昌族共有2.7万多人，它是一个同时讲藏语、汉语、傣语等多种语言的民族。他们擅长唱山歌、种水稻、打户刀。大家不要害怕他们的长相，因为本民族人喜欢口嚼槟榔，所以牙齿均为黑色。阿昌族男子一般穿着蓝、黑对襟上衣和黑色短裤；女子则高戴头包，或系手工制成花带子。他们是个热情好客的民族，常常会把客人邀请至家中，给大家准备当地的美食，如过桥米线、黄花粑粑等。

拜访他们的村寨有些禁忌请大家一定要注意：我们进入村寨后不能向火塘里吐口水，吐痰；也不能从火塘上跨过；不要随便碰别人家的物品；还有一点就是当男子在房屋楼下时，忌讳妇女上楼；所以团内的女团友，请不要上楼参观。这些禁忌，请大家记好。有什么不懂的地方，随时问我。前方我们马上到达阿昌族村寨了，带好您随身贵重物品，随我下车参观吧！

活动四 就餐服务

（一）就餐服务礼仪规范

（1）抵达餐厅前，应对客人简要介绍餐厅特色及基础设施。

（2）就餐过程中，应2～3次巡餐，对客人的疑问要进行答疑解惑，如相关习俗的介绍。

（3）安排好团内（少数民族/宗教信仰/客源地）客人的就餐。

（4）导游员饮酒量不得超过自己酒量的三分之一。

（5）导游员以翻译身份赴宴时，应时刻准备进行翻译服务，不要边译边抽烟，不得喧宾夺主，不要自己向客人祝酒，不随意为客人布菜。

正确引导购物，赢得游客信任

（二）就餐服务范例

1. 就餐服务流程及标准

步骤1：联络餐厅。

抵达饭店前30分钟，要主动与餐厅联系，告知客人的基本情况（少数民族/宗教信仰/客源地）何时到达等。

步骤2：饭店介绍。

在抵达饭店之前，要相应介绍餐厅的情况及基本设施。到饭店后，要引领客人入座，并小声告知游客洗手间的准确位置。

步骤3：引领落座。

安顿好客人外，要告知司机和全陪用餐地点。

步骤4：巡餐工作。

在用餐过程中，要2～3次巡视客人用餐情况，随时解答客人的疑问，简介菜品。

步骤5：结账工作。

用餐后与酒店做好结账工作。

2. 导游用餐服务模拟对话（参考）

用餐服务

地陪：游客朋友，我们即将到达今天中午用餐的地点——马旺子川小馆，去品尝我们地道的川菜。我们四川有四绝，分别是川菜、川药、川酒和川妹子，它们最大的特点就是一个字——“辣”。在四川，那是无辣不欢，其中川菜更是将辣这一特点表现得淋漓尽致。川菜的特点就是“百菜百辣，百辣百格”。如果一点不放辣，大师傅就不会做菜了！既然来到四川，导游也希望您能体会到我们四川真正的特色。讲到这里，不知大家还有没有其他的忌口。

游客：“导游，我不吃蒜。”

地陪：好。我马上联系酒店。

地陪：您好。我是中国旅行社的导游员，我们团号是LXS2019-0601。我们团队还有20分钟即将到达，请做好接待准备！我们有位团友不吃蒜，请您注意。

服务员：好的。您的座位安排在二楼包厢右手边第一个房间。不吃蒜的游客，单独准备一碗担担面可以吗？

地陪：好的，谢谢您了！

地陪：各位游客朋友们，我们已经到达用餐目的地了。大家在下车的时候注意脚下安全，带好自己的贵重物品，有序下车。

服务员：您好，欢迎光临。

地陪：您好。我是中国旅行社的导游员，团号是LXS2019-0601。

服务员：好的，您二楼请！

地陪：游客朋友们，我们在二楼用餐，大家请跟我往这边走。

地陪：司机师傅，我们司陪在一楼大厅用餐，一会儿安排好游客，我就和全陪下来跟您一起用餐，您先吃。

地陪：游客朋友们，我今天为大家准备的是他家的特色菜，有红糖锅盔，东坡肘子，笋子牛肉，脆皮粉蒸肉，马氏夫妻肺片等。大家如果想品尝地道的川酒，可以直接跟服务员说。去洗手间的游客，请沿着走廊直走到尽头，右手边就是。大家有问题随时联系我。

游客：好的，导游，快吃饭吧。

（导游第一次用餐巡查）

地陪：游客朋友们，不知道今天的饭菜合不合大家的胃口啊？

游客：非常合胃口，真的是汤汁乳白，猪肘烂软，特别好吃，真的是不虚此行啊！

地陪：那就好，（导游目测上菜的数目）菜已经上齐了，大家继续享用吧！

地陪：师傅，我们再过半个小时，就是一点钟，出发吧？

司机：好的。

（导游第二次用餐巡查）

地陪：游客朋友们，大家吃得怎么样了？吃好了之后，可以喝点茶水，上个洗手间，我们一点准时出发。大家检查好自己随身的贵重物品，不要有遗落。大家看好时间，不要迟到，在店外的右侧停车场，××师傅在那等着我们。

地陪：您好，中旅的，团号是LXS2019-0601，人数23大2小+3，我们签单结账。

前台：一共是800元，请这边签字。

地陪：好的！再见！

前台：再见！欢迎下次光临！

活动五　送别客人

（一）送客服务礼仪规范

（1）客人活动结束前，要提前为客人准备好去往下一站或返程的机（车、船）票；客人乘坐的车厢、船舱尽量集中安排，以利于团队活动的统一协调。

（2）为客人送行，应使对方感受到自己的热情、诚恳、有礼貌和有修养。临别之前应亲切询问客人是否有来不及办理、需要导游代为解决的事情，应提醒客人有没有遗漏物品并及时帮助解决。

（3）火车、轮船开动以后，应向客人挥手致意，祝客人一路顺风，然后再离开。送飞机，应帮游客办理登记手续，看到游客顺利进入安检后，挥手道别！如果自己有其他事情需要处理，不能等候很长时间，应向客人说明原因并表示歉意。

（二）送客服务范例

1．送客服务流程及标准

步骤1：检查返程票。

（1）确认团队离开时所乘交通的工具。

（2）确认团队离开是所乘坐的具体（航班/班次）。

（3）确认返程票面的具体时间。

步骤2：致欢送辞，请游客填写团队意见书。

（1）回顾旅程。

（2）表达感谢。

（3）表示歉意。

（4）表示惜别。

（5）期待相逢。

步骤3：及时反馈旅行社，报平安。

（1）团队顺利离开后，立即通知旅行社。

（2）与旅行社预约报账时间。

步骤4：做好后续工作。

（1）认真填写报账单，实报实销，票据齐全。

（2）归还导游证等出团时所借物品。

（3）完成好客人所委托代办的相关事宜。

步骤5：写好《导游日志》，做好全面的工作总结。

（1）记录团队所发生的事件，注明解决办法。

（2）做好知识的补充。

2．欢送词（参考）

欢送词

各位团友：

美好的时光总是短暂的，转眼间我们愉快的长白山之旅已经步入尾声，回顾我们这次“欢乐之旅”，美丽的景点还在眼前，独特的少数民族风情，珍稀的文化遗产景观，难得的朝鲜民族文化氛围都在我们的记忆中留下了深刻的烙印，感谢大家这六天来对小×工作的支持，如果有做得不周到的地方，希望各位贵宾海涵，并能提出宝贵意见帮助小×提高。

佛家云：“前世的千百次回眸，才换得今生的擦肩而过。”我们能愉快地共度这美好的六天时光，可见前世的缘分不浅，希望大家珍惜这段难得的缘分。虽然我们的朝鲜民族文化深度体验之旅结束了，但是我们的友谊并没有结束，进入了新的阶段，很高兴又结交了这么多的好朋友，希望小×还有机会为大家服务，陪同大家游玩下一站美景……

学习评价

一、基础知识测试

（一）填空题

1. 藏族最大的禁忌是（　　）。
2. 回婚节是结婚（　　）周年的纪念日。
3. 傣族民居大致有三种：（　　）、（　　）、（　　）。
4. 回族禁止（　　）、（　　）、（　　）。
5. 苗族以过（　　）最为隆重。

（二）单项选择题

1. 蒙古族的传统节日有（　　）。

   A. 那达慕　　B. 泼水节　　C. 回婚节　　D. 三月节

2. 以下哪个民族忌穿短裤、短小衣物外出（　　）。

   A. 藏族　　B. 维吾尔族　　C. 朝鲜族　　D. 壮族

3. 傣族普遍信仰南传上座部佛教，通常称为（　　）。

   A. 大乘佛教　　B. 上座部佛教　　C. 小乘佛教　　D. 中乘佛教

4. 以下不属于苗族节日的是（　　）。

   A. 吃鱼节　　B. 吃鸭节　　C. 吃新节　　D. 那达慕

5. 藏族人绝对禁吃（　　）。

   A. 猪肉　　B. 驴肉　　C. 牛肉　　D. 鸡肉

（三）判断题

1. 蒙古族吃肉时禁止用刀。（　　）
2. 坨坨肉是苗家人的传统美味佳肴。（　　）
3. 回族实行土葬、速葬、薄葬。（　　）
4. 骑马、摔跤、射箭等为蒙古族广大群众所喜好。（　　）
5. 朝鲜族喜欢穿素白色衣服，显示出喜爱清净朴素的特性。（　　）

二、能力训练

（一）个人能力训练

1. 案例分析

案例1：

下面是导游员在各种情景下的不礼貌语言，请予以更正。

（1）“……司机先生姓张……车号是……请大家记住车号，要是上错车了你自己负责……”

（2）“……在这次旅游过程中，由于种种原因，我们可能还有一些工作做得不够好，这是难免的，但是你们也有责任，例如有些人经常迟到……”

（3）“……注意听了，别东张西望，待会又要我再讲一遍。”

（4）“请大家准时上车，过5分钟不到，我们就开车，你就自己打的回酒店。”

（5）“飞机上不准打手机，请关掉手机，否则被没收了我也没办法。”

（6）“……下午要下雨，要带好雨伞，别怕麻烦，别淋雨感冒了传染别人。”

（7）“……明天叫早时间是6：45，7：15在3楼中餐厅用早餐。希望大家准时起床，不要贪睡，要睡觉你回家睡，别迟到了浪费其他人宝贵时间。”

（8）“……什么？你是回民？没办法的。这里烧菜都用猪油的，不可能让大家迁就你们两个人吧！”

（9）“……不要贪小便宜，否则上当受骗了别怪我没提醒你。”

（10）“请大家再想想，不要把东西遗忘在酒店，免得要我寄去给你。”

案例2：

有个导游带了一个旅游团队到少数民族村寨观光，村寨中美丽的少女们都戴着一个很漂亮的鸡冠帽。其中有个男团友与她们熟悉之后，出于好奇，用手摸了一下一位少女的帽子，结果弄到族长那里去了，族长以为男团友爱上了那位少女，向她求婚。后经导游出面调解，二者以兄妹相称。

问题：

你能帮助这位导游员，分析他犯错的原因吗？在日后的接待工作中我们应该注意些什么呢？

2. 连线题

将下列传统美食、民族与传统节日正确连接。

满族	糌粑	那达慕
维吾尔族	手扒肉	填仓节
藏族	萨其马	开斋节
蒙古族	朴劳	雪顿节

（二）团队能力训练

1. 设定背景

以学习团队为单位，为一个虚构的团队设定背景。

2. 建立场景

根据导游接待服务工作任务，教师给学生设定服务情境：

（1）如果你是旅行社前台接待员，请接待一对想去西藏蜜月旅行的新婚夫妇。

（2）如果你是旅行社接待员，你接到了一个咨询旅游线路的电话，共有17位60岁以上的老人想去长白山旅游，请你制定一个独立成团的旅游计划。

（3）根据导游员在“高句丽古墓群”景点参观的服务流程及标准，做景点导游服务的场景展示，根据老师给出的突发事件对话自拟。

这群墓葬主要包括了几组墓和一些独立的墓，其中大多都是高句丽帝国晚期的坟墓。在这个地区发现的半数以上的墓群是高句丽帝王、皇室成员或是贵族的墓。迄今为止，在中国和朝鲜发现的墓中超过90%以上的墓绘有壁画，这些壁画精美细致，反映了那个时期的一些生活状态和风俗习惯。它独特的墓葬风俗对其周边的区域产生了深远的影响。根据上述材料模拟景区讲解员做好接待工作。

（4）如果你是云南8日游的全陪导游员，团队共有22人，其中有两家共7人为回族游客，安排游客用餐时你将做好哪些服务工作。

3. 编写剧本

学生根据教师给定的服务情境，以教材和参考资料以及教师的模拟操作为参照，编写模拟对话，要能够将对客服务礼仪规范融入其中。

4. 实践

每一个学习团队在班级表演他们的服务场景。专门负责记录的人员应该使用记录卡记下他们所观察到的情景。

学习任务2 酒店岗位接待礼仪

任务布置

中国大酒店是我国广州的一家豪华五星级酒店，2018年11月23日，会议销售部接到一笔订单，12月1～2日将在该酒店举行2019（第十届）中国地产企业领袖年会，共有460多位房地产、金融、投资、文旅、大健康、互联网产业领域董事长和总裁参与年会。会议主办方只承担房费、餐饮费及店外迎送服务的交通费，其他杂费由客人自己支付。酒店给会议主办方的房价是折扣价1080元/（间·天），会议主办方要求的用餐标准是午、晚餐按每人100元的标准，中餐自助。会议需要一个大型会议室。会议主办人的联系电话是159××××××××，传真是××××××××。作为一名会议销售部经理，请你完成此项业务。

相关知识

酒店岗位接待必备知识——涉外民俗礼仪

旅游接待是面向全世界的工作，接待的是来自各个国家的旅游者，由于他们各自的国情历史和文化背景的差异，要做到文明接待，礼貌服务，就要求旅游从业人员掌握各主要客源国的宗教信仰、风俗习惯和主要禁忌，从而提供正确的服务方式，使旅游者乘兴而来，满意而归。

一、日本

（一）礼节习俗

日本人注重礼仪，在日常交往中，凡对客人、长者和上级都要用敬语讲话，初次见面时要鞠躬，交换名片，见面时常说“拜托您了”“请多关照”等话。日本妇女对男子极为尊重。

日本人的等级观念很深，上下级之间、长辈晚辈之间的界限分得很清。日本人在性格、意志力、纪律性和办事认真方面表现较为突出。日本人总的特点是勤劳、守信、守时，工作和生活节奏快。

日本人爱喝酒，常常也同中国人一样“无酒不成席”。但日本人敬酒的方式同中国人不同，敬酒一方手持酒瓶，不断地为对方斟满酒，自己却不喝。日本人不用香烟待客，抽烟而不敬烟。

日本人拜访他人时一般避开清晨、深夜及用餐等时间，拜访须预约。在进日本式房屋时，要先脱鞋，脱下的鞋要整齐地放好，鞋尖向着房间门的方向。拜访时，常带些礼物，切忌不经礼让而直接走进主人室内。

日本人较注意服饰，在正式场合大都穿礼服。和服是日本传统的民族服装，在隆重的社交场合或节庆时他们习惯穿和服出席。

日本花道和茶道盛行。花道是一种插花造型艺术，是日本女子品德教育与生活技艺修养的必修课。茶道不是日常生活意义上的饮茶，而是以茶艺形式进行交际，它以“和、敬、清、寂”为精神，用它来款待尊贵的宾客，是对客人的最高礼遇。

日本的“祭”和“节”之多堪称世界第一，主要的祭祀节有5月15日葵祭，7月17日的祇园祭和1月23日的时代祭。日本的民间有很多传统节日，主要有元旦、成人节、儿童节、樱花节等，每逢节日人们要举行庆典活动和各种仪式。

（二）饮食习俗

在饮食方面，日本菜可以说是自成一体，世人一般称之为和食或日本料理。

和食的主要特色，曾有人归纳为“五味”“五色”与“五法”。所谓“五味”是指日本人在不同的季节里，饮食的口味往往各有不同的侧重，通常的讲究是春苦、夏酸、秋滋、冬甜，此外还好食涩味。所谓“五色”是指和食注重外形，讲究色彩搭配要令人赏心悦目，并且在不同的季节也有不同的侧重，一般的要求是：绿春，朱夏，白秋，玄冬，再就是黄色的广泛运用。所谓“五法”，则是指和食的烹饪方法，主要有蒸、烧、煮、炸、生等五种。

具体而言，和食以大米为主，多用海鲜、蔬菜，讲究清淡与味鲜，忌讳油腻。典型的和食有：寿司、拉面、刺身、天妇罗、铁板烧、煮物、蒸物、酢物、酱汤等。此外，还有饭团与便当。其中，尤以刺身即生食鱼片最为著名。

日本人在用餐时，要摆上一张矮桌，然后男子是盘腿而坐，女子则为跪坐。日本人吃饭是用筷子的，但是他们所用的筷子不是平头，而是尖头。在用筷子时，日本人有“忌八筷”之说。所谓“忌八筷”，即下述八种使用筷子的方法，在日本是禁止的：一是忌舔筷，即不准用舌头舔筷子；二是忌迷筷，即不准拿着筷子在饭菜上晃来晃去，举棋不定；三是忌移筷，即不准搛了一种菜又接着去搛另一种菜，而不去吃饭；四是忌扭筷，即不准将筷子头反过去，吞在口里；五是忌插筷，即不准将筷子插在饭菜里，或是把它当作叉子，叉起饭菜吃；六是忌掏筷，即不准用筷子在饭菜里扒来扒去，挑东西吃；七是忌跨筷，即不准把筷子跨放在碗、盘之上；八是忌别筷，即不准用筷子当牙签用。除此之外，日本人还忌讳使用一双筷子让大家依次搛取食物。

日本人在宴客时，大都忌讳将饭盛得过满，并且不允许一勺盛一碗饭。作为客人，则不能仅吃一碗饭，哪怕是象征性的，也要再添一次饭。否则，就会被视为宾主无缘。

（三）日常禁忌

日本人忌绿色，认为绿色是不祥的颜色。

忌9、4等数字。日本商人忌2月和8月，因为这两个月是营业淡季。

日本人讲究送礼，而且注重实惠。菊花不能用来送礼，荷花不可用作商标。切忌选购玻璃、陶瓷之类的易碎易破物品作礼品，也不要将装饰着狐狸和獾的图案的物品作为礼物送人。在日常友好馈赠中，严忌以“四”“六”“九”“四十二”为数量的礼品。送日本人婚礼礼金时要避免偶数。礼品一般送奇数，因为日本人习惯以奇数表示“阳”“吉”，偶数表示“阴”“凶”。礼品颜色也有讲究，吉事礼品应为黄白色或红白色，不幸事送礼应为黑色、白色或灰色。另外，梳子在日本受到冷遇，切忌以梳子为礼品。探望病人忌送带根的花。

在交往谈话时，对老年人忌用“年迈”“老迈”“老”之类的词语。

日本人还忌邮票倒贴。日本人还讨厌金银眼的猫。他们还忌三人并排合影，因为中间的人有受制于人之嫌，是不幸的预兆。

二、韩国

（一）礼节习俗

韩国人性格刚强，勤劳勇敢，能歌善舞，民族自尊心很强，组织纪律性强、团结、群体意识强。韩国人普遍注重礼貌礼节，有“礼仪之邦”之称。

在韩国不要捧碗吃饭

韩国人初次见面时，常以交换名片相识。若与长辈握手时，还要以左手轻置于自己的右手之上，躬身相握，以示恭敬。与长辈同坐，要保持姿势端正，挺胸，绝不敢懒散，用餐时不可先于长者动筷。男子见面打招呼，相互行鞠躬礼并握手；但异性见面通常不与他人握手，只行鞠躬礼。

如果应邀去韩国人家里做客，应严格遵守时间，以示对主人的尊重，按习惯还要带一束鲜花或一份小礼物，用双手交给主人。进入室内时，要将鞋子脱掉留在门口，不得光脚进入韩国人家做客，必须穿袜子，否则被视为失礼。韩国人待客热情，一般以咖啡、不含酒精的饮料或大麦茶招待客人，有时还加上适量的糖和淡奶，这些茶点客人必须接受。

在韩国，妇女对男子很尊重，男女双方见面时女子先向男子行鞠躬礼致意问候，男女同坐时，男子位于上座，女子则位于下座。

韩国的节日与我国的传统节日相似，只是时间有区别。端午节也是韩国的儿童节。另外韩国妇女们还流行一种荡秋千的传统习俗。在韩国，每年的6月9日是“洗头节”，此日男女老少都到河边洗头，晚上在家举行洗头宴，高唱洗头歌。

（二）饮食习俗

韩国人的饮食丰富多彩，别有特色。饮食的主要特点是高蛋白、多蔬菜、喜清淡、忌油腻，味觉以凉辣为主。韩国人主食中主要是米饭。有时为了提味，还在米饭中掺入小豆、绿豆、大麦等杂粮。用糯米和小豆做成的“红饭”表示喜庆之意，是喜庆之日常见的主食。

汤类是韩国人每餐必不可少的，酱是韩国各种菜汤的基本作料，牛肉是最常用的汤料，此外还用猪肉、鸡肉、兔肉、山羊肉、野鸡肉等做汤。狗肉凉汤度“三伏”是韩国人的特有习俗，有人称其为“补身汤”。另外，贝类、鱼、海藻也是做汤的常用材料，其中用得最多的是海带和紫菜。

韩国人最富有特色的食品要算是朝鲜泡菜了，泡菜的主料是白菜、萝卜，作料是辣椒、大葱、大蒜，有时还要佐以鱼虾酱加以腌制。朝鲜人爱吃辣和酸味食品，尤以酸辣白菜为最。近年来韩国的烧烤在国内盛行，在我国也开始流行起来。

韩国人喜欢吃中国的川菜。现在，许多韩国年轻人偏爱西餐。

三、泰国

（一）礼节习俗

泰国人很讲礼貌，晚辈对长辈处处表示尊重，泰语中敬语用得很多。在泰国的日常生活中，晚辈人要向尊长行礼时，必须躬身而双手合十。行礼时，双方可互相问候“撒瓦迪”（你好）。行礼之后，可不必再握手，尤其是男女之间。

在泰国人的生活中，佛处于至高无上的地位，无论是上层人物还是平民百姓，遇见僧人时必须行礼，僧人却概不答礼，即使对国王也不例外，僧人如若答礼，则被视为犯法。向王室或高僧行礼时须下跪，甚至儿子出家为僧，父母也跪地送行。从坐着的人身边经过，要略微躬身，以表示礼貌。长者在座，他人应坐地或蹲跪，头的高度不可超过长者，否则是极大的失礼。

主要节日有元旦、宋干节、水灯节、春耕节等，泰国民间在农闲时还有斗鸡的习俗。

（二）饮食习俗

泰国人是不喝热茶的，他们的做法是，在茶里加上冰块，令其成为冻茶。在一般情况下，他们绝对不喝开水，而惯于直接饮用冷水。在喝果汁的时候，他们还有在其中加入少许盐末的偏好。

在口味方面，泰国人喜食辛辣、鲜嫩之物。在用餐时，他们爱往菜肴之中加入辣酱、鱼露或味精。他们最爱吃的食物，当数具有其民族特色的“咖喱饭”。在用餐之后，他们往往喜欢吃上一些水果。中国人所爱吃的海参，泰国人是不吃的。此外，他们一般也不太爱吃香蕉。

在泰国民间，人们用餐时多惯于围绕着低矮的圆桌跪膝而坐，以右手取食物享用。在泰国，人们普遍认为左手不洁，所以绝对不能以其取用食物。而今，有些泰国人用餐时喜欢叉、勺并用，即左手持叉，右手执勺两者并用。

四、新加坡

（一）礼节习俗

新加坡人十分讲究礼貌礼节，很重视“礼貌之道重于行”的准则。他们的礼貌口号是“真诚微笑”，生活信条是“真诚微笑，处世之道”“人人讲礼貌，生活更美好”。新加坡人尤其崇尚尊老敬贤。

新加坡华裔占近80%，因此语言、文字、习俗等方面都保留有中国习俗的气息，如两人见面时要相互作揖等。通常新加坡人见面的礼节是轻轻鞠躬或握手。华裔多信佛教，并有屋内诵经的习惯，诵经时是不允许任何人打扰的。印度血统的人因多数信奉印度教，故仍保留印度的礼节和习俗；而马来血统、巴基斯坦血统的人则按伊斯兰教的礼节待人接物，但因受英国影响，新加坡在很大程度上已经西化，所以又有一些西方待人接物的特点。

到新加坡人家做客，可送一束鲜花或一盒巧克力。新加坡人对吉祥字、吉祥图画等都有特殊的感情，对“喜”“福”“吉”“鱼”字都非常喜欢，认为这些字预兆着吉利。还认为苹果、荷花代表和平；蝙蝠表示幸运；竹表示文明、学习和力量；梅花是新年之花。他们酷爱花草，兰花是他们偏爱的花种。

新加坡华人过春节相当隆重，有守岁、祭祖祀神、放鞭炮、给孩子压岁钱、走亲访友、迎神、演戏、赶庙会、过元宵节等习俗。新加坡人也过端午节、中秋节等，信奉印度教的人过屠龙节。每年的4月17日是新加坡的传统节日——食品节。

（二）饮食习俗

由于新加坡人多为华人，而新加坡华人绝大多数又祖籍为广东、福建、海南和上海等地，因此他们在饮食习惯上与其他“龙的传人”可以说是大多小异，中餐通常是他们的最佳选择。

新加坡华人因为籍贯方面的缘故，口味上喜欢清淡，偏爱甜味，讲究营养，平日爱吃米饭和各种生猛海鲜，对于面食不太喜欢。粤菜、闽菜和上海菜，都很受他们的欢迎。

在设宴款待新加坡人时，务必在安排菜单方面要注意因民族而异。必须谨记，马来人忌食猪肉、狗肉、自死之物和动物的血，不吃贝壳类动物，不饮酒；印度人则绝对不吃牛肉。在用餐时，不论马来人还是印度人都不用刀叉、筷子，而惯于用右手直接抓取食物，但是他们绝对忌用左手取用食物。对其他人的这种做法，他们也绝对难于容忍。

在一般情况下，新加坡人，特别是新加坡华人，大都喜欢饮茶。当客人到来时，新加坡人通常都会以茶相待。每逢春节来临之际，新加坡人经常还会在清茶中加入橄榄之后饮用，并且称之为“元宝茶”。他们认为，喝这种茶，可以令人“财运亨通”。平时，新加坡华人还有经常饮用加入一定配方的中药后制成的补酒的嗜好。鹿茸酒、人参酒，等等，都是他们常饮的杯中之物。

知识链接

新加坡国名的由来

新加坡一词来自梵文，旧译“信诃补罗”。“新加”在梵文中为“狮子”之意，“坡”在梵文中为“城”之意，故新加坡即为狮子城。由于新加坡面积很小，华侨又称其为星洲、星岛，意为国土小如星斗。新加坡是世界第二大海港，是世界著名的“花园城市”。

五、马来西亚

（一）礼节习俗

马来西亚人多信奉伊斯兰教，将伊斯兰教奉为国教。由于地理位置处于热带，马来西亚的穆斯林同阿拉伯的穆斯林在习俗方面有着许多差异，他们在生活方式上拥有较多的自由。如在节日里，青年穆斯林可以自由地跳舞，甚至有时男女间可以通宵达旦地跳舞，有的还趁机谈情说爱。在日常生活中，可以赤脚，室内可以无床，打地铺而睡。

马来西亚人见面时男子常用抚胸鞠躬礼，行此礼时一边深深鞠躬，一边举右手抚于自己胸前，以示真诚敬意。见面时女子常用屈膝鞠躬礼，行此礼时双膝微微弯曲，然后再深深鞠躬，以示崇高敬意。马来西亚人见面时还常用拍手抚唇礼，行此礼时将两手手指并紧，再将手背手面相互轻拍一下，然后用右手贴一下自己的嘴唇或额角，以示亲近。在行以上三种礼时，往往由一方先祝愿说“愿真主保佑您安好”，另一方则回答说“愿您一样安好”。

主要节日除国庆节、元旦外，马来西亚的穆斯林要过两个重要的宗教节日，即开斋节和古尔邦节。

（二）饮食习俗

在马来西亚，以伊斯兰教为国教，因此在饮食习俗上首先必须了解并尊重穆斯林的有关禁忌。通常，马来西亚的穆斯林是绝对不饮酒的，他们喜欢的饮料有椰子水、红茶、咖啡等。在一般情况下，他们也不习惯饮用开水。在宴请中需要干杯时，他们会以茶或其他软饮料来代替酒。

受伊斯兰教教规影响，马来西亚的穆斯林不吃猪肉，不吃自死之物和动物血液，不吃一切未按教规宰杀之物。不使用一切猪制品。由于他们认为狗是一种会带给人们厄运和瘟疫的肮脏动物，乌龟是一种象征“春药”或“色情”的不吉祥的动物，所以都不吃。平时，他们爱吃米饭，喜食牛肉，极爱吃咖喱牛肉饭，并且爱吃具有其民族风味的“沙爹”烤肉串。马来西亚的印度人通常不吃牛肉，但是可以吃羊肉、猪肉和家禽肉。马来人一般十分好客，他们认为：客人在主人家里若不吃不喝，等于不尊敬主人。对此，必须牢记。

在用餐时，马来人多惯于将食物置于放在地上的毯子或席子上，然后环绕其而坐。在坐姿上，他们讲究男女有别：男子通常应当两脚交叉在前，盘腿而坐；女子则须屈膝而坐，只有上年纪之后方可例外。

只有在十分正规的宴请中，马来西亚人才以刀、叉、匙进餐，平常用餐时只用右手抓食食物。由于左手被视为“不洁之手”，因此禁用其取食物或饮料。万不得已须以左手帮助右手之前，应向在场之人表示歉意。以左手向其他人递送食物或饮料，在任何情况下都是不允许的。在一般情况下，马来西亚的印度人也惯于抓食食物，而不使用任何餐具。

在用餐时，马来西亚人很讲究卫生。在用餐前，他们必定先用清水冲手。在餐桌上，则多备有水盂，以供人们用餐时涮洗手指。对湿毛巾擦手部，他们是不习惯的。

六、菲律宾

（一）礼节习俗

菲律宾人在日常交往中，无论男女都行握手礼；在与熟人或老朋友相见时，有的男人之间以拍肩膀示礼；与长辈相见时，要吻长辈的手背，以示对老人的尊重；年轻姑娘见长辈时，则要吻长辈的两侧脸颊为礼；晚辈遇见长辈时，说话前要把头巾摘下放在肩上，深深鞠躬，并称呼长辈为“大爷”。

菲律宾人十分尊重妇女和老人，若有长辈和长者在场，不能将双脚交叉跷起或分开；若有女子在座，男子更要稳重规矩。

菲律宾人热情好客，常把茉莉花串成花环套在宾客的脖子上，以示尊重。

菲律宾人的家庭观念重，谈话时多谈家庭。进菲律宾家庭要脱鞋。

主要节日有元旦、血盟节、独立节。

（二）饮食习俗

在饮食习惯上，仅有少数上层人士平日爱吃西式菜肴，绝大多数的菲律宾人通常还是喜欢具有本国风味的饭菜的。

具体说来，菲律宾人的主食大体上以米饭为主，有些人平常也喜欢吃些玉米饭。就副食而言，肉类、蛋禽、海鲜、蔬菜等，都深受他们的喜爱。在一般情况下，绝大多数菲律宾人是不忌肉食的，然而也有一些人却对此一点儿也不吃。生姜、动物内脏、腥味大的东西、整条的鱼，许多人也不吃。

总体上讲，菲律宾人的口味趋向于清淡。可是，在用餐之时，他们之中的绝大多数人却惯于在菜肴里多放调味品，尤其是那些香辣的调味品。除此之外，他们还喜爱吃鲜嫩一些的菜肴，并且爱吃各种水果。

平日，菲律宾人很爱嚼甘蔗。嚼食槟榔，则更是他们的普遍习俗。在招待客人时，他们也往往要上一些槟榔。除此以外，菲律宾的伊戈罗人平时还喜欢咀嚼烟叶。

在一般情况下，许多菲律宾人习惯用叉和匙并用进食。他们的具体做法，是左手执叉，右手握匙。只有在上流社会里，人们才用刀叉进餐。在广大乡村里，不少人依旧习惯于直接用右手抓食食物。

在宴请活动中，菲律宾人有一些比较特别的讲究。邀请菲律宾人赴宴，务必要多次进行邀请，不然就会被理解为纯属客气，从而遭到婉言谢绝。出席菲律宾人举行的宴请时，在主人第一次敬酒或为自己上菜时，同样也要谦让一下。当主人第二次这样做时，方可接受。另外，还务必要记住，不要抢在主人之前落座。当主人以手示意自己该在何处就座时，才可以从命。

七、英国

（一）礼节习俗

英国人十分注重礼节，讲文明、有礼貌、尊重女性是英世风的重要特点之一。英国男子总是把“女士第一、女士优先”的礼俗当作生活的重要内容。英国人十分注重维护绅士的形象和风度，衣着考究，出席社交活动讲究把服装熨得笔挺整洁，说话办事彬彬有礼。英国人在第一次结交时的见面礼节就是握手问好。在谈话时含蓄、谦虚，幽默中颇有内容。

英国人从不愿意别人干扰他们的个人生活，而对于自己的家庭，一向有着浓重的眷恋之情，常说一句话：“我的家就是我的城堡，风能吹进来，但国王和王后没有我们的邀请则不能进来。”传统习惯是邻里之间一般不往来，邀请别人来家做客的情况一般是不多见的。

在英国，朋友之间讲究送礼，但礼品的数量不能送得过多，档次不能过高，否则就会因有行贿之嫌而产生误会以至于对方不敢或不乐意接受。一般情况下，英国人习惯于在晚上赴宴或观看演出后相互送点高级糖果、巧克力、名酒、鲜花之类的礼品。

英国人时间观念很强，而且照章办事。若请英国人吃饭，必须提前通知。到英国人家去赴宴，不能早到，以防主人还未准备好，导致失礼。

英国人，特别是年长的英国人，喜欢别人称他们的世袭头衔或荣誉头衔，至少要用先生、夫人、阁下等称呼。

除了宗教节日外，英国的主要节日有国庆节、除夕、愚人节等。

（二）饮食习俗

英国人烹调方法以烧、煮、蒸、烙和烤为主，调味很少用酒，调味品大多放在餐桌上，任人自由选择，如醋、芥末、生菜油、番茄沙司、辣酱油、盐、胡椒面等。英国人平时吃西餐以英、法菜为主，讲究口味清淡，菜肴要求量少质精。花样多变。英国人较爱食中国菜，在口味上讲究清淡、酥香而不喜食辣。

讲究的英国人往往每日四餐，即早餐、午餐、茶点和晚餐。他们要求早餐吃得好，早餐时间多为早7时至9时之间，主要食品是麦片粥、火腿蛋、白脱油烤面包和橘子酱，餐后饮红茶。午餐吃得较简单。午餐时间约为中午1时，通常是烤肉、土豆、沙拉和面包，午餐时喝茶，一般不饮酒。晚餐是正餐，是一天中最丰盛、最讲究的一餐。晚餐时间多在晚7时左右，用餐时对服饰、座次、方式都有严格的规定，主要食品为汤、鱼、肉、蔬菜、布丁、黄油、甜食、水果以及各种酒和咖啡，冬天喜欢布丁、浓汤、火腿、新鲜蔬菜、水果等。

英国人举行宴会一般备有两种以上的酒，吃鱼的时候上白葡萄酒，吃肉时上红葡萄酒，如果是规模较大较隆重的宴会，还备有香槟酒。在进餐时喝酒，他们爱喝啤酒、葡萄酒和烈性酒。餐桌上饮食各人自定，不劝酒，更不灌酒，宾主饮多饮少随意，但为礼貌起见，也不时互相举杯说一声“Cheers”。侍者来续酒时，只要将手往杯口一放，侍者即明白不再续酒。英国人认为喝醉酒是失态、无礼之举。

英国人嗜茶，比欧洲的任何一个民族都更喜欢喝茶，正如英国的一支民歌所唱“我最高的愿望，乃是一杯好茶”。对于英国人来说，任何时候都是“喝茶有理”的时间。他们所喝的茶一般以红茶为主，最喜喝中国的“祁门红茶”。他们不喝清茶，而是先在杯中放牛奶，然后冲茶，有的放糖，有时也放玫瑰、薄荷、橘子等。茶壶除了女主人外，谁都不要动。

在斋戒日和星期五，英国人正餐一律吃炸鱼，不食肉，这是因为耶稣的受难日是复活节前的那个星期五。

八、法国

（一）礼节习俗

法国人性格开朗，天性快乐、热情，脾气直爽，喜欢与人交谈，谈吐风趣，处事乐观，喜好高雅的东西，尤其爱好音乐、舞蹈。法国人尚美、爱美，衣着讲究，尤其是女士，最爱打扮，这可以说已闻名世界，同样，法国服装也闻名世界。

在法国，对妇女的尊重与保护是男子的天职与荣耀，处处体现“女士优先”的原则，因此有“殷勤的法国人”之称。人际交往中，见面礼节主要是握手礼、拥抱礼和接吻礼。法国人行接吻礼时规矩很严格，只有夫妇和情侣才真正接吻，而朋友、亲戚和同事之间只能贴脸或颊，长辈对小辈是亲额头。

法国人的时间观念和计划性很强，尤其是在出席宴会和重大活动时，一般都是准时到达，准时开始，准时举行各项活动。

法国人初次见面一般不需要送礼，第二次见面时则应考虑送些礼物，鲜花是很好的礼品，因为法国是一个盛产鲜花的国家，人们爱花成癖。

法国人乐于助人，待人彬彬有礼，平时礼貌语言不离口，稍有不当，即会自然道歉。

法国人很注重在公共场合的形象。在公共场所，不能随便指手画脚、掏鼻孔、剔牙、掏耳朵；男子不能提裤子，女子不能隔着裙子提袜子；男女一起看节目，女子坐在中间，男子则坐在两边。

法国人过年有一种习惯，家中的酒瓶里不能剩酒，否则被认为来年要交厄运，因此他们在除夕晚上一定要将家中的酒喝光，以致许多人喝得酩酊大醉。他们还认为元旦这天的天气可以预兆新的一年的光景。

法国人的节日主要有元旦、国庆节、万灵节、体育节、鸡鸣节等。

（二）饮食习俗

法国的烹调技术在欧洲乃至世界都享有盛誉，法国菜与中国菜系和土耳其菜系被列为世界三大菜系。

法国人早餐一般爱吃面包、黄油，喝牛奶、浓咖啡等；午餐喜欢吃炖鸡、炖牛肉、炖鸡腿、炖鱼等；晚餐很讲究，非常丰盛，多吃猪肉、牛（羊）肉、鱼、虾、海鲜、蜗牛、青蛙腿、家禽，忌食无鳞鱼。除正餐外，真正的法国风味还是人们喜爱的牡蛎、鹅肝、奶酪等食品。

法国人对于饮食的要求是很高的，既要菜肴保持原汁、原味、原色，又讲究菜肴的精巧工艺和合理的营养成分。法国烹调用料讲究而广泛，制作精细，色泽鲜美，装饰不凡，品种繁多。在口味上要求肥嫩、鲜美、浓郁，但不喜欢吃辣；吃的菜肴较生，选择的原料喜好活生鲜，如牛扒、烤牛排等都以带血丝为好；对葱蒜、丁香、香草等异味调料很感兴趣。

法国人很讲究菜和酒的搭配，在烹制菜肴调味时用酒较重并有许多讲究，如清汤用葡萄酒，海味用白兰地，烤火腿、火鸡用香槟酒，水果和甜饼用利口酒和白兰地酒。在吃菜时用酒也很讲究，饭前喝开胃酒，吃海味、冷菜时喝白葡萄酒，吃肉和奶酪时喝红葡萄酒，吃饭结束时喝香槟酒，饭后喝白兰地或咖啡。法国人还特别喜欢喝矿泉水。

法国是名酒白兰地、香槟的故乡，酿酒业闻名世界，法国人也有“饮酒冠军”的美称。法国人还喜好咖啡，在巴黎街头有数不清的咖啡馆。

九、德国

（一）礼节习俗

德国人勤勉，矜持，有朝气，守纪律，好清洁，爱音乐。德国人待人接物严肃拘谨，即使是对亲朋好友、熟人，见面时一般只行握手礼，只有夫妻和情侣见面时才行拥抱、亲吻礼。

德国人很重感情，也非常好客，对于远道而来的客人总是关心备至，态度诚恳坦率。

德国人素以勤劳著称，工作节奏也很快，可以说“平日无闲人”是整个德国重要的社会特色。

德国人不喜欢别人直呼其名，而要称头衔。

请德国人进餐，事前必须安排好。在宴会上，一般男子要坐在妇女和职位高的人的左侧，女士离开和返回餐桌时，男子要站起来以示礼貌。与德国人交谈时，可谈有关德国的事以及个人业余爱好和体育。在谈体育运动项目时，一般可谈如足球之类的运动，不要谈打篮球、垒球和美国式的橄榄球运动。

德国人非常爱清洁，注重仪表，上班必须穿工作服，而下班后工作服是绝不能穿着上街的；观看文艺演出或参加各种正式活动时，男子必须穿礼服，女士必须穿长裙。

被德国人邀请到家中做客，尽管通常是简便的自助餐形式，却是一种特殊的礼遇。被邀者可送一束鲜花给主人，鲜花中可附一张表示谢意的便条。在接受任何款待后的几天之内应送去表示感谢的短柬。

主要节日有元旦、慕尼黑啤酒节、狂欢节。

（二）饮食习俗

德国人是十分讲究饮食的。在一般情况下，德国人的餐桌上主角是肉食。面包、土豆、禽蛋等虽然也受欢迎，但是它们基本上属于配角。

在肉类方面，德国人最爱吃猪肉，其次才能轮到牛肉。以猪肉制成的各种香肠，令德国人百吃不厌。通常，德国人都不太爱吃羊肉。除肝脏之外，其他动物内脏也不为其接受。除北部地区的少数居民之外，德国人大都不爱吃鱼、虾。即使吃鱼的人，在吃鱼时也不准讲话。这是德国的一种独特的民俗，其原因恐怕主要是担心被鱼刺扎伤。

德国人一般胃口较大，喜食油腻之物，所以德国的胖人极多。在口味方面，德国人爱吃冷菜和偏甜、偏酸的菜肴，对于辣和过咸的菜肴则大多不被欣赏。

在饮料方面，德国人最欣赏的是啤酒，啤酒在德国素有“液体面包”之称。饮起啤酒来，他们人人都是海量。此外，也喜欢咖啡、红茶、矿泉水。

十、意大利

（一）礼节习俗

意大利是一个具有巨大创造能力、生机勃勃的民族，意大利人开朗，豪放，热情，质朴，心直口快，感情外露，乐观，浪漫不羁，审美意识和审美观念强，爱好音乐、艺术。

在意大利的商店门口有插葡萄枝的习惯

意大利人热情好客，待人接物彬彬有礼，在正式场合举止端庄，穿着十分讲究，平时也极爱打扮自己，在服饰上喜欢标新立异。意大利人见面时，大多行握手礼，常见朋友之间多招手示意。

意大利人在谈话时热情奔放，面部表情极为丰富，喜怒哀乐溢于言表，而且在谈话时充分运用各种手势以表达和加强自己的意愿。他们的表情和手势与东方人的习惯不尽相同。

意大利人有晚睡晚起的习惯，夜生活丰富多彩。

意大利人在正式场合用姓名全称，人们在见面打招呼时，姓的前面要冠以“先生、女士、小姐”等通称，一般关系的人之间只称呼其姓，家庭成员和亲密朋友之间才直呼其名。

意大利人认为一再邀请吃中饭或晚饭而拒不接受是不合乎礼节的。如果是在家里请客吃饭，客人应该带去葡萄酒、鲜花或巧克力，送花要送单数或是一打。

意大利人喜爱绿、蓝、黄三色，偏爱雏菊，对狗和猫两种动物异常喜爱。

意大利的宗教观念极强，宗教性的节日特别多，有圣诞节、复活节、圣母节、降灵节、耶稣升天日、圣母升天日等。此外，还有国庆节（6月2日）、建城节（4月21日）、狂欢节、情人节（2月14日）等。

（二）饮食习俗

意大利的烹调艺术历史悠久，被誉为“西菜烹调艺术之母”。意大利菜肴的特点是味浓、香、烂，喜欢原汁原味，菜肴要求六七成熟时就吃，一般都直接用物料内在的鲜味调剂，烹调方法上多用炒、煎、炸、烩、焖等。在吃烤小羊、乳猪时，意大利人通常不用刀叉，而用手抓。意大利人吃饭时离不开饮料，早、晚饭比较简单，午饭为一天的正餐，要吃两三个小时，吃完都四五点钟了，饭后要继续工作。

意大利人喜欢吃米饭和面食（通心粉、葱卷等面食是他们发明的）。

意大利的烤牛排是食中之王，其中数佛罗伦萨的烤牛排为最佳。意大利乳制品多，沙拉米香肠世界闻名。意大利人饭后要吃水果，如葡萄、苹果、橄榄等。

在意大利，无论男女几乎没有不喝酒的，在日常生活中，午餐、晚餐必须喝酒，客人来访，必以酒相敬，即使喝咖啡也要掺上一点酒，以调香味。在各种宴会上，每上一道菜都要换一种酒。在较重要的宴会上，意大利人还有开启香槟酒的礼仪，当“砰”的一声，瓶塞弹得很远，香槟酒沫溢出时，宾主视为“吉兆”，纷纷鼓掌相贺。

十一、俄罗斯

（一）礼节习俗

俄罗斯人有坚强的意志，性格开朗豪放，能歌善舞，健谈，组织性、纪律性强，做事情喜欢统一行动；讲礼貌，有修养，见面时总是先问好，再握手致意，而且见面时要称呼对方的名字和父名，光称呼姓是不礼貌的；朋友间行拥抱礼，并亲面颊。

去俄罗斯人家做客，可带上鲜花和烈性酒，送艺术品或图书也很受欢迎，女主人喜欢单数的花，男主人喜欢高茎、艳丽的大花。俄罗斯人对马感情很深，认为马能驱邪，给人带来好运，故喜欢把马头形的木雕钉在屋脊上。俄罗斯人偏爱“7”，认为“7”是成功、美满的预兆。俄罗斯人喜欢红色。

俄罗斯人生活习惯是睡得晚起得早，爱清洁，重视文化教育，热爱艺术。俄罗斯人认为给客人吃面包和盐是他们最殷勤的表示。男人外出活动时十分注重仪表仪容，一定要把胡子刮净，准时赴约。俄罗斯人在社交场合尤其尊重女性。

主要节日有新年、送冬节、奔跑节，宗教节日如圣诞节、洗礼节、谢肉节、清明节、旧历年等。

（二）饮食习俗

俄罗斯人的烹调也比较高明，俄国大菜享誉世界。俄罗斯人饮食口味的特点是比较浓重，油水较足，喜欢酸、甜、咸和微辣，菜汤、黑面包、牛奶要吃酸的，调味品特别注重用酸奶。俄罗斯人的早餐简单，几片黑面包、一杯酸牛奶即可。午餐较讲究，爱吃红烧牛肉，十分喜爱烤羊肉。在午餐和晚餐时一定要喝汤，而且要求汤汁很浓，如肉丸汤、鱼片汤、鸡汁汤等。在凉菜小吃中，俄罗斯人喜欢吃生西红柿、生洋葱、酸黄瓜、酸白菜、酸奶渣、酸奶油拌沙拉等。俄罗斯人爱吃许多中国菜，尤爱吃北京烤鸭，对我国的糖醋鱼、辣子鸡、香酥鸡、烤羊肉等十分欣赏。

俄罗斯人爱喝酒，而且多数酒量很大，尤其喜欢烈性白酒伏特加，对中国的茅台、西凤等烈性酒也颇感兴趣。喜欢喝加糖的红茶，喝茶时一般要就着果酱、蜂蜜、糖果和点心喝。

俄罗斯人很讲究餐桌陈设的艺术性，认为美好的餐台会给人带来愉悦的心情，并有增进人们食欲的作用。

十二、美国

（一）礼节习俗

美国人谈吐幽默诙谐，比较浪漫，为人随和，动作迅速，处事果断，性格开朗，喜欢讲话，自由开放，快活乐观，不拘小节。

美国人在与人接触时讲究文明礼貌，落落大方，没有过多的客套，见面时一般施点头礼、举手注目礼、握手礼、接吻礼或吻手礼。美国人一般不送名片给别人，只是在想保持联系时才送。美国人衣着一般比较随便，年轻人一件T血衫、一条牛仔裤、一双旅游鞋就可以周游世界。

美国人以好客著称，若要登门拜访必须事先打电话约好。在节假日或周末若应邀去美国人家中时，人们往往习惯带点礼物送给女主人，这种礼物可以因人而异。

美国人探病时大多是赠鲜花，有时也赠盆景；送朋友远行时常赠鲜花、点心、水果或书籍杂志等，礼品上也附有名片，祝朋友一路平安。

美国人在日常生活中习惯于晚睡晚起，但时间观念强，很少迟到。从适应气候上看，美国人大多怕热不怕冷。

美国人是很讲“女士优先”的，尤其是在社交场合，女士总是会受到格外的优待。

美国人喜好和善于写信。

美国人过的主要节日除了圣诞节、复活节外，还有感恩节。国庆节或称独立日（7月4日）、母亲节（5月的第二个星期日）和父亲节（6月的第三个星期日），都是经美国总统批准的，为全国重要的节日。植树节（4月22日）为美国农学家莫尔顿所创立；情人节是2月14日。

（二）饮食习俗

美国的烹调技术以煎、炒、炸、烤为主，其菜的特点是生、冷、淡。美国人的口味特点是喜欢咸中带甜的菜肴，喜欢甜食，口味清淡，牛排、羊肉、家禽等吃得很普遍。美国人在饮食上没有什么禁忌，鸡、鸭、鱼、肉、禽蛋、海味和野味都吃，特别喜欢吃火鸡、牛肉、鹅。喜欢吃中国菜，中式餐馆几乎遍布美国所有城市。水果经常是菜肴中不可缺少的配料，如菠萝焖火腿、苹果烤鹅鸭、紫葡萄焖野味等。在蔬菜方面，美国人喜欢吃青豆、菜心、土豆、西红柿、豆苗、刀豆和蘑菇等。在调料上，美国人喜欢在用餐时根据自己的口味选择放盐、胡椒或沙司、辣酱油之类，一般不用生酱油，且没有食醋的习惯。

美国人在饮食中对第一次见到的菜不轻易尝试第一口。他们不喜欢吃肥肉，不愿吃红烧和蒸的食品，忌讳食用各种动物的趾。若是在进餐时嗅到虾酱、臭豆腐等异味很重的味道时，再好的饭菜也吃不下去。

饮料在美国人的生活中占重要地位，一日三餐总要喝一些饮料。他们不喜欢喝茶，爱喝矿泉水或冰水，平时把威士忌、白兰地加水加冰块后当酒和茶喝，不需要另配小吃。美国人喝酒时一般不就菜，有时只是吃点炸土豆片或干果类食品，喝烈性酒时通常掺上苏打水并加满冰块。美国人不论男女老幼对冷饮颇感兴趣，对冰淇淋有着特殊的爱好。

十三、加拿大

（一）礼节习俗

加拿大人衣着、待人接物都比较正统，热情好客，讲究礼貌，遵守时间，喜欢现代艺术，酷爱体育运动，特别是冰雪运动。

加拿大人通常行握手礼，讲究使用礼貌语言；喜欢谈论有关他们的国家和民众好的地方。

到加拿大人家做客或吃晚饭，可带一件不太昂贵的礼物，如鲜花、巧克力或一瓶酒。宴后，打一个电话或寄一张简短的致谢函会令主人感到欣慰。

加拿大人外出旅游时特别注重清洁卫生，很计较服务质量。

加拿大人多为欧洲血统，宗教信仰上又沿袭祖先的崇拜，主要节日有圣诞节、感恩节、国庆日（7月1日）、元旦。

（二）饮食习俗

加拿大人的饮食习惯与英、美、法相似，喜欢吃烤牛排，还喜欢吃猪肉、鸡蛋、蔬菜及水果，口味清淡，喜甜味，喜欢烤、煎、炸、酥脆的食品，一般不用蒜味、酸辣味的调味品。他们对沙丁鱼和野味有特殊的爱好。

加拿大人的早餐和午餐都比较简单，但标准的早餐量大质优。一份典型的加拿大早餐应有一杯饮料、两片烤面包或薄煎饼、一两个煎鸡蛋、几片煎肉和一些水果。午餐多为三明治面包加蔬菜、牛奶、饮料、水果和罐头食品。晚餐通常以汤开始，主菜包括鸡、牛肉、鱼、猪肉等肉类和面食，加上土豆、胡萝卜、豆角等蔬菜，最后上甜点，水果、冰淇淋、果酱饼等交替搭配，上甜点时伴之以牛奶、咖啡和茶等饮料。

加拿大人主要喜爱的酒和饮料是白兰地、香槟酒、啤酒和冰水，尤其是啤酒消耗量最大。加拿大人饭后喝牛奶、咖啡，吃水果；爱喝中国红茶；较爱吃中国的江苏菜、上海菜、山东菜。

十四、澳大利亚

（一）礼节习俗

澳大利亚人办事爽快，说话直截了当，见面喜欢热烈握手，以名相

约人不要在周日

称；喜欢与人交往，待人接物较随便，乐于与陌生人主动聊天；时间观念强，准时赴约，女性较保守，接触时要谨慎；去澳大利亚居民家里做客时可送葡萄酒和鲜花。

澳大利亚的北半部比较热。在达尔文、布里斯班等北部城市，短裤被认为是礼服，当然要系领带，而且还要穿长袜子。在悉尼、堪培拉等南部城市，人们则喜欢打扮，参加晚会时，经常穿无尾礼服、燕尾服，一切都是英国式的风俗习惯。

澳大利亚的主要节日有国庆日（1月26日），纪念首批移民到澳大利亚定居；还有圣诞节（12月25日），因澳大利亚是南半球的国家，当欧美各国一派冰雪时澳大利亚却是盛夏，因此商店橱窗里特意装扮的冰雪及圣诞老人和满街的夏装形成鲜明的对照，成为澳大利亚圣诞节的特色。澳大利亚的墨尔本市每年11月份的第一个星期日都要举行一次跑马大赛，届时，弗莱明顿跑马场观众如潮。

（二）饮食习俗

澳大利亚人平时以英式西餐为主，注重菜肴色彩，讲究新鲜、质高，口味清淡，爱甜酸味，不喜太咸，不喜欢吃辣味。澳大利亚人喜吃新鲜蔬菜、煎蛋、炒蛋、火腿、鱼、虾、牛肉等。对于中餐，澳大利亚人偏爱广东菜。无论吃中餐还是西餐，他们都习惯用很多调味品，在餐桌上由自己调味。

澳大利亚一般是三餐加茶点。早餐主要食品有牛奶、麦片粥、火腿、煎蛋、黄油、面包等；午餐多食快餐，通常食冷肉、冷茶、三明治、汉堡包、热狗等；晚餐是一天中的正餐，食物丰盛，比较讲究。早茶、午茶以咖啡和茶为主，加上饼干、小点心等甜食。

澳大利亚人喜欢喝啤酒、葡萄酒，也喜欢茶和咖啡，喝茶也可和喝咖啡一样加牛奶和糖。

澳大利亚比较有当地特色的食品是澳大利亚烧烤、邓皮饼和皮利茶。当地的名菜是野牛排。

十五、埃及

（一）礼节习俗

埃及人正直、爽朗、宽容、好客，这一特殊的个性通称为“埃及风格”。

埃及人见面介绍时行握手礼，有的见面也行亲吻礼。人们最广泛使用的问候是“祝您平安”，回答则是“也祝您平安”，或是“享受真主的慈悲和吉祥”。

与埃及人接送东西时要用双手或右手，千万不能用左手。

宴席间如果有人为了去祈祷而中途退席，客人要耐心等待。浪费食物，尤其浪费面饼，他们认为是对神的冒渎。

星期五、星期天是伊斯兰教的休息日。在埃及，进入清真寺时要脱鞋，穿超短裙、短裤不得进入。

埃及的主要节日有国庆节、惠风节、开斋节。

（二）饮食习俗

埃及人主食为面饼，副食爱吃豌豆、洋葱、萝卜、茄子、西红柿、卷心菜、南瓜、土豆等，有的加上一些牛肉。

埃及人口味较淡，不喜油腻，爱吃又甜又香的东西，冷菜、带馅的菜、用奶油烧制的菜以及象征“春天”与勃勃生机的生菜均受其欢迎。

不同的宗教节日有不同的宗教食品，如斋月里要吃焖蚕豆和甜点；开斋节要吃鱼干和撒糖的点心；惠风节吃咸鱼、大葱和葱头；宰牲节要吃烤羊肉和油烙面饼。

进餐时，埃及人多用手取食，在正式场合也用刀、叉和勺子。

埃及人喜欢喝红茶和咖啡，有在咖啡摊上进午餐的习惯，常常是买一杯咖啡和几块点心，边吃边喝，别有一番滋味。

任务实施

一、会务接待礼仪规范

（一）会务接待服务礼仪规范

（1）服务员为客人倒水时，应站位合理，手法熟练，操作卫生，倒水量适宜，端放茶杯动作轻巧。

（2）重要会议使用贵宾接待室的，服务员应提供敬茶服务。敬茶时应使用托盘，按照礼仪次序依次服务。端放茶杯动作轻巧。如果茶几较低，服务员应单腿弯曲采用蹲式服务，蹲姿应优雅大方。

（3）服务员应随时留意会场状况，及时回应客人需求。

（4）会场应设专职清洁员负责卫生间的保洁和服务工作。

（5）会场衣帽间应有明显的标志牌，衣架干净完好、数量充足。客人存放衣服时，服务员应礼貌问候，按递物礼仪递接存衣牌，并提醒客人妥善保管贵重物品。拿取客人外衣时，不倒拿，不拖擦。

（6）会议间歇，与会客人到休息区休息时，清洁员应暂停工作，适时回避。遇客问候，随时礼让。

（7）饭店应为客人提供车辆进出登记服务、计时收费服务和车位预留服务。停车场管理员应礼貌问候客人，并用规范的手势引导车辆。

（二）会务接待服务范例

1. 会议预订服务流程与标准

步骤1：问候客人。

步骤2：聆听客人预订要求并推销客房。

（1）礼貌询问客人抵店日期、客房种类、用房数量及住店夜次。

（2）查看计算机终端判断是否能满足客人的预订要求。

（3）视情况主动向客人推介饭店客房产品。

步骤3：确认预订。根据实情准确填写预订单。

步骤4：确定价格。

（1）按照会议团队报出房价。

（2）在规定范围内给予一定的折扣。

（3）将确定的房价填写在预订单上。

步骤5：确定付款方式。

（1）一般采用支票结账。
（2）请客人在抵店前支付饭店一张空白支票。
（3）将付款方式填写在预订单上。
步骤6：请客人在抵店前传真一份客人资料以备分房。
步骤7：询问会议所用会议室的规模、布置等情况。
（1）根据会议性质安排会议室并报费用。
（2）将会场布置的情况确认下来并填在预订单上。
步骤8：询问三餐标准。
（1）确定一日三餐标准并记录。
（2）确定每餐费用并记录。
（3）确定三餐用餐地点并记录。
步骤9：询问客人抵店情况。
（1）询问抵店时间和所乘交通工具。
（2）询问是否需要店外迎接服务。
（3）将情况写在预订单上。
步骤10：询问预订代理人情况。
礼貌询问预订代理人姓名、联系方式。
步骤11：复述预订内容。
（1）抵店时间、交通工具。
（2）房间种类、数量、房价。
（3）预住天数。
（4）会议名称、所用会议室时间、地点及费用。
（5）用餐标准及费用。
（6）付款方式。
（7）接站车型及数量。
（8）代理人情况。
步骤12：礼貌道别。
使用礼貌服务用语与客人道别，同时向客人发出抵店邀请。

2. 会议预订模拟对话（参考）

预订员：您好！
客人：您好！我是中国烟草公司吉林分公司的，我要预订会议团体房间。
预订员：好的，请问您会议的名称、天数、需要房间数？
客人：产品研讨会，4月3日到，住两天。
预订员：请问多少人，需要何种房间？
客人：50人左右，先订25个标准间。
预订员：请您稍等。好的，给您安排25个标准间，您的客人是散进散出，公司付费吗？
客人：对，公司只付房费和餐饮费，杂费由客人自己支付。

预订员：好的，按照我店与贵公司的优惠价协议：每间每晚350元，包括早餐。另外，午、晚餐标准有何要求？

客人：午、晚餐按每人30元的标准，中餐自助。

预订员：好的，会议室给您安排一个小会议厅，使用两天，可以吗？

客人：可以。

预订员：会场布置有其他要求吗？

客人：简单地布置就可以，抵店前我还会来饭店看一下的。

预订员：好的，谢谢您。请问您如何称呼？

客人：李明，明天的明。

预订员：请问您的联系方式？

客人：135××××××××。

预订员：请问付款方式是支票吗？

客人：是的。

预订员：请您做一个付费担保，好吗？

客人：可以，回到公司我会发一份传真给您，你们饭店的传真号还是××××××××吗？

预订员：是的，收到付费担保后我会发一份确认函给您。

客人：好的。

预订员：李先生，您预订4月3日25个标准间，用房两天，每间每晚350元，包括早餐，午、晚餐标准各30元，中餐自助，需要一个小型会议厅，会议是产品研讨会，一般布置，抵店前您会再来本店确定一下，您的客人是散进散出，公司承担房费和餐费，杂费由客人支付，付费方式是支票，同时会给我们发一份付费担保函的，您的电话是135××××××××，对吗？

客人：是的。

预订员：谢谢您，我们将期待您的光临，再见！

客人：再见！

二、前厅服务礼仪规范

活动一　店外迎送客人

（一）店外迎送客人服务礼仪规范

（1）饭店应制作接机、接站标志牌。标志牌应制作规范，符合饭店的形象设计。接站、送站车辆的规格应符合客人事先的要求。

（2）接站人员应提前到达指定地点迎候客人，平稳举拿标志牌，抬头挺胸，站姿端正，微笑着目视出站口。

（3）见到客人应主动问候，应正确称呼客人的姓名或职务，应得体地进行自我介绍。

（4）为客人提拿行李时，应轻拿轻放、保证完好，应尊重客人的意愿提供行李服务。

（5）为客人引路时，接送人员应与客人保持适当的距离，应根据客人的性别、职位、路况和环境等因素选择合适的站位和走位。

（6）接站、送站车辆应按照交通法规的规定合理停放，停靠位置应方便客人上下车。

（7）接送人员应根据不同车辆选择合理的站位，迎送客人上下车。安排座位应符合座次礼仪并照顾客人的意愿。开关车门动作应轻缓，应适时为客人护顶，且护顶时应尊重客人的宗教信仰。

（8）与客人告别时，接送人员应保证客人的行李准确完好，应根据客人的走向随时调整站位，微笑着注视客人，祝客人一路平安。客人走出视线后再转身离开。

（二）店外迎送客人服务范例

1. 店外迎接客人服务流程及标准

步骤1：准备工作。

（1）熟知客情。宾客抵达前一天，向预订处索取“宾客接车通知单”，了解客人的姓名、航班（车次）、到达时间、车辆要求及接待规格等情况。

（2）安排车辆。根据接机预测报告，安排好穿梭巴士或向车队下达出车指令。

（3）备好接机牌。正面写有饭店名称，反面写好客人的姓名，牌子手把的长度在0.5米左右。

（4）关注航次或车次变化。密切注意航次或车次变化，若有延误，随时与管理人员联系，做出适当调整。

步骤2：迎接客人。

（1）举牌等候。提前15分钟到达目的地，站立在显眼位置举牌迎候客人，必要时，向有关客人大声通报饭店名称。

（2）确认客人。根据预抵店客人名单予以确认。

（3）主动问候，介绍身份。机场代表主动向客人问候并介绍自己的身份和工作任务，并且代表饭店欢迎客人的到来。

（4）引领客人。帮客人搬运行李并确认行李件数，挂好行李牌，引领客人前往穿梭巴士。引领过程中向客人适当介绍当地气候等情况。

（5）送客上车。将客人送到开车地点，引导客人上车，协助将行李装上车。

步骤3：礼貌道别。

开车时站在车前的右前方2米左右，微笑着挥手向客人道别。

步骤4：致电礼宾部。

致电礼宾部值班台，告知宾客姓名、所乘车号、离开时间及用房有无变化等信息，以便做好接待准备。

步骤5：填写工作日志。

在接客记录簿上做好记录。

2. 店外迎客服务模拟对话（参考）

机场代表：您好，请问您是道格拉斯博士吗？

客人：是的。

机场代表：我是中国大酒店驻机场代表李军，我代表中国大酒店欢迎您的到来。这边请，我们的班车就停在这边……道格拉斯博士，现在是北京时间下午两点，今天白天的温度在零下12℃至零下6℃，请您注意保暖。

客人：好的。

机场代表：好了，我们的班车到了，我们的司机师傅姓王，他会带您安全抵达，从机场到饭店大概需要40分钟。祝您旅途愉快，再见！

客人：谢谢您，再见！

机场代表：（致电礼宾部值班台）您好，我是驻机场代表李军，从美国来的道格拉斯博士已经乘坐车号为吉A1985的班车离开机场，到酒店大约需要40分钟，请做好接待准备。

活动二 门厅迎送客人

（一）门厅迎送客人服务礼仪规范

（1）门童应选择合理站位，站立端正，随时迎候客人。

（2）车辆驶近饭店大门时，门童应主动迎上前去，用规范的手势引导车辆停靠在方便客人上下车和行李运送的地方。下雨时，应带着雨伞迎候在无雨棚区域下车的宾客。为客人打开车门时，应站在车门一侧为客人护顶、撑伞。

（3）车辆停稳后，门童应按照座次礼仪拉开车门。如果客人乘坐的是出租车，应等客人付账后再拉开车门，微笑着注视客人，亲切地问候客人。

（4）客人上下车时，门童应适时为客人护顶，且护顶时应尊重客人的宗教信仰。

（5）装卸行李时，应轻拿轻放，数量准确，摆放有序，并得到客人的确认。应保证随身行李不离开客人的视线范围。

（二）门厅迎送客人服务范例

1. 门厅迎接客人服务流程及标准

步骤1：站立等候。

身着制服，精神抖擞地站在门口一侧，站姿标准。

步骤2：引导停车。

在客人乘车抵达饭店时，使用规范手势示意（切忌大喊大叫），指挥车辆停到方便客人进饭店的位置，同时不影响交通。

步骤3：开门护顶。

将车门打开70° 左右，右手挡在车门框上沿，为客人护顶（伊斯兰教徒、佛教徒无须护顶），欢迎客人光临。

步骤4：提醒客人。

（1）询问客人是否带有行李物品并礼貌提示客人带好车上随身物品。

（2）为了防止客人将物品遗留在车内，门童记下客人所乘出租车的牌号，并将号码转交客人。

步骤5：提示行李员运送行李。

用手势提示行李员为客人运送行李，如行李员未能及时赶到，将行李从后备箱中拿出、清点。

步骤6：站回原位。

（1）若客人行李较少，在进入大厅前将行李交给行李员，由行李员引领客人到总台。

（2）客人如乘坐出租车，应迅速记下车牌号，站回原位，继续迎候新客人。

2. 门厅迎客服务模拟对话（参考）

门童：（开门护顶）您好！您是从美国来的道格拉斯博士吧？

客人：是的。

门童：道格拉斯博士，欢迎您光临中国大酒店。您的行李在后备箱，对吗？

客人：是的。

门童：（打开后备箱，检验行李完好程度）道格拉斯博士，您的行李一共有三件，对吗？

客人：是的，全在这里了。

门童：（提行李并引路）道格拉斯博士，这边请。因为刚刚下过雨，地面有点滑，请您慢行。

客人：好的，谢谢你。

门童：（示意行李员）道格拉斯博士，行李员会为您带房，希望您在这里居住愉快！

客人：谢谢，再见！

门童：很高兴为您效劳，再见！

活动三 行李服务

（一）行李服务礼仪规范

（1）装卸行李时，应轻拿轻放，数量准确，摆放有序，并得到客人的确认。应保证随身行李不离开客人的视线范围。

（2）引领客人前往接待台进行入住登记时，行李员应用外侧手提拿行李，在客人侧前方行走，时常用规范的手势示意客人前行的方向。

（3）客人办理入住登记手续时，行李员应站在1米以外，站姿端正，注视客人，随时等候为客人服务。

（4）引领客人去客房时，行李员应靠边侧前行，并与客人保持适当的距离。

（5）到达客房后，行李员应按照客人的要求摆放行李。行李的正面应朝上，提手应朝外。应让客人确认行李的数量和完好状态。

（6）离开客房到门口时，行李员应面对客人退出客房，与客人告别，轻轻关上房门。

（7）客人离店需要行李服务时，行李员应准时为客人提拿行李，并将行李整齐摆放在客人指定的地点。

（二）行李服务范例

1. 散客抵店行李服务流程及标准

步骤1：主动迎宾。

行李员见有客人抵达，应主动迎出门外，热情问候客人。

步骤2：卸放行李。

卸下行李后行李员应注意检查行李有无破损，并请客人核对行李件数和完好状况。

步骤3：引领客人至总台。

行李员站在距离客人两三步远的侧前方为客人引领，手势运用符合礼仪服务规范。

步骤4：看管行李、等候客人。

行李员引导客人至前台，把行李放置在离前台4米以外的地方，系好本店行李牌，手背后直立站在行李后方，客人办理完毕入店手续后，行李员从前台服务员手中接过客房钥匙，清晰地将房间号码登记在行李牌上。

步骤5：引领客人至客房。

（1）引导客人至电梯厅，并在途中向客人介绍饭店设施和服务项目，使客人初步了解饭店，然后按叫电梯。

（2）电梯叫到，行李员应请客人先进电梯间，并为客人按下相应楼层示意键，然后将行李提进电梯间，靠边放置在电梯上，继续向客人介绍饭店有关情况，回答客人问询。

（3）电梯到达目的地楼层后，请客人先走出电梯，行李员随后赶上，走在客人之前引领客人进入客房。

步骤6：敲门通报。

饭店的每一名员工，都应养成进房先敲门通报的习惯，待客人允许后，再进入房间。通常，住客房敲门通报三次，空房间敲门通报一次。

步骤7：房间服务。

（1）引导客人到达房间，把行李放在房门外左侧并简短地向客人介绍紧急出口及客人房间在饭店内的位置。

（2）开门之前向客人介绍如何使用钥匙开门。

（3）为客人打开房门，介绍电源开关，并将钥匙插入钥匙孔取电。

（4）请客人首先进入房间，行李员进入后把行李把手朝外摆放在行李架上。

（5）请客人坐下后，行李员应根据宾馆客房设施的具体情况向客人介绍房间的有关设施，并认真回答客人的提问。

①向客人介绍如何使用VOD点播系统。

②向客人介绍电话使用方法，例如如何拨打外线等。

③向客人提醒小酒吧的使用方法。

④在没有夜床服务的饭店，应提示客人地巾的使用。

步骤8：礼貌道别。

服务完毕，行李员应礼貌询问客人是否还有其他要求，若没有，应向客人道别并祝愿客人居住愉快，然后面对客人，后退一步，轻轻将房门带上。

步骤9：填写工作记录。

返回大厅，填写《散客入住行李搬运记录》。

2. 散客抵店行李服务模拟对话（参考）

行李员：您好，欢迎您光临！这边请。

客人：好的。

行李员：（叫梯，请客人先上）道格拉斯博士，您是第一次下榻我们酒店吧？我们饭店是按照国际四星级标准设计建造的，一共有25层，一楼有中餐厅和宴会厅。中餐厅主营粤菜，兼营淮扬菜、川菜、鲁菜及东北风味各式菜肴。二楼西餐厅提供纯正的法式菜肴和西式自助餐。康乐中心在三楼，康乐设施包括室内游泳池、桑拿浴池、保龄球室、健身房、桌球室及棋牌室。好了，道格拉斯博士，16楼到了，请。您的房间在这边（打手势），这边请。

您的房间到了。（敲门通报后用钥匙开门并演示）您在开门时将钥匙对准门锁，门就会自动开启。请进。道格拉斯博士，我把您的行李放在这里，好吗?

客人：好的。

行李员：我来介绍一下，这是我们的中央空调，上面有高、中、低三挡，您可以按需调节。我们的电话是内线电话，如果您想拨打外线，本市电话先拨9，国内长途先拨99，国际长途拨099，再拨您所需要的电话号码。长途电话是电脑计费，最后计入您的个人总账。房内电视共有52个频道，其中45至52频道是我们酒店内部频道，24小时有节目。小冰箱内的酒水、饮料和食品是额外付费的，请您在每次消费后填写《酒水饮料单》，最后计入您的个人总账。卫生间的热水是24小时供应。道格拉斯博士，如果您还有不清楚的问题，请阅读我们的《服务指南》。

客人：好的。

行李员：请问，您还有什么吩咐吗?

客人：没有了。

行李员：道格拉斯博士，希望您在这里居住愉快！

活动四　入住登记

（一）入住登记服务礼仪规范

（1）见到客人应主动问候。获知客人姓名后，应用姓氏或尊称称呼客人。

（2）介绍饭店产品时应实事求是，用恰当的语言，站在客人的角度，为客人提供参考建议。

（3）回答客人询问时，应有问必答，态度和蔼。对不了解的事情，应向客人表示歉意，表现出愿意帮助客人的意愿，并提供后续服务。

（4）对住店客人和非住店客人应一视同仁，对客人的光临应致以真诚的谢意，感谢客人提问，欢迎客人再次光临。

（二）入住登记服务范例

1．已预订散客入住登记流程与标准

步骤1：主动迎宾。

（1）面带微笑，鞠躬施礼，使用饭店规定的服务用语问候，对于常客要使用姓氏或头衔称呼客人。

（2）礼貌询问客人是否预订了房间。

步骤2：确认预订。

询问客人姓名，查找订房记录，与客人核实订房细节有无变更。

步骤3：查验证件。

使用敬语请宾客出示有效证件，与客人本人进行核对无误后，扫描客人的有效证件。

步骤4：入住登记办理。

（1）使用双手或右手递送“散客入住登记表”请客人填写，告知客人需要填写的项目。

（2）在电脑中选出宾客要求的房型。

（3）将房号在房间状况表上标明“OCC”。

（4）制作房间钥匙。

（5）检查有无为宾客代收需要转交的物品。

（6）审核入住登记表填写是否清楚、完整。

（7）向客人介绍所分配房间的情况及饭店相关规定。

步骤5：确认付款方式及预付款。

（1）询问客人付款方式并予以确认。

（2）在登记表上写清房价、结账方式并签名。

（3）按照饭店规定礼貌向客人收取预付款。

步骤6：呈交房卡。

（1）将房卡、钥匙及早餐券等装入信封，递给客人并提醒宾客注意事项。

（2）主动向客人介绍贵重物品保管服务。

步骤7：礼貌道别。

步骤8：信息储存。

（1）填写入住登记表。

（2）在《次日宾客抵店一览表》上做相关记录。

（3）将宾客信息输入计算机系统。

（4）检查信息的准确性并输入客户档案。

2. 已预订散客入住登记办理模拟对话（参考）

接待员：您好。

客人：您好，我在你们酒店预订了房间。

接待员：请问您怎么称呼？

客人：道格拉斯。

接待员：哦，您是从美国来的道格拉斯博士对吗？请稍等……是的，道格拉斯博士，您预订的是从8月2日至8月4日的一间标准间，（打印）这是您的住宿登记表，请您核对后在这里签名（指示并右手递送）。

客人：（检查并签字后）给你。

接待员：谢谢（右手接）。道格拉斯博士，请出示一下您的有效证件。

客人：给你。

接待员：谢谢（查验有效证件）。（右手交还身份证）谢谢。道格拉斯博士，您是用现金结账，对吗？

客人：是的。

接待员：那么请您到这边的收银处预交一下押金，好吗？

客人：好的……（交完押金，返回。呈递押金底联）

接待员：谢谢您，道格拉斯博士，您的房间在16楼，这是您的房卡和钥匙，请您拿好，行李员会为您带房，希望您在这里居住愉快！

活动五　结账服务

（一）结账服务礼仪规范

（1）见到客人应主动问候。获知客人姓名后，应用姓氏或尊称称呼客人。

（2）收费结账时，服务员应耐心细致、准确快捷。用现金结账的，应让客人核实收付金额，保证账目准确。

（3）收银员应将账单、发票装入信封，用双手呈递给客人，请客人确认无误。

（4）结账完毕，收银员应真诚地向客人表示感谢，欢迎客人再次光临，目送客人离开。

（二）结账服务范例

1. 为散客现金结账服务流程与标准

步骤1：迎候宾客。

客人离店要求结账时，主动迎接客人，表示问候。

步骤2：核查宾客账户。

（1）礼貌收回房卡、钥匙，根据房号，通知客房服务中心查房。

（2）查看电脑信息，确认消费金额正确与否。

（3）委婉询问宾客半小时内有无签单和使用客房内消费，如有，先报金额后送账单。

（4）检查宾客有无代付转账记录。

步骤3：结账。

（1）打印电脑账单，并从宾客档案中取出相应已确认的账单交宾客查对。

（2）宾客核对无误，房间没有消费，房内物品完好，即可进行结账。

（3）按预约结算方式结账。核对宾客“预交押金”金额与实际消费金额数，多退少补，退付差额现金时请宾客在“现金支出单”上签字。

步骤4：清结账户。

（1）在电脑上给该宾客做退房。

（2）为宾客提供发票，将发票及明细账一起装入信封交给宾客。

（3）检查是否有该宾客的留言或信件。

步骤5：礼貌道别，感谢宾客光顾。

2. 散客离店结账服务模拟对话（参考）

收银员：您好，是退房吗？

客人：是的。

收银员：请给我您的房卡和钥匙。

客人：给你。

收银员：谢谢。请问您有没有刚刚饮用过房内的酒水饮料或在房内打过长途电话？

客人：没有。

收银员：好的，请稍等。（致电客房服务中心要求查房，并打印制作客人账单）这是您的账单，请您过目。

客人：谢谢。（开始核查账单）

收银员：不用谢。如果核对无误请在账单上签名。您是用现金结账，对吗？

客人：是的。

收银员：您入住时交了2000元押金，住宿期间消费了2236元。请您再支付236元。

客人：给，这是300元。

收银员：（点收）我一共收您人民币300元……这是找您的零钱64元，请收好。

客人：好的。

收银员：这是您的账单和发票，请您收好。

客人：谢谢。

收银员：不用谢，祝您一路顺风。

客人：谢谢，再见。

收银员：这是我应该做的，再见。

活动六　总机服务

（一）总机服务礼仪规范

（1）话务员接打电话时，应使用普通话或相应的外语。发音清晰，语调柔和，语速适中，音量适宜，语言简练，表述准确，耐心倾听。

（2）电话铃响10秒内，话务员应及时接听电话，先问候客人并报饭店名称。

（3）转接电话时，如果无人接听或电话占线，话务员应及时告知来电者，并主动提供留言服务。

（4）转接外线电话时，话务员应保护住店客人的私人信息。

（5）提供叫醒服务时，话务员应保证在预定的时间准时叫醒客人。叫醒的语言应简练，语音甜美柔和。

（二）总机服务范例

1. 转接一般内外线电话流程与标准

步骤1：电话铃响3 声或10秒内接听，用礼貌用语向客人问好。

步骤2：明确电话转接顺序；先外线，后内线，最后是饭店内部电话。

步骤3：转接后无人接听或电话占线应向客人表示歉意，并说明原因，建议客人稍后再打或询问客人是否需要留言。

步骤4：外线要求把电话接到客房时，必须问清受话客人姓名，核对无误后方可接线。

步骤5：对客人提出的要求尽可能满足，不能满足的要说明原因，并向客人表示歉意。

步骤6：来电者要求留言的，要记清被留言客人房间号码、姓名及留言人姓名、留言内容、时间并及时开启房间留言灯。

2. 转接一般内外线电话模拟对话（参考）

接线员：您好，这里是中国大酒店，请问您有何吩咐?

宾客：请帮我接美国来的道格拉斯博士的房间。

接线员：请问他的房间号码?

宾客：哦。对不起，我不知道。

接线员：请等一下，让我看看能否帮您把电话打过去……对不起，道格拉斯博士不在。

宾客：真糟糕，你能告诉我他的分机号吗？这样我可以再打电话给他。

接线员：对不起，没有客人的允许，客人的房间号码是不能向外透露的，我希望您能够理解。您可以给他留言。

宾客：好的，请你告诉他我今晚再打电话给他。

接线员：先生，请问您的姓名？

宾客：迈克尔·哈里特。

接线员：谢谢您，哈里特先生。您会在晚上几点钟再打电话来？

宾客：七点钟左右。

接线员：哈里特先生今晚七点会再打电话给道格拉斯博士，对吧？

宾客：是的，谢谢，再见！

接线员：再见！

活动七　商务中心服务

（一）商务中心服务礼仪规范

商务中心提供打印、复印服务时，应将客人的文件码放整齐，注意文件保密，迅速、准确服务。向客人递送文件时，应微笑着注视客人，用双手递送。

（二）商务中心服务范例

1. 发送传真服务程序与标准

步骤1：迎接客人。

当客人走进商务中心时，微笑并起立向客人致意，如当时正忙，应先停下手中的工作接待客人。

步骤2：核对客人身份。

在电脑上迅速查对客人姓名及房间号。

步骤3：报价。

事先向客人说明传真起算时间及收费标准。

步骤4：确认传真内容。

请客人填写传真内容，仔细检查后向客人复述，客人认可才能发送。

步骤5：发送传真。

步骤6：记账。

把账单号、传真号、发送张数、发送起止时间写在账单和传真登记表上。根据显示的发送时间进行收费，填写账单，请客人签单。

步骤7：交传真原稿。

将客人传真原稿与传真报告单订在一起双手送还客人。如果客人当时不在，则将订在一起的原稿与传真报告单放入信封，并在信封上写明客人姓名、发送张数、发送起止时间、房间号等内容。

2. 发送传真服务模拟对话（参考）

服务员：早上好！请问有何吩咐？

客人：早上好！你能帮我发一份传真吗？

服务员：好的，先生，请问您要发往何处？

客人：纽约。

服务员：请告诉我传真号码。

客人：212456-3663。

服务员：好的，我知道了。

客人：顺便问一下，我付现金还是签单？

服务员：您在本店下榻吗？

客人：是的，908房间。我的名字是道格拉斯。传真收费是多少？

服务员：和打到美国去的长途话费一样，每分钟18元人民币，3分钟起算。纸张费每张6元。加上15%的服务费，一共是69元人民币。请您稍等，您的传真已经发送成功，请您签单。

客人：好的。

服务员：谢谢您，再见！

客人：再见！

三、客房服务礼仪规范

活动一　进房清洁保养

（一）进入客房及清洁客房服务礼仪规范

（1）饭店的每一名员工，都应养成进房先敲门通报的习惯，待客人允许后，再进入房间。通常，住客房敲门通报三次，空房间敲门通报一次。

（2）如果有客人回应，应说："您好，我是客房服务员，请问我现在可以为您整理房间吗？"经客人允许后方可进入房间。

（3）遇到挂有"请勿打扰"牌子的房间，应先打扫别的房间卫生，尽量不要打扰客人，但应做好记录，过段时间再过来看看，要注意有无异常情况，按照酒店规定做出相应的反应。

（4）清洁客房时，服务人员在工作过程中应始终坚持与客方便的原则，打扫工作应选择在客人外出时进行，并尊重客人的住宿习惯。

（5）进入房内作业时，按照进房规范开门进房，客房暂时无人时，应用工作车将房门全部挡住，开口向着房内；如客人在客房时，应将工作车停放在挡住房门1/3靠墙处，这样既便于观察工作车上的物品，又不会使住店客人出入房间遇到障碍。作业过程中必须将房门打开，直至客房清扫完毕。

（6）打扫卫生时保持安静，做到"说话轻、走路轻、操作轻"，不要影响到客人，并严格按操作标准提供迅速、快捷的服务。

（7）打扫卫生时，不可使用客房设施设备或客人物品。不可乱动、乱扔客人的物品。不翻看客人的文件，需要移动的东西，打扫后要物归原处。

（8）整理完毕，如客人在房间，礼貌地和客人道别，轻轻关上房门后离开。

（二）进入客房服务范例

1. 住客房进房服务流程与标准

步骤1：观察。

（1）客房门外各部位的清洁程度。

（2）有无破损等异常情况。

（3）是否显示"勿扰"指示灯或门上挂有"勿扰"牌。

步骤2：第一次敲门通报。

（1）站在离房门40厘米远的居中位置。

（2）食指或中指第二指关节轻敲门三下。

（3）通报“客房服务员”。

步骤3：等候。

（1）站在门前40厘米远的居中位置。

（2）仪态自然大方，面带微笑，眼望窥视镜。

步骤4：第二次敲门通报。

（1）与第一次敲门间隔5秒。

（2）操作规范同第一次敲门通报方法相同。

（3）适当提高敲门通报的声音。

步骤5：第二次等候。

与第一次等候相同，以便给客人充分的时间。

步骤6：开锁。

（1）操作时，身体与门保持30厘米。

（2）手持磁卡，对准钥匙孔，停留约1秒，门锁显示绿灯亮方可向下转动门把手。

步骤7：开门。

（1）开左边门用左手，开右边门用右手。

（2）将房门轻轻推开至45°。

步骤8：再次敲门通报。

（1）房门打开45°后再次敲门通报。

（2）通报自己的身份。

（3）注意观察室内情况。

步骤9：进入房间。

（1）将房门推开靠定。

（2）钥匙牌插入取电孔取电。

（3）房门全部敞开，直至服务完毕。

2. 住客房进房服务模拟对话（参考）

服务员：客房服务员，我能进来吗？

客人：请进。

服务员：晚安，我现在能做夜床吗？

客人：做夜床是什么意思？

服务员：做夜床就是我们将为您开床，折好棉被，另外，我还会为您拉上窗帘，打开夜灯及床头灯，对卫生间和卧室进行小整理。

客人：哦，我明白了，但是我现在有一些朋友要来。你能在两个小时以后再来做夜床服务吗？

服务员：好的，请按下床头柜面板上的“请勿打扰”键，只要您不关掉指示灯，没有人会来打扰。如果您还有什么需要，请随时吩咐。

客人：谢谢你。

服务员：不客气，希望您晚上过得愉快。

活动二　客房其他对客服务

（一）客房其他对客服务礼仪规范

（1）饭店应按客人要求和相关程序提供擦皮鞋服务，遵守承诺，按时送还。

（2）客人需要洗涤或熨烫衣服时，客房服务员应及时收取客衣，并按时送还，按规定将洗好或熨烫好的衣物挂放整齐。

（3）客人租借用品时，饭店应热情受理。服务员应向客人礼貌说明相关租借规定。如果无法提供租借用品，应主动提供建议，尽量帮助客人解决问题。

（4）提供房内免费饮品服务时，应尊重客人的需求和偏好，按时将有免费标志的饮品送至客房。

（二）客房其他对客服务范例——洗衣服务

1. 洗衣服务流程与标准

步骤1：收取客衣。

（1）房内均配有洗衣袋及洗衣单，洗衣单分为干洗衣/净熨衣单和湿洗衣单。

（2）客人要洗衣物时，通常电话通知或将要洗的衣物装入洗衣袋内挂在门锁上，客衣服务员发现后及时收取；客房服务员每天规定时间进房检查客房时，留意房内有无客人要洗的衣物袋，如有，应及时收取。

步骤2：送洗客衣。

（1）认真核对。登记客衣前，按照客人填写的洗衣单上的各种衣物认真分类、清点、核实，认真核对衣物名称、件数，确保准确无误。

（2）认真检查。清点客衣时，将衣服倒出，对照洗衣单上的内容进行清点，清点时要注明衣物的颜色等明显特征及件数。

（3）认真登记。登记客衣时，要把房号、件数、客人对洗衣服务的要求等填写清楚、准确。

步骤3：分送客衣。

（1）接收客衣。

①认真清点当日洗衣房送交洗好的客衣的总份数、件数是否准确。

②检查客衣账单上的房号是否是本楼层的。

③客房服务员在签收时，要注意洗衣单上的数量与客衣总份数是否一致。

④发现客衣短缺、损坏，应当面向洗衣房人员提出，商定处理方案。

⑤洗好的客衣包装不符合要求，要向洗衣部人员提出，予以改装。

⑥烫好的客衣要挂在衣架上，不要折叠摆放。

⑦检查衣服的各种装饰是否齐全。

（2）分送客衣返客房。

①18：00点前客衣送至客人房间，快洗4小时内送还。

②按楼层房号，准确无误地送还客衣。

③对于“请勿打扰”及双锁房的客人，客衣服务员不可打扰，要把客衣交给客房服务中心服务员，并从门下放入“衣服已洗好”的说明卡，注意记下客人房号。

④送衣车内客衣包按楼层和房号顺序摆放整齐，不超载。将挂件有序地挂到车上。

⑤按房号把客衣送入房间，需用衣架挂起的衣服放进壁橱里，装包客衣放在桌上或床上，再次核对送进的衣物是否与房号相符，以及件数是否正确。

⑥若客人在房间主动问候客人并说明来意，向客人讲明件数、金额并请客人当面检查质量、核对数量，礼貌地与客人道别。

⑦填写《客衣送衣记录表》。

2. 洗衣服务模拟对话（参考）

收取客衣

客衣服务员：我能进来吗？道格拉斯博士。

客人：请进。

客衣服务员：谢谢。道格拉斯博士，您有要洗的衣服吗？

客人：是的，我的衬衫有点脏，但我找不到放脏衣服的袋子。

客衣服务员：洗衣袋在梳妆台抽屉里。

客人：哦，我找到了。衣服给你。

客衣服务员：洗衣服务分为干洗、水洗和熨烫，请问您想要怎样洗呢？

客人：水洗，请将领口和袖口上浆，但不要过硬。

客衣服务员：好的，请您填一下这张洗衣单。

客人：好的，请问洗好的衣服何时送回呢？我要穿它参加今天的晚宴。

客衣服务员：没有问题，我们提供的是当日可取得洗衣服务。我立即把它送洗衣房，请问您还有什么吩咐吗？

客人：没有了，谢谢你。

客衣服务员：没有关系，很高兴为您效劳。

送还客衣

客衣服务员：下午好，道格拉斯博士，您的衣服已经洗好了，请您检查一下。

客人：好的，让我看看。哦，洗得不错，领口和袖口整得也不错，很好，谢谢你！

客衣服务员：不用客气，这是我们应该做的。道格拉斯博士，这是您的洗衣账单，请您核对后在这里签名。

客人：好的。

客衣服务员：谢谢您，我把您的衣服挂到壁柜里好吗？

客人：好啊。

客衣服务员：打扰您了，道格拉斯博士，希望您在这里过得愉快，再见！

客人：再见！

四、餐饮服务礼仪规范

活动一　餐前服务

（一）餐前服务礼仪规范

（1）客人到餐厅用餐，领位员应根据不同客人的就餐需求安排合适的就餐座位并祝客人用餐愉快。引领入座应一步到位，手势规范，走位合理，步幅适度。

（2）餐厅应备足酒单、菜单，保证其整洁完好。领位员应选择合理的站位，目视客人，用双手呈递酒单、菜单。服务的次序应符合中西餐就餐程序。

（3）客人入座后，餐厅服务员应选择合理的站位，按次序为客人铺放口布。铺放动作应轻巧熟练，方便客人就餐。

（4）向客人推荐菜品时，应使用规范的手势，尊重客人的饮食习惯，适度介绍酒水。

（5）书写菜肴订单时，服务员应站立端正，将订单放在手中书写。下单前，应向客人重复所点菜品名称，并询问客人有无忌口的食品，有些西式菜品还应征求客人对生、熟程度的要求。

（二）餐前服务范例

1. 餐前服务流程与标准

步骤1：迎接客人。

客人来到餐厅时，引位员应面带微笑主动上前问好。

步骤2：引位。

（1）如客人已预订，引位员应热情地引领客人入座。

（2）如客人没有预订，引位员则礼貌地将客人安排到满意的餐台。

（3）引领客人时，应走在客人右前方1米处，且不时回头，把握好客人与自己的距离。

步骤3：拉椅让座。

（1）当引位员把客人带到餐台边时，服务员应主动上前问好并协助为客人拉椅让座，注意女士优先。

（2）站在椅背的正后方，双手握住椅背的两侧，后退半步的同时，将椅子拉后半步；用右手做请的手势，示意客人入座。

（3）在客人即将坐下的时候，双手扶住椅背的两侧，用右腿顶住椅背，手脚配合将椅子轻轻往前送，使客人不用自己挪动椅子并能恰到好处地入座。

（4）拉椅、送椅的动作要迅速、敏捷、力度要适中、适度。

步骤4：送上菜单。

（1）引位员在开餐前应认真检查菜单，保证菜单干净整洁，无破损。

（2）按引领客人人数、拿取相应数量的菜单。

（3）当客人入座后，打开菜单的第一页，站在客人的右后侧，按先宾后主，女士优先的原则，依次将菜单送至客人的手中。

步骤5：记录。

在协助服务员完成上述服务后，引位员回到迎宾岗位，将客人人数、到达时间、台号等迅速记录在迎宾记录本上。

2. 餐前引位模拟对话（参考）

引位员：晚上好，先生。请问您几位？

客人：4位。

引位员：先生，请问您喜欢坐在什么样的位置？

客人：我希望坐在靠里边一点的位置。

引位员：十分抱歉，先生，里边座位客人已满，给您安排在一个靠窗的位置好吗？那里可以观赏美丽的夜景。

客人：好的。观赏夜景也是就餐的一大乐趣。

引位员：谢谢，请跟我来。（引领客人走到座位旁）

引位员：先生，您认为这个位置怎么样？环境既幽雅，夜色也很迷人。

客人：可以。

引位员：（给客人拉椅子）您请坐。（介绍服务员）这是服务员小邵，今晚将由她来为您以及您的朋友们服务。祝您用餐愉快！

活动二　餐间服务

（一）餐间服务礼仪规范

（1）厨房出菜后，餐厅应及时上菜。传菜时应使用托盘。托盘干净完好，端送平稳。传菜员行走轻盈，步速适当，遇客礼让。

（2）西餐的上菜速度应与客人的用餐速度相适宜。热菜和冷菜应分别放入经过加热或冷却处理的餐盘中。

（3）值台服务员应根据餐桌、餐位的实际状况，合理确定上菜口。上菜时，应用双手端平放稳。跟配小菜和作料的，应与主菜一并上齐。报菜名时应吐字清晰、音量适中。

（4）摆放菜肴应实用美观，并尊重客人的选择和饮食习惯。

（5）所有菜肴上齐后，应告知客人菜已上齐，并请客人慢用。

（6）需要分菜时，服务员应选择合理的站位，手法熟练，操作卫生，分派均匀。

（7）服务员应以尽量少打扰客人就餐为原则，选择适当的时机撤盘。撤盘时，应遵循饭店相关工作程序，动作轻巧，规范到位。

（8）为客人提供小毛巾服务前，应对毛巾进行消毒，保证毛巾温度、湿度适宜，无异味。服务员应随时巡台，及时撤下客人用过的毛巾。

（9）客人抽烟时，服务员应用饭店配备的专用器具及时为客人提供点烟服务。划燃火柴和熄灭火柴应远离客人。如果用打火机点烟，应事先调好火苗的大小。

（10）服务员应根据实际情况，以不打扰客人为原则，为抽烟客人适时更换烟灰缸。服务时，应使用托盘，先征询客人意见，得到许可后再服务。

（11）餐厅服务员应随时观察客人用餐情况，适时更换骨碟。更换骨碟时，应使用托盘，先征询客人意见，得到许可后再服务。操作手法应干净卫生，撤换线路和新骨碟的摆放位置应方便客人用餐。

（二）餐间服务范例

1. 点菜和点酒水服务流程与标准

步骤1：问候客人。

（1）礼貌问候客人。比如：“晚上好，先生。很高兴为您服务。”

（2）介绍自己。比如：“我是服务员小李。”

（3）征询客人是否可以点菜。比如：“现在可以为您点菜吗？”

步骤2：介绍、推销菜肴和酒水。

（1）根据客人的消费需求和消费心理，向客人推销、推荐餐厅的时令菜、特色菜、畅销菜、高档菜。

（2）介绍菜肴、酒水时要做适当的描述和解释。

（3）必要时对客人所点的菜量、数量和食品搭配提出合理化建议。

（4）注意礼貌用语的使用，尽量使用选择性、建议性语言，不可强迫客人接受。

步骤3：填写点菜单。

（1）为客人点菜时，要站在客人的右后侧，身体略向前倾，认真倾听客人的叙述。

（2）回答客人问询时要音量适中、语气亲切。

（3）注意身体姿势，不可将点菜单放在餐桌上填写。

（4）熟悉菜单，对于客人所点菜肴、酒水要做到了如指掌。

步骤4：确认。

（1）点完菜后，要向客人复述一遍所点菜肴、酒水及特殊要求，并请客人确认。

（2）感谢客人，告知客人大约等待的时间。

（3）同客人告别。

步骤5：下单。

（1）填写点菜单要准确、迅速、清楚、工整。

（2）填写内容齐全、不同种类要分开填写。

（3）及时分别送交厨房（吧台）、收银处、传菜部。

2. 点菜和点酒水服务模拟对话（参考）

服务员：（客人就座后服务员上前询问）晚上好，孙先生。很高兴为您服务，我是服务员赵丽。请问，现在可以点菜吗？

客人：能为我们介绍一下你们这里的特色菜吗？

服务员：当然可以。我们这里菜肴品种繁多，主要以川菜和苏菜为主。

客人：可以为我介绍一下它们的特点吗？

服务员：好的，川菜主要以清鲜醇浓，麻辣辛香为特色，在我国菜系中口味儿较浓厚；苏菜的特点以水鲜为主，其味道清鲜醇和、甜咸适中、适应面广。

客人：哦！夏季气温炎热，我想苏菜更适合我们的口味。

服务员：好的，请您先看一下菜单，选择您喜欢的菜肴可以吗？（右手把菜单递向客人）

客人：（客人接过菜单）好的，谢谢。

服务员：没关系，能为您服务我感到很高兴。

活动三　餐后结账服务

（一）餐后结账服务礼仪规范

（1）服务员应随时留意客人的用餐情况，客人示意结账时，应及时提供服务。账单应正确无误，呈递动作标准、规范。

（2）客人付账时，服务员应与客人保持一定距离，客人准备好钱款后再上前收取。收取现金时应当面点验。结账完毕，服务员应向客人致谢，欢迎客人再次光临。

（3）结账后客人继续交谈的，服务员应继续提供相关服务。

（二）餐后结账服务范例

1. 信用卡结账服务流程与标准

步骤1：递交账单。

服务员到收款台告诉收款员台号，并核查账单台号、人数、食品及饮品消费额是否准确无误，将账单取回夹在账单夹内，走到主人右侧，打开账单夹，正面朝向客人，右手持账夹上端、左手轻托账夹下端，递至主人面前，请主人检查，注意不要让其他客人看到账单，并对主人说："这儿是您的账单。"

步骤2：客人使用信用卡结账，服务员请客人稍候，并将信用卡和账单送回收款员处。

步骤3：收款员做好信用卡收据，服务员检查无误后，将收据、账单及信用卡夹在结账夹内，拿回餐厅。

步骤4：将账单、收据送给客人，请客人在账单和信用卡收据上签字，并检查签字是否与信用卡上一致。

步骤5：将账单第一页、信用卡收据中客人存根页及信用卡递交给客人。

步骤6：真诚感谢客人。

步骤7：将账单第二联及信用卡收据另外三页送回收银处。

2. 信用卡结账服务模拟对话（参考）

客人：服务员，请结账。

服务员：先生，请您稍等（取来账单，并用右手递给客人）。

服务员：先生，让您久等了，您消费了1276元。

客人：都包括什么？有服务费吗？

服务员：其中包括了酒水和食品。我们是不收取服务费的。您消费的酒水为513元，食品为763元，加起来总金额为1276元。

客人：明白了。

服务员：您用现金还是信用卡结账？或者您也可以把消费记录住宿的总账上。

客人：用信用卡结账吧。

服务员：先生，麻烦您请在这里签个字。（客人签下了自己的名字）

服务员：（核对后）谢谢。请您把自己的房间号也填写在上面。

服务员：（客人填好后）谢谢，很高兴为您服务，我们将期待您的下次光临。

学习评价

一、基础知识测试

（一）填空题

1.（　　）在德国素有"液体面包"之称。

2. 在饮食方面，日本菜可以说是自成一体，世人一般称之为（　　）或（　　）。

3. 在韩国，每年的6月9日是（　　）。

4.（　　）与中国菜系和土耳其菜系被列为世界三大菜系。

5. 在口味方面，泰国人喜食（ ）、鲜嫩之物。

（二）单项选择题

1. 被誉为“西菜烹调艺术之母”的国家是（ ）。

A. 德国　B. 英国　C. 意大利　D. 法国

2. 以下不属于菲律宾的节日的有（ ）。

A. 元旦　B. 血盟节　C. 独立节　D. 食品节

3. 有“饮酒冠军”美称的国家是（ ）。

A. 法国　B. 英国　C. 加拿大　D. 美国

4. 加拿大人酷爱体育运动，特别是（ ）。

A. 冰雪运动　B. 水上运动　C. 田径运动　D. 球类运动

5. 每年的4月17日是新加坡的（ ）。

A. 食品节　B. 屠龙节　C. 庙会节　D. 祭祀节

（三）判断题

1. 英国男子总是把“女士第一、女士优先”的礼俗当作生活的重要内容。（ ）

2. 由于新加坡人多为华人，而新加坡华人绝大多数又祖籍为广东、福建、海南和上海等地，因此中餐通常是他们的最佳选择。（ ）

3. 通常，马来西亚的穆斯林是绝对不饮酒的，他们喜欢的饮料有椰子水、红茶、咖啡等。（ ）

4. 英国素称“咖啡王国”，是世界上最大的咖啡消费国之一，喝咖啡也就成了人们的习惯。（ ）

5. 韩国男子见面打招呼，相互行鞠躬礼并握手；但异性见面通常不与他人握手，只行鞠躬礼。（ ）

二、能力训练

（一）个人能力训练

案例分析一

住在某饭店1306房的Matthew先生入住已有两天，每天早出晚归，房间的衣服总是扔得到处都是。服务员小袁打扫卫生时都会不厌其烦地帮他把衣服整理好，放在衣柜内。同时，小袁也发现了一个奇怪的现象：房间里的茶杯每天都原封不动地搁在那儿，难道他不喝水？

第三天上午，Matthew的一个朋友来拜访他，小袁想他的朋友可能和他一样不喜欢喝袋装茶叶，于是抱着试试看的心理用散装茶叶为他们泡了两杯茶送进了房间。过了不久，小袁看见客人和朋友出去了。为了弄个明白，她马上进房去查看，发现两个茶杯都空空如也，原来他们爱喝散装茶叶。于是，小袁高兴地在常客卡上记录下了一条，又为他泡了一杯茶，用生疏的英语给客人留了言：“It’s the tea for you! Wish you like it!”下午，Matthew和他的朋友大汗淋漓的从电梯里面出来，手里抱着一个篮球，老远就冲小袁打招呼，示意她把篮球放进布草房。小袁接过球一看，黑乎乎的。“这么脏，还是洗一下吧。”小袁自言自语道。

于是，小袁便将球拿到消毒间用刷子刷干净了。第二天下午，客人又出去打球。他从小袁手中接过干净如新的篮球时，竖起了大拇指。

问题：

请谈一谈该案例给你哪些启示？

案例分析二

迟到5分钟后

中国一家大型国有企业，为了避免濒临破产的局面，想寻找一家资金雄厚的外资企业做合作伙伴。经过多方努力，这家企业终于找到了自己的“意中人”——一家具有国际声望的德国公司。经过双方长时间的谈判，终于可以草拟合约了。在签字仪式那天，德方代表提前5分钟到场，而中方企业的代表到达签字地点的时间比双方正式约定的时间晚了5分钟。当中方代表要求德方代表在合约上签字时，德方代表拒绝签字，并对中方代表说：“我们绝不会跟没有时间观念的人做生意伙伴。”

问题：

你能帮助他们分析一下签约失败的原因吗？在日后的接待工作中我们应该注意哪些问题？

（二）团队能力训练

1. 设定背景

以学习团队为单位，为一个虚构的酒店设定背景。

2. 建立场景

根据酒店接待服务工作任务，教师给学生设定服务情境：

（1）上海经济高峰论坛会议即将召开，此前，会议主办方王小姐与某酒店就会议预订相关事宜到酒店进行面谈，作为会议服务经理，请引领王小姐参观会议室并完成会议室、客房、餐饮的预订工作。

（2）穆罕默德先生是一位来自于埃及的商务散客，信仰伊斯兰教，他事前在酒店预订了一间商务房，房价为每晚人民币880元，进行客房预订时他要求酒店提供接机服务，要求保密身份。不抽烟。请你完成对穆罕默德先生的店外迎送、门厅迎送、行李运送、入住登记、访客查询、复印文件、退房结账等一系列前厅服务。

（3）素万那普小姐是一位来自于泰国的客人，某日，她与朋友一行6人来到酒店的中餐厅用餐，不会使用筷子，请你完成为客人引位、端茶送巾、点菜、席间服务、就餐结账的一系列服务。

（4）史密斯博士是来自于美国的一位访问学者，是酒店的长住客人，需要衣物清洗服务，如果你是一位客衣服务员，请完成下面两项工作：

①去史密斯博士的房间收取他要洗的衣物。

②清洗完毕将衣物送回到史密斯博士的房间。

③编写剧本。

学生根据教师给定的服务情境，以教材和参考资料以及教师的模拟操作为参照，编写模拟对话，要能够将对客服务礼仪规范融入其中。

④实践。

每一个学习团队在班级表演他们的服务场景。专门负责记录的人员应该使用记录卡记下他们所观察到的情景。

学习任务3 外事活动接待礼仪

任务布置

2018年习近平主席访问葡萄牙里斯本的机场欢迎仪式程序

（1）专机停稳后，习近平主席和夫人步出舱门，葡萄牙外长席尔瓦等政府高级官员在舷梯旁热情迎接，中国驻葡萄牙大使也到机场迎接。

（2）礼宾分列红地毯两侧。

（3）葡萄牙外长在舷梯旁迎接习近平主席与夫人并握手。

（4）葡萄牙外长陪同习主席沿红地毯行进。

（5）葡萄牙外长分别介绍到场迎接政府官员，并分别与习近平主席和夫人热情握手。

（6）习近平主席和夫人乘车抵达帝国广场时，西班牙总统德索萨上前热情迎接。

（7）两国元首登上检阅台。军乐队奏中国、葡萄牙两国国歌，同时鸣21响礼炮。

（8）在德索萨总统陪同下，习近平主席检阅仪仗队，随后前往观礼台观看分列式。

（9）广场外，簇拥的人群挥舞着中国国旗，高声呼喊热烈欢迎习近平主席。

（10）欢迎仪式结束后，习近平主席向葡萄牙历史上最伟大的诗人、民族英雄卡蒙斯墓献花环。

（11）在前往总统府途中，葡萄牙国民卫队骑兵仪仗队随行护送。抵达时，德索萨在停车处再次迎接，礼兵在沿途两侧列队，小号手吹号致敬。

（12）习近平主席与葡方陪同人员握手，德索萨总统与中方陪同人员握手。

思考题：

以学习团队为单位，结合所给案例归纳国宾欢迎仪式的一般程序有哪些？

相关知识

一、外事工作的礼仪与原则

（一）外事工作礼仪及其特点

外事工作主要是根据本国的对外方针政策，组织安排对外交往的有关活动。所谓外事工作礼仪，就是指在对外交往中所涉及的礼仪活动、各种礼节、仪式的规范化做法。在我国改革开放国策实施以来，来华进行经贸洽谈、文化交流、观光游览的来宾及各地华人华侨、港澳台同胞不断增多，外事礼仪也就日显重要。一方面，涉外人员必须掌握外事礼仪常识，遵守涉外工作准则和外事纪律，对外宾既要彬彬有礼，又要维护国家尊严；另一方面，要把握外事礼仪的特点。外事礼仪具有较高的政治性，礼宾工作要为我国的对外政策和国家利益服务；外事礼仪具有固定性与变通性，国际交往中的许多礼宾活动都有固定的仪式、礼节和国际惯例，同时各国又都有各自的风俗习惯、礼仪礼节，如遇到特殊情况，可作相应的变通和灵活的处理。

（二）外事工作的基本原则

1. 国家之间一律平等的原则

外事工作是我国对外政策的具体推行与实践体现，我国的外交政策强调国家不分大小、强弱、穷富等，相互之间是一律平等的交往关系。因而，任何单位、任何部门、任何个人在外事交往活动中必须贯彻平等原则，要热情友好，落落大方，彼此尊重，不卑不亢，坚决反对大国主义。

2. 尊重国格、尊重人格的原则

在涉外交往中既要维护本国的利益、尊严，又要尊重他国的利益和尊严，国家不分贫富大小，人不分种族信仰，不分民族、宗教、风俗习惯，一律平等以礼相待，不能厚此薄彼，不能做任何有损国体、有辱国格的事。而且，在与外宾交往中，既要坦诚、谦恭、热情、周到，又不能低声下气、卑躬屈膝、失去自我，要自尊自爱。

3. 遵守外事纪律的原则

在外事接待工作中要坚持维护国家主权和民族尊严，自觉遵守外事纪律，不得失密泄密；不利用工作之便营私牟利、索要礼品；不背着组织与外国机构及个人私自交往；不私自主张或答应外国客人提出的不合理要求；参加外事活动，要严格按规章制度办事。

4. 注重礼仪与礼节要求的原则

我国对外政策也要求交际礼仪与之相适应，做到礼仪周到而不烦琐，热情接待而不铺张，活动内容丰富而不累赘。接待外宾的人员应仪容整洁，仪表大方，表情亲切自然，熟悉各国各民族的风俗习惯，陪同外宾时要注意自己的身份和所站的位置，言行举止要符合礼仪要求，坐立姿势应端庄，对外宾的穿着不评头论足，以使来宾具有“宾至如归”之感。

（三）外事礼仪的总体要求

1. 友好相处，互惠互利

对外交往要以宽阔的胸怀和精神相处，双方在互利互惠的原则下进行相互合作与交流，即使由于条件所限而难以达成互利协议之时，也不应采取欺诈、强制手段来谋取自身的利益。

2. 遵守时间，不得失约

这是国际交往中非常重要的礼貌。参加各种外事活动，都要按时抵达。过早抵达，会使主人因准备未毕而难堪，过迟到达，会使主人与客人空等过久而失礼。如确因故迟到时，应诚恳向主人和客人致歉并说明原因。万一因故不能应邀赴约，要礼貌地告知主人，并表示歉意。

3. 尊重老人与妇女

尊重老人与妇女，既是我国的传统美德，也是涉外交往中的必备品质。在上下楼，进出电梯、车辆时，都应礼让老人与妇女，让其先行，必要时给予适当帮助；对同行的老人、妇女，男子应帮助提较重物品；进出大门，要主动帮助他们开门、关门，进出屋时也可帮助他们穿、脱大衣外套；同桌用餐时，男子也应主动帮助他们入座、离席。

4. 尊重各国的风俗习惯

不同的国家、民族，由于不同的历史、文化、宗教等因素，各有其特殊的风俗习惯和礼节，在外事交往中均应予以重视。如新到一个国家或初次参加活动，应多了解，多留意，多观察，不懂或不会做的事，可仿效别人。

5. 注意个人卫生与举止言谈

国际交往中要注意个人卫生，衣着要整齐美观，衣领袖口要干净，皮鞋要上油擦亮，穿西装要打好领带，穿中山装要扣好领扣、领钩，梳理好头发，刮净胡子，修剪好指甲。

举止要落落大方，端庄稳重，表现自然，和蔼可亲，站有站相，坐有坐相。另外，参加活动前不能吃葱、蒜等带有刺激味的食物。

言谈的态度要诚恳、自然、大方，语气要和蔼可亲，表达要得体，谈话内容要事先有所准备，应开门见山地说明来意后就进入正题，要留给别人说话的机会，言谈中手势不要过大，讲究倾听的艺术，不要询问妇女的年龄、婚否、工资收入等私人生活方面的问题，不要随意谈论当事国的内政、外交、宗教等问题。

二、我国国宾车队的具体安排

国宾坐车，一般是三排座位的豪华型进口车。国宾座位是车内最后一排的右边，左边是我方陪同团团长的位置，陪同团团长座位前一加座是翻译座位。司机右边是我方警卫座位。这辆车称主车。主车前后各有一警卫车，分别称前卫车、后卫车。内乘中、外双方警卫和医护人员。后卫车后，往往还安排一辆同主车车型、设备完全一样的备用车，如主车万一发生故障，马上代替主车启用。备用车后是主宾夫人车，夫人由陪同团团长夫人陪同。前卫车前是礼宾车，内乘双方礼宾负责人。礼宾车前是前导车，车上配有警笛、扩音器、闪光设备，以便肃清道路。不过，国宾行车路线，一般提前15分钟中断交通，采取全封闭方式，待国宾车队通过后开放。国宾夫人车后，按礼宾顺序，安排身份最高的随行人员。部长级以上官员，一般一人一车，副部长二人一车，司局级以下人员安排乘小面包车。国宾车队中我方礼宾、安全人员配有必要通信联络手段，如手机、对讲机等，以便同有关方面保持密切联系。国宾车队还配有9辆摩托车护卫，其中一辆行驶在前卫车前，前卫车至后卫车两侧，各4辆，另有2辆备用摩托车也列入编队之中。所以，人们常常见到的是11辆摩托车。摩托车护卫，我国于1981年恢复。

三、礼宾次序

所谓礼宾次序是指重要的礼仪场合参加团体或个体的位次按一定的规则和惯例进行排列的先后次序。礼宾次序体现了主人对宾客应予的礼遇及这种礼遇给予宾客以平等的地位。因此，涉及公众团体中有多边关系的公关活动自然要求公关人员能够按照礼宾次序予以安排。很显然，这对公关组织和公众都是至关重要的，否则可能引起不必要的争执和误会，给组织形象和公众心理蒙上阴影。

礼宾次序的基本内容包含两个方面。

（一）就位次客体而言，即位次本身的大小、上下及前后

一般情况下，以右为大、为长、为尊，以左为小、为次、为偏。二人同行前者为大，右者为尊；三人并行，中者为尊；三人前、后行，前者为大；二人并坐，右者为尊；三人并坐，中者为大。乘坐小轿车时，尊者由右边上车，位低者由左边上车；车内二排席，后排中间为尊位，右边次之，左边再次之，前排司机旁位为最次。但当主人亲自驾车时，司机旁位为尊位。上楼时，前者为尊，下楼时，特别是楼梯陡时，尊者在后。室内就座时，以对门的座位为尊。二人同行左者为尊，二人并坐左者为大。而在法国乘坐小轿车，则是后排右位为尊，左位为次，中位最小。如此特殊情况，应予了解，灵活掌握运用。

（二）就位次的主体而言，即位次对象的大小先后

位次本身是固定的，但位次的对象却是随着活动内容的不同而有所变动。要为固定的位次找到适合这一位次的对象同样具有客观的依据标准（当然仅仅是就每一次特定的公关活动而言的）。一般在重要的礼仪场合位次对象的排定有以下三种方法。

1. 按身份和职务的高低排列

这是礼宾次序排列的主要依据，就一级组织而言，总经理自然列副总经理之前。但事实情况往往要复杂得多，诸如同一系统中上级组织的部门经理与下级组织总经理是平级关系；不同系统的虽有级别差，但年龄、资历、知名度有较大差别：虽同级或有级别差，但就一次特定的活动来说，其影响力有明显差异；虽有级别差，但与主人有明显亲疏倾向，等等。需要公关人员或参照其他礼宾顺序的排列方法，或为了公关活动的最终成功做灵活缜密细致的统筹，绝不能教条化。至于参加者的真实身份和职务一般以得到的确认的材料或对方得到的正式通知为依据，不能以主观印象或简单的凭参加者自己的“申报”，否则可能造成差错及不良影响。

2. 按字母或笔画顺序排列

多边活动的各方或参加者不便按身份与职务的高低排列的，可采用按字母顺序或笔画顺序排列的方法，这是一种给予各方和个人最平等机会的方法，现在公关活动的排次中也被广泛运用。按字母顺序排列，就是将所有参加活动的组织或个人按其名称或姓名的组合字母顺序依次排列，如Beijing列Shanghai之前。如果第一个字母相同，则依第二个字母，第二个字母相同，依第三个字母，以此类推。一般涉外公关活动按英语字母顺序排列居多，也可视具体情况按法语、西班牙语等其他语种的字母顺序排列。但不能一次按两种或两种以上语种的字母顺序排列。如果活动参加各方及成员均系华人，一般应按汉字的笔画顺序排列，而不按拼音字母顺序排列。汉字笔画顺序的排列相对复杂些。一般以组织名称或姓名的第一个字的笔画多少依次排列，如“丁”字二画，“王”字四划，“丁”列“王”字前。假如笔画相同，可按横、竖、撇、捺等笔顺先后排列，如“李”字与“肖”字均为七画，“李”字的第一笔是“横”，而“肖”字的第一笔是“竖”，因此“李”字列“肖”字前；第一笔笔顺相同，可依第二笔；以此类推。假如笔画相同，笔顺又同，则按字形结构排列，先左右结构，后上下结构，再整体结构。如果两个组织名称的第一个字相同，可依第二个字，排列方法同上，第二个又相同，可依第三个字，以此类推。而姓名的排列先后则略有不同，如果同姓，应该先依单名和双名，不论笔画多少，单名都在双名前，如“王冀”列“王乙山”前，同是单名，则如上述方法先笔画，后笔顺，再字形结构的顺序排出先后；同是双名，则先依第一个名，

后依第二个名，排列方法仍同上述。不论按字母顺序还是笔画顺序排列，最要紧的一点是，不能使字母的组合及名称和姓名的用字出现差错。

3. 按通知和抵达时间的先后排列

这种排列方法多用于对团体的排次。常有按派遣方通知代表团组成的日期先后排列，按代表团抵达活动地点的时间先后排列，按派遣方决定应邀派遣代表团参加活动的答复时间的先后排列三种排法。

当然，上述三种排列方法在不互相排斥的大多数情况下，公关活动的位次排列正是这三种排列方法的交叉结合。有身份级别之差的，首先按身份和职务大小的排列，身份级别相同的，按通知和抵达时间的先后确定（仅仅是就团体排位而言），同级又同时收到通知或同日期抵达的，则按字母顺序和笔画顺序排列。但这还远远不够，还要综合考虑诸如年龄大小、资历深浅、声望高低、亲疏程度、语言异同、宗教信仰、风俗习惯以及业务性质等因素。这就要求公关人员从有利于公关目标实施的原则出发，运用一定的技巧，使礼宾次序的合理有序排列成为公关活动良好发展的重要基础。

任务实施

活动一 迎送

（一）迎送服务礼仪规范

（1）确定迎送规格时要注意国际惯例，主要迎送人员通常与来宾身份相当或者相差不大，尽量做到对等、对口。主要迎送人不能出面时，应从礼貌出发向对方解释清楚，以免对方产生不必要的误会。其他的迎送人员不宜过多。有时，为发展双方关系和政治需要，也可破格接待。

（2）迎接客人必须准确掌握客人乘坐的交通工具抵达或离开的时间，迎接宾客应在来宾乘坐的交通工具抵达之前等候，送行则应在客人登机（上车、上船）前到达机场（车站或码头），如有变化应及时通知。

（3）迎接一般客人不需要用官方的正式仪式，主要是做好各项安排。如果客人是熟人，则可不必介绍，仅上前握手，互致问候；如果客人是首次前来，又不认识，迎接人员应主动问候，主动自我介绍；如果迎接大批客人，也可以事先准备特定的标志，如小旗或牌子等，让客人从远处就能看到，以便客人主动前来接洽。

（4）迎送身份高的客人，应事先在机场（车站、码头）安排贵宾休息室，准备饮料。

（5）如有条件，在客人到达之前将住房和乘车号码通知客人。如果做不到，可印好住房、乘车表，或打好卡片，在客人刚到达时及时发到每个人手中，或通过对方的联络秘书转达。这既可避免混乱，又可以使客人心中有数，主动配合。

（6）指派专人协助办理入出境手续及机票（车、船票）和行李提取或托运手续等事宜。重要代表团人数众多，行李也多，应将主要客人的行李先取出，最好请对方派人配合，及时送往住地，以便更衣。

（7）客人抵达住处后，一般不要马上安排活动，应稍作休息，起码给对方留下更衣时间。

（二）正式迎送仪式程序与标准

步骤1：迎送人员应提前到达，重大迎送仪式可安排乐队，在客人抵达或离开时乐队奏乐。

步骤2：安排献花。

如涉外迎送仪式等，通常由儿童或少女在迎送主要领导人士与客人握手后将鲜花献上。

步骤3：相互介绍。

双方见面，在握手、拥抱或贴面等礼节之后，迎接人要与客人之间相互介绍，可由礼宾交际人员介绍，也可由欢迎人员中的身份最高的人介绍。

步骤4：陪车。

客人抵达后，由机场（车站或码头）到安排好的住地，或访问结束由住地到机场（车站或码头），有时需要安排主人陪同乘车。陪车时应请客人坐到主人右侧，译员坐在驾驶员旁边。上车时，最好客人从右侧门上车，主人从左侧门上车，以免从客人座前穿过。如果客人先上车坐了主人的位置，则不必请客人挪动位置。

活动二　会见与会谈

（一）会见与会谈服务礼仪规范

（1）主人主动提出会见客人，或者宾主商定好要进行会谈，东道国礼宾人员应主动将会见（会谈）的时间、地点、主方出席人员的身份以及有关注意事项及时通知客方。

（2）客方主动提出拜访主方，应将求见人的姓名、职务、要求会见何人、有何目的告知主方。主方应及时答复，约好时间、地点，如不方便会见，应婉言解释。

（3）会见、会谈一旦确定下来，礼宾人员应及时将时间、地点、着装要求以及注意事项通知己方有关单位和有关人员，以做好准备。

（4）东道国负责布置会场，安排座位，一定要按标准挂旗，设置足够的座位。会谈如用长桌，可事先安排好座位图，桌上放置好座位卡片，卡片上用中外文标出入座人姓名。

（5）会见或会谈开始前，主人应提前到场，并在正门以候宾客。

（6）如安排合影，通常安排在宾主握手之后，共同步入合影位置。照相之前，礼宾人员应事先安排好合影图，如果人数众多，应准备好梯架。合影时，主人居中，其右为主宾，其他人员按礼宾顺序宾主混合排列。

（7）领导之间的会见或是会谈，除陪同出席者和必要的翻译、记录员外，其他工作人员在安排就绪后均应退出。谈话过程中，旁人不要随意进出。

（8）会见会谈时，我国一般只备茶水和软性饮料，如会谈时间过长，可适当考虑上咖啡或是红茶。

（9）一般官员、民间人士的会见，安排大致与以上相同。礼节性的会见，一般不要逗留过久，半小时左右即可告辞，除非主人特意挽留。在日常交往中，如客人来访，相隔一段时间后，应予以回访，可在对方节日、生日时前往拜望，表示祝贺。

（10）会见或是会谈结束，主人应送客至门前或是车前握手告别，目送客人离去后再返回室内。

（二）场地布置与座次安排

1. 会见场地布置与座次安排

会见的地点一般安排在会客室或办公室，主、宾多分坐两边（图4-1 ~ 图4-3），有时也穿插入座。各国会见的礼仪与程序不尽相同。我国多安排在会客室，以右方为上，安排主宾

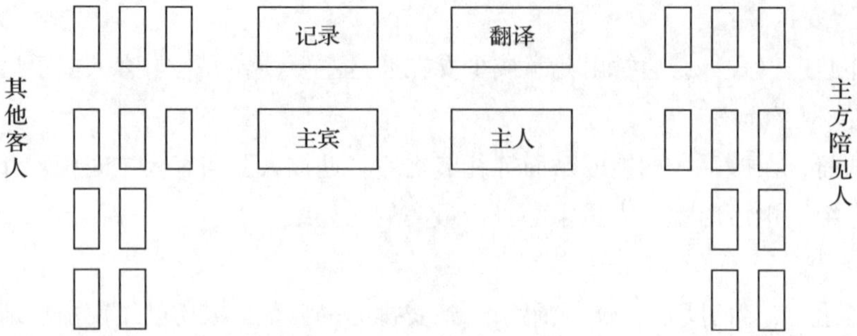

图4–1 会见座次安排①

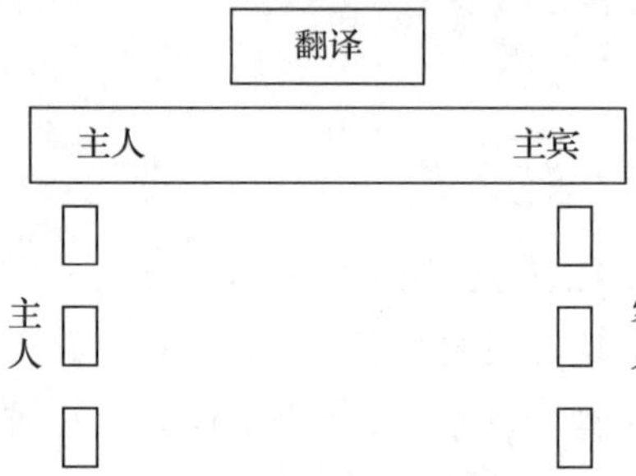

图4–2 会见座次安排②

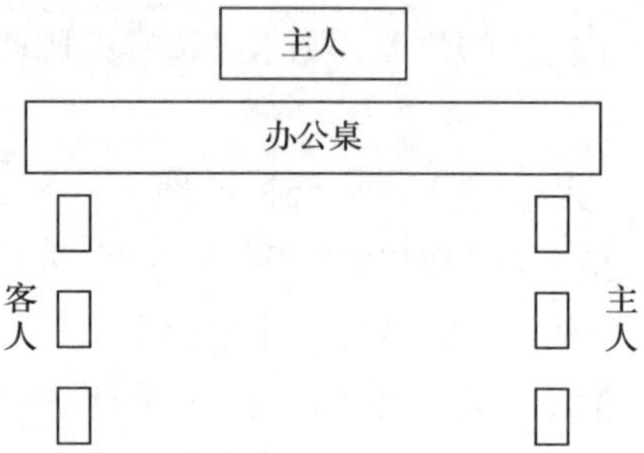

图4–3 会见座次安排③

在主人的右侧入座，其他客人按礼宾顺序在主宾一侧就座，主方陪见人在主人一侧就座，翻译员和记录员则应安排在主人和主宾的后面。

2. 会谈场地布置与座次安排

双方会谈通常用长方形、椭圆形或圆形桌子，宾主相对而坐。以正门为准，客人面向正门，主人背门而坐。如会谈桌一端正对正门，则以入门方向为准，右方为客席，左侧为主席（图4–4）。主谈人居中，其他人按礼宾顺序分宾主两侧依次而坐。翻译可安排在主谈人的右侧，亦可安排在主谈人的后面，一般客随主便。记录员通常安排在后座，也可安排在会谈桌就座。多边会谈多用圆桌，以示平等；如果是四方会谈，则以方桌为宜。会谈位次，如图4–5所示。

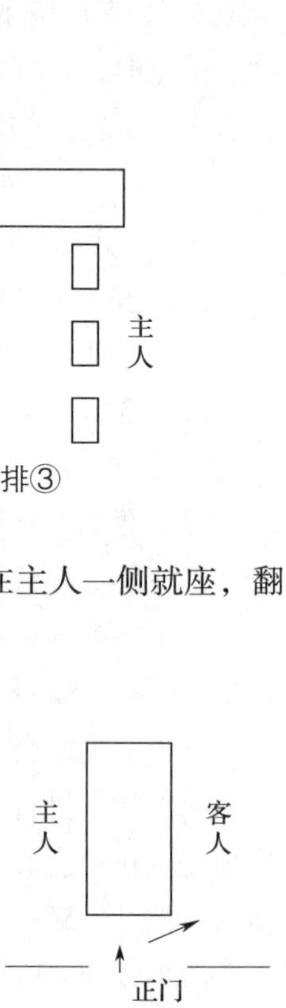

图4–4 会谈座次安排

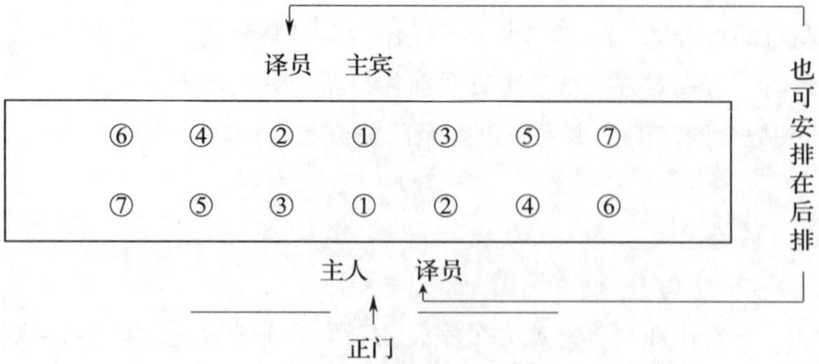

图4–5 会见位次安排

活动三 签字仪式

（一）签字仪式服务礼仪规范

（1）文本定稿、翻译、校对、印刷、装订、盖印要做到准确、精美、及时，签字时用的国旗、文具要准备齐全，符合规格。

（2）签字台铺设优质台呢，签字台背面临近墙上要布置巨幅书画，或用长屏风，两边放绿色植物，并准备好会议音响设备。

（3）事先与对方商定确定助签人员，并安排双方助签人员洽谈有关细节。

（4）造型鲜花放在中间。在距离椅子约一米处，放置一排高低层踏脚板，以便签字双方人员站立合影。

（5）应事先准备好祝贺用的香槟酒和香槟杯，供双方签字交换文本后，及时用托盘送上，以便双方举杯共贺。如时间和条件允许，双方举杯庆祝后，为客人派上一道香巾。

（6）待客人干杯后，要立刻用托盘将空杯撤回。

（二）签字仪式服务范例

1. 签字仪式场地布置与席位安排

（1）签字厅的安排各国不尽相同。有的国家在签字厅内设两张方桌为签字桌，双方签字人各坐一桌，双方的小国旗分别悬挂在各自的签字桌上，其他参加仪式的人员均坐在签字桌的对面，如图4–6所示。

（2）安排一张长方形桌为签字桌，签字人分坐左右。国旗分别悬挂在签字人身后，参加签字仪式的人员分坐签字桌的两旁，如图4–7所示。

（3）我国一般在签字厅内设置一张长方形桌为签字桌，桌子中间放置旗架，悬挂双方国旗。签字人面朝国旗方向分坐两边，主方在左，客方在右。座前放好各自保存的文本以及签字用的工具，各自的助签人员分立签字人外侧，出席签字仪式的人员分别排列在签字人身后，如图4–8所示。

2. 签字仪式服务流程与标准

步骤1：宣布签字仪式开始。

此时，有关各方人员应先后步入签字厅，在各自既定的位置上就位。

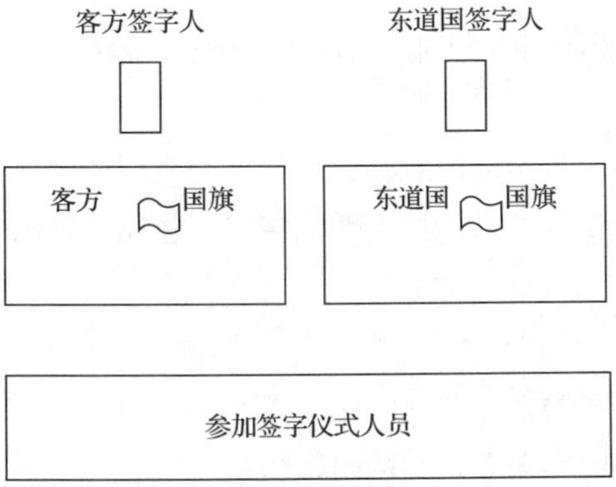

图4–6 签字仪式席位安排①

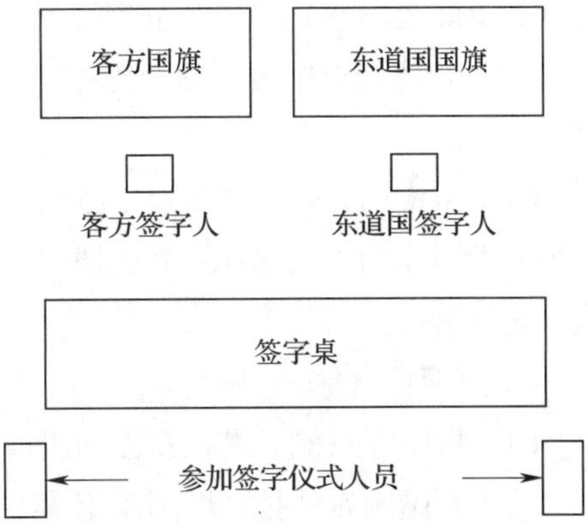

图4–7 签字仪式席位安排②

步骤2：签署文件。

通常的做法是首先签署应由己方保存的文本，然后再签署应由对方保存的文本。依照礼仪规范，每一位签字人在己方所保留的文本上签字时应当名列首位，因此，每一位签字人均须首先签署将由己方保存的文本，然后再交由对方签字人签署。此种做法，通常称为“轮换制”，它的含义是，在文本签名的具体排列顺序上，应轮流使有关各方均有机会居于首位一次，以示各方完全平等。

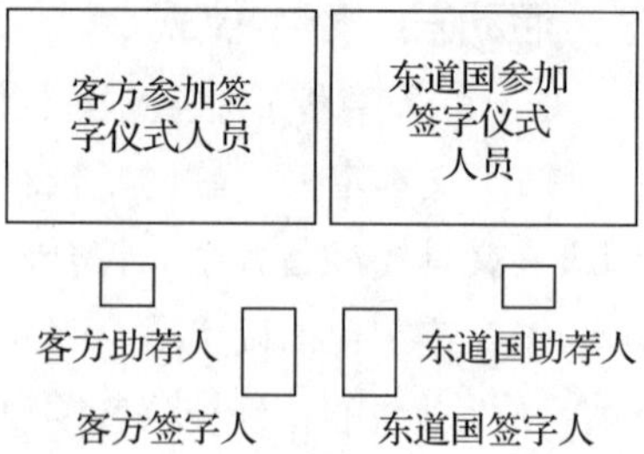

图4-8 签字仪式席位安排③

步骤3：交换文本。

各方签字人交换文本时应热烈握手，互致祝贺，并互换刚才用过的签字笔作为纪念。全场人员应热烈鼓掌，表示祝贺。

步骤4：饮酒庆贺。

有关各方人员一般应在交换文本后当场饮上一杯香槟酒，并与其他方面的人士一一干杯，这是国际上通行的增加签字仪式喜庆色彩的一种常规性做法。

活动四 国旗悬挂

（一）国旗悬挂礼仪规范

（1）按国际关系准则，一个国家的元首、政府首脑在他国领土上访问期间，在其下榻处及乘坐的交通工具上悬挂国旗（或元首旗）是一种外交特权。

（2）东道国接待来访的外国元首、政府首脑时，在隆重的场合、在贵宾下榻的宾馆和乘坐的汽车上悬挂对方（或双方）的国旗（或元首旗）是一种礼遇。

（3）一个国家的外交代表在接受国境内有权在其办公处或官邸以及交通工具上悬挂本国国旗。

（4）在国际会议上，除会场悬挂与会国国旗外，各国政府代表团团长亦按会议组织者的有关规定在一些场所或车辆上悬挂本国国旗（也有不挂国旗的）。有些体育比赛、展览会等国际性活动也往往悬挂有关参加国的国旗。

（5）在建筑物上或在室外悬挂国旗一般都应日出升旗，日落降旗。平时升国旗一定要升至旗杆顶，如需降旗致哀，则先将旗升至旗杆顶再降至离旗杆顶约相当于旗杆长三分之一处，日落降旗时须先将旗升至旗杆顶，然后再降下。

（6）升降国旗时要认真严肃，服装整齐，立正脱帽行注目礼。不能使用破损或污损的国旗。

（7）正式场合悬挂国旗宜以正面（即旗套在旗的右方）面向观众，严禁反挂或倒挂。一些国家的国旗由于文字和图案的原因，也不能竖挂或反挂。有的国家明确规定，竖挂须另制旗，将图案转正。

（二）国旗悬挂范例

（1）按国际惯例，悬挂双方国旗，以右为上，以左为下。

（2）两国国旗并挂，以国旗正面方向为准，客方国旗在右，本国国旗在左。

（3）汽车上挂旗，则以汽车行进方向为准，驾驶员右手方向为客方，左手方向为主方。

（4）所谓主客，不以活动举行所在国为依据，而以举办活动的东道国为主人（答谢宴会，来访者是主人）。

一般国际上通行的挂旗方法有以下几种：

第一，三面国旗并挂（图4-9）。

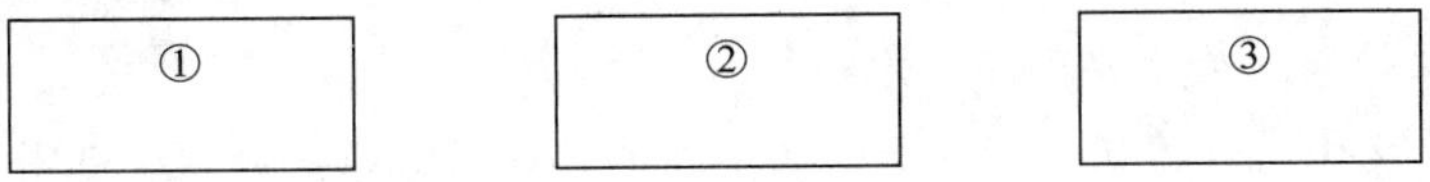

图4-9 三面国旗并挂

第二，双边国旗并挂图（图4-10）。

第三，并列悬挂（图4-11）。

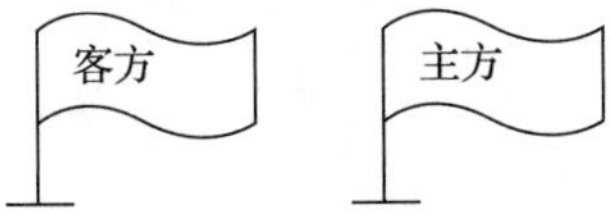

图4-10 双边国旗并挂

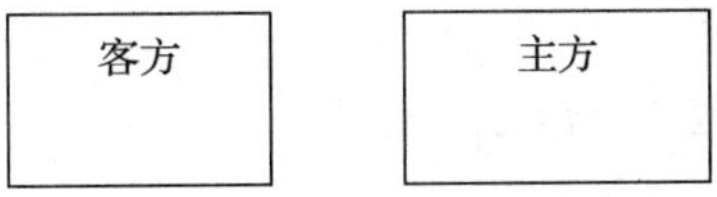

图4-11 国旗并列悬挂

第四，交叉悬挂（图4-12）。

第五，交叉挂（图4-13）。

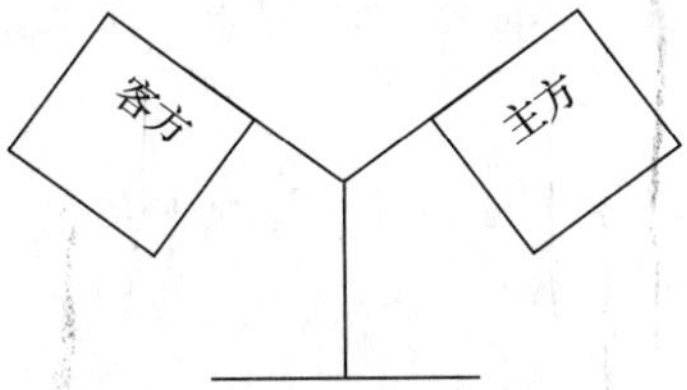

图4-12 国旗交叉悬挂

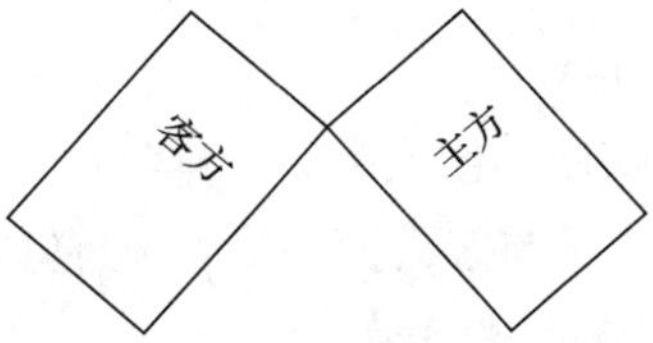

图4-13 国旗交叉挂

第六，竖挂（双方均为正面）（图4-14）。

第七，竖挂（客方为反面，主方为正面）（图4-15）。

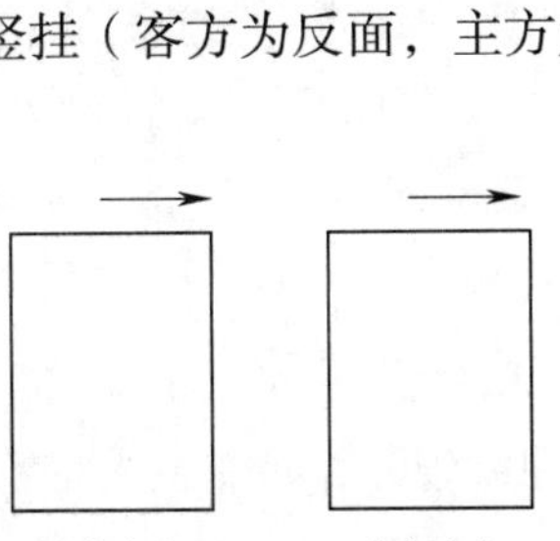

图4-14 国旗竖挂①

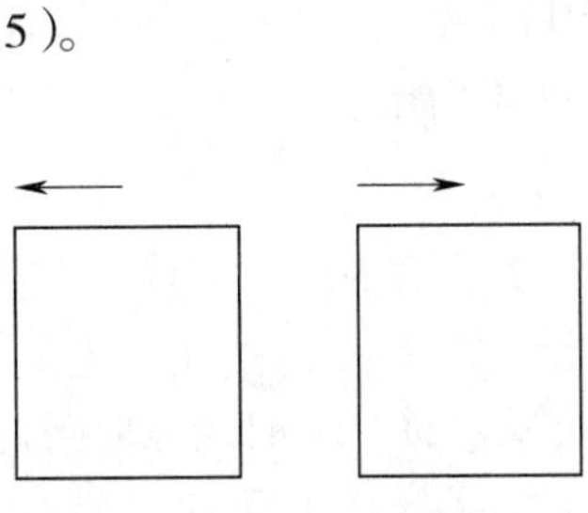

图4-15 国旗竖挂②

知识链接

天安门前的五星红旗每次只能够升到 28.3 米的高度

如果对我国近代历史相对了解的人可能会知道，中国共产党成立于1921年7月，而中华人民共和国成立的时间是1949年10月，这两者之间的时间相差了28年零3个月，因此这个升国旗的高度是非常有意义的。

天安门广场上的升旗仪式是庄严而又神圣的，这里的每一位仪仗队员都付出了艰苦的汗水和努力，同时神圣的升旗仪式又象征着历史的数据，时时刻刻地提醒着我们来之不易的今天。

学习评价

一、基础知识测试

（一）填空题

1. 如会谈桌一端正对正门，则以入门方向为准，右方为（　　），左方为（　　）。
2. 签字仪式中，造型鲜花放在中间。在距离椅子约（　　）处，放置一排高低层踏脚板，以便签字双方人员站立合影。
3. 合影时，主人（　　），其右为（　　），其他人员按礼宾顺序宾主混合排列。
4. 国宾行车路线，一般提前（　　）分钟中断交通，采取全封闭方式，待国宾车队通过后开放。
5. 正式迎送仪式中，安排献花。如涉外迎送仪式等，通常由儿童或少女在迎送主要领导人士与客人握手（　　）将鲜花献上。

（二）单项选择题

1. 两国国旗并挂时，以国旗正面方向为准，客方国旗在（　　），本国国旗在（　　）。

   A. 左、右　　B. 右、左　　C. 上、下　　D. 下、上

2. 平时升国旗一定要升至旗杆顶，如需降旗致哀，则先将旗升至旗杆顶再降至离旗杆顶约相当于旗杆长（　　）处。

   A. 二分之一　　B. 三分之一　　C. 四分之一　　D. 五分之一

3. 凡在外事活动中涉及位置的排列，都以（　　）为尊。

   A. 右　　B. 左　　C. 无所谓　　D. 前

4. 礼节性的会见，一般不要逗留过久，（　　）左右即可告辞，除非主人特意挽留。

   A. 15 分钟　　B. 20 分钟　　C. 30 分钟　　D. 40 分钟

5. 我国一般在签字厅内设置一张长方形桌为签字桌，桌子中间放置旗架，悬挂双方国旗。签字人面朝国旗方向分坐两边，主方在（　　），客方在（　　）。

   A. 左，右　　B. 右，左　　C. 前，后　　D. 后，前

（三）判断题

1. 两国会面我国多安排在会客室，以右方为上，安排主宾在主人的右侧入座，其他客人按礼宾顺序在主宾一侧就座，主方陪见人在主人一侧就座，翻译员和记录员则应安排在主人和主宾的后面。（　）
2. 按国际关系准则，一个国家的元首、政府首脑在他国领土上访问期间，在其下榻处及乘坐的交通工具上悬挂国旗（或元首旗）是一种外交特权。（　）
3. 一般涉外公关活动按英语字母顺序排列居多，也可视具体情况按法语、西班牙语等其他语种的字母顺序排列。（　）
4. 古人云“入境而问禁，入乡而问俗，入门而问讳”，正是指导今人对外交往的良言。（　）
5. 会见会谈时，我国一般只备茶水和软性饮料，如会谈时间过长，可适当考虑上咖啡或是红茶。（　）

二、能力训练

（一）个人能力训练

1. 填充题

（1）下图是常见的会见场地布置与座次图，请你按照国际礼宾常识的要求将主人、主宾、主方陪见人、其他客人、翻译、记录员安排在正确的位置就座。

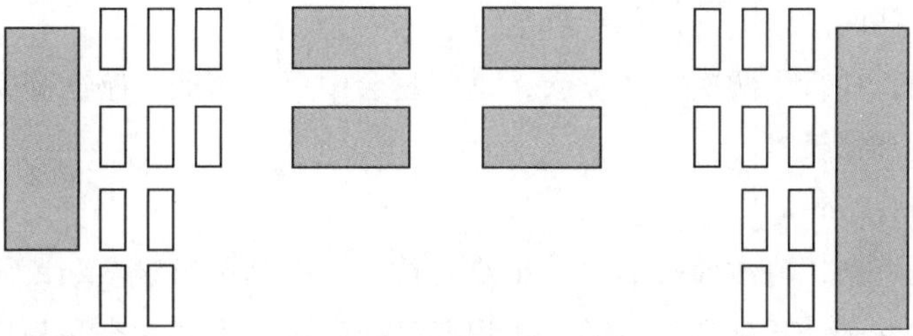

（2）下图是常见的签字仪式场地布置与席次图，请你按照国际礼宾常识的要求将客方参加签字仪式人员、东道国参加签字仪式、客方助签人、东道国助签人、客方签字人、东道国签字人安排在正确的位置。

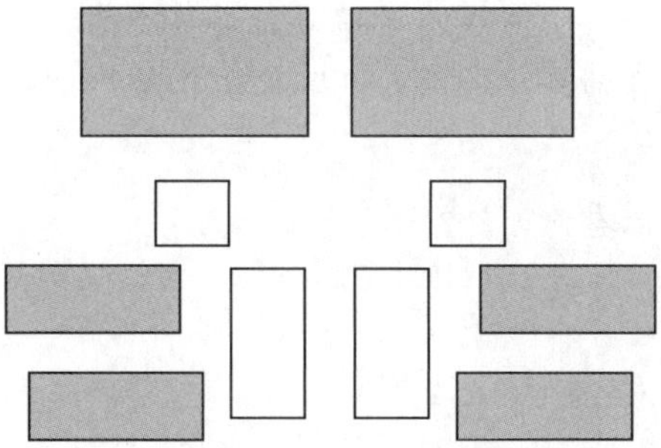

2. 案例分析

1995年3月在丹麦哥本哈根召开联合国社会发展世界首脑会议，出席会议的有近百位国家元首和政府首脑。3月11日，与会的各国元首与政府首脑合影。照常规，应该按礼宾次序名单安排好每位元首、政府首脑所站的位置。首先，这个名单怎么排，究竟根据什么原则排列？哪位元首、政府首脑排在最前？哪位元首、政府首脑排在最后？这项工作实际上很难做。丹麦和联合国的礼宾官员只好把丹麦首脑（东道国主人）、联合国秘书长、法国总统以及中国、德国总理等安排在第一排，而对其他国家领导人，就任其自便了。好事者事后向联合国礼宾官员"请教"，答道："这是丹麦礼宾官员安排的。"向丹麦礼宾官员核对，回答说："根据丹麦、联合国双方协议，该项活动由联合国礼宾官员负责。"

问题：

（1）何为"礼宾次序"？

（2）这个案例给我们的启示是什么？

（二）团队能力训练

1. 情境描述

2010年3月，美方一经贸代表团来中国与中方进行双边会谈，美方首席谈判官为甲，其余四人按职位高低为乙、丙、丁、戊；中方首席谈判官为A，其余四人按职位高低为B、C、D、E。

问题：

（1）若本次双边商务会谈采用长方形桌子，请画出座次安排图，并说明理由。

（2）若交叉悬挂两国国旗，该怎样悬挂？

（3）会谈期间，举行了两次正式宴会，请问宴会中桌次高低、座次高低和男女客人安排上应遵循什么原则和惯例？

2. 案例分析

20世纪90年代中期，国内的一名中学生应邀前往一个拉美国家参加民间外交活动。有一天，当他前去出席在那个国家所举行的一次国际性会议时，发现在会场周围所悬挂的各与会国国旗之中竟然缺少中华人民共和国国旗，便当即向会议的组织者指出了这一问题，并且严正地表示："不悬挂我国国旗，就是缺乏对我国的尊重，假如不马上改正，我将拒绝出席这次会议，并且立即回国。"经过据理力争，中国国旗终于飘扬在会场的上空。在会议的组织者再三地表示了歉意之后，那位中学生才终于步入会场，出席会议。在他入场时，有不少与会者主动起立，向他热烈地鼓掌表示欢迎。当地的报纸事后为此发表评论说："连一名中学生都具有那么强烈的民族自尊心，中国人的确是值得尊重的。"那位中学生之所以受到人们的尊重，主要是因为他能够在涉外交往中表现得不卑不亢。

讨论题：

（1）对本案例的中学生你有何评价？

（2）悬挂国旗有哪些礼仪要求？

学习情境 5

迈好职场第一步

求职礼仪的培养应该是日积月累、内外兼修的，“腹有诗书气自华”。内在修养和提炼是提高求职礼仪的最根本的源泉。

情境描述

求职与面试是每一名大学生毕业时必须经历的事情，端庄的仪表、优雅的仪态、良好的语言技巧是迈好职场第一步的必备条件。本学习情境通过求职准备、求职面试两个任务，使学生在了解求职准备、求职面试的基础上，通过任务活动的模拟实施和学生到旅行社、酒店等行业企业亲历面试，在实践中找出不足，并撰写社会实践报告，完成学校教学与企业真实面试的近距离对接，为日后成功面试打下坚实的基础。为了实现教学目标，该学习情境设置了求职通联、求职准备、求职面试三个学习任务。

学习目标

· 知识目标

1. 学会制作简历、求职信
2. 学会其他辅助求职材料的准备
3. 学会做好面试的信息准备、心理准备
4. 掌握面试时的仪表礼仪、行为礼仪、交谈礼仪、通信礼仪、告辞礼仪

· 能力目标

1. 能够独立完成个人求职简历和求职信的制作
2. 能够独立完成其他辅助求职材料的准备
3. 能够独立做好面试的信息准备
4. 能够独立调整面试的压力
5. 能够独立做好面试的心理准备
6. 能够按照面试礼仪规范整理仪表
7. 能够按照面试礼仪规范模拟参加不同情境的面试

· **素质目标**

1. 培养学生敬人、敬己的礼仪意识
2. 培养学生迈入职场应该具备的基本的礼仪素养
3. 培养学生乐于实践的职业精神

引导案例

希望在大型企业做营销主管的王先生，认为自己的能力和工作经验足以胜任他所应聘的职位。他在简历中着重说明了自己的优势。但是，他投递出去近十份简历，没有一家公司通知他去面试。

王先生来到一个职业顾问公司，向一位资深人事顾问道出了自己心中的疑惑。人事顾问向他了解了以前的工作情况和工作业绩，在简历中“曾接管销售成绩欠佳的地区，制定了新的顾客服务程序和市场推广方案”的后面加上“在两年内使市场份额由原来的4%上升到6.5%。”仅仅这一处改动，王先生很快就收到了面试通知。

问题：

这个案例带给你哪些启示？

学习任务1 求职准备

一、面试的资料准备

（一）简历

1．简历的基本内容

简历就是求职者为了方便“读者”（也就是招聘者）了解自己而写的个人经历的简明扼要的书面介绍。顾名思义，简历就是“简写的个人经历”。一份完整的简历应该包括以下基本内容：

（1）完整的个人基本信息。一般包括姓名、联系地址、联系电话、电子邮箱、出生年月等基本情况，应注意准确无误地填写清楚相关内容。个人基本信息应该简单明了，容易让用人单位识别并能联系到你，没有必要填写所有的个人信息。

网络求职十大注意事项

（2）教育背景。一般只需要填写最高学历，内容主要包括学校、专业、主要课程，以及所参加的各种专业知识和技能培训。对于应届毕业生或者无任何工作经历的求职者来说，教育背景是尤其需要用心准备的内容。需要注意的是，所列举的教育背景或培训经历要与你所应聘的职位相关。

（3）相关工作经历。工作经历是简历的重头戏。广义上讲，不管求职者从事的是全职的工作还是兼职的工作，是有薪的工作还是义务的工作，都可以算作是工作经历。没有工作经验的应届毕业生，可以把自己在学校中参加的实践活动乃至研究的相关课题当作是工作经历。求职者需要注意的是从众多的工作经历中选择与应聘职位的能力要求密切相关的经历，使简历既能突出自己的亮点，又能保证内容的充实。

对于有丰富工作经验的求职者来说，这一项需要着重描述。要抓住两大关键点：工作职责、工作业绩。

很多求职者都喜欢在简历中使用“主管、管理”这样的词汇，认为这样可以抬高自己的身价。实际上，招聘者工作经验丰富，对这一类的词汇相当敏感，会觉得求职者把自己说得过于美化而对求职者产生不诚实的印象。

（4）个人特长和技能。如果该项爱好或特长与求职意向相关，就写上，但注意不要写太多，范围太宽泛、不具体的爱好就不必写了，如体育、音乐等没有针对性，就不必写入简历。

个人技能主要包括外语水平、计算机水平、各项认证考试、从业资格培训证书等，只要与应聘职位相关，都可以在简历中着重写出。

（5）明确的职业目标或求职意向。一定要明确自己想做什么，自己最擅长做什么，这两点至关重要。虽然有时也常常会产生矛盾，但在简历中却不可以有模棱两可的求职选择。虽然对于简历中要不要明确求职意向说法不一，但从招聘人员的角度考虑，没有人会愿意仔细阅读一份未明确应聘职位的简历。求职者在制作简历时，最好明确要应聘的职位，如求职意向：会计、电子商务部经理助理。

（6）自我评价。这一项，求职者一般可写可不写，若想写可以适当地对自己的性格、专业知识进行评价，但要真实客观，并且注意对自己的描述不能前后矛盾。

（7）其他注意事项。

①最好在简历后面附上必要的有效证明材料和推荐信，但要注意不要附加太多，否则会使你的简历臃肿，容易引起面试官的反感。

②简历的版面应美观大方。简历往往是求职者给面试官留下的真正的“第一印象”。所以，简历的版面设计一定要美观大方。一般来说，尽量写在一张A4纸上。注意既不能在简历中留下大片的空白，也不要弄得太花哨，要有类似公函的风格。通常建议使用电脑打印的文稿，如果你的书法不错，不妨再附上一篇工整漂亮、简短的手书求职信，这样更容易博得面试官的好感。

2. 简历制作的误区

目前，简历制作的主要误区如下：

（1）罗列职责。很多求职者的简历存在简单罗列工作职责的情况，如参加小组会议，并作记录；更新部门文件……这样的流水账是没有吸引力的，招聘经理大都不关心你到底做了什么或者完成了什么，他们更关注你是怎样比别人更好地完成工作的，你或你的团体面临怎样的问题或挑战，你是怎样克服困难的，你努力的结果……

（2）简历变成“繁历”。招聘经理有时一天要阅读上百份求职简历。因此，你的简历不是被阅读，而是被扫描。对于经历不是很丰富的应届毕业生来说，一页长的简历就足够了。但是对于有较长职业生涯的人来说，一张纸往往描述不了他们精彩的职业经历，因此可以灵活一些。

有的求职者材料多而且材料含金量高，并且想让招聘人员知道。建议做一个目录，把这些材料清清楚楚、简简单单地列出来。因为一目了然，招聘人员会非常喜欢。如果招聘人员真有兴趣的话，会通知你在面试时带来以作证明。

（3）罗列私人信息或者不相干的信息。许多人在简历中概括他们的兴趣，如阅读、徒步和滑雪等。其实，这些兴趣只有在它们与目标工作有关联的时候才需要加入。例如：求职者申请的是一份关于旅游的工作，那么他或她就应该提到喜欢旅游。简历中一般不应该提到一些没有必要的私人信息，如生日、婚姻状况、身高和体重等。

（4）夸夸其谈。一份合格的简历，措辞必须得当。很多求职者为了表现自己的组织协调能力，在描述实习经历时常常用“负责公司××项目”“成功地做过××项目”这样的语句。其实招聘人员都清楚，一个实习生是不可能独立承担公司项目的。“负责”这样的字眼儿，会给人夸大其词的感觉，用“参与”“协助”会更合适。

（5）过多表忠心。不少求职者在简历中加入了许多充满激情和自信的话，如“给我一个支点，我将撬起地球”“让我们风雨同舟”……一位人力资源经理说：“这样煽情的话，就像谈恋爱时第一次见面就冲上来做肉麻的表白，结果只会适得其反。”

（6）过于轻率、随心所欲。一份高质量的简历是成功就业的前提，撰写简历切不可轻率行事、信手拈来，应再三斟酌、反复推敲。在应聘前应该做好充分的准备写好简历，该写的写清，不该写的删除，扬长避短，做到写的简历合式、合格、合理、合意。

（7）虚假不实、前后矛盾。简历是真实地反映自己学历、经历、技能和成就的重要自述，如果凭空捏造，或夸张、虚假的成分太多，即使一时得逞，总会露出马脚，导致前“功”尽弃。

（8）主体方向不明、条理不清。很多求职者的简历让招聘单位抓不住中心，甚至连应聘的职位是什么都不明确。一份写得好的简历，必须主题鲜明、中心突出，布局合理，逻辑清晰。全篇都要围绕一个主题，不要看完一篇简历，对方还不知道求职者究竟适合和想要做什么工作。

（9）打字错误或语法错误。简历的文字要合乎文法，避免出现任何可能引起歧义的地方。否则，招聘经理很可能会误解，在出歧义的地方画条杠杠或者干脆丢在一边。招聘经理可能认为你做事不认真，或者认为你连简单的简历都写不好，那还能做什么？

（10）缺乏细节。招聘经理需要详细了解你以前做过的工作，你在这个行业的工作情况。因此，撰写简历过程中一定要满足招聘经理的需求。

例如，以下两种表达方式：

A：曾在一家餐厅工作。

B：曾在一家餐厅工作，雇用并培训、督导超过20名员工，取得了200万元的年销售额。

两者表述的是同样的经历，但是充满重要细节的B却更吸引招聘经理的眼球。

知识链接

简历，不要盲目散发

凡是在招聘会现场抱着一叠简历四处投递，希望能够“遍地开花，一朝结果”的人被当代大学生们称为“投霸”。顾名思义，只要企业招人，“投霸”就不会错过机会。

尤其是利用网络求职的一些朋友们，更是当之无愧的“投霸”，因为网上信息量大，选择面广，求职者更易随心所欲。

“投霸”们的失误之处在于把简历当作传单，到处散发，认为投出去越多，面试的机会也就越多。其实，持有这种想法是错误的。

如果每个求职者都像发传单似地投简历，不仅会影响用人单位的正式办公，而且还会给用人单位留下“投霸”或是“求职专业户”的印象，这样反而不会获得用人单位的好感。

求职者如何利用招聘会或网络资源投递简历，才能提高简历的“命中率”呢？

1. 锁定目标

求职者在选择应聘岗位之前，对自己不仅要有正确的职业定位，而且要有明确的求职方向。对那些适合自己而又有能力胜任的职位进行关注，对职业目标以外的一概不予理会。

2. 多关注直接获得面试通知的岗位

如果求职者的学历和工作能力都符合用人单位招聘的条件，那么求职者可在投递简历的时候和用人单位的负责人谈一谈，这样就不必等待用人单位的回复直接获得面试通知，缩短了应聘周期。

3. 利用网络搜索应聘岗位条件“先紧后松”

求职者在开始检索应聘岗位时可以将条件设置得较为严格，包括工作地点、薪资、单位性质等内容，都按照自身的第一意愿搜索，当搜索不到满意的岗位时，再将条件适当放宽。

4. 注意招聘启事中的附加条件

岗位描述中可能有一些附加条件，如果不留意，贸然递出简历，就白白浪费了机会。例如：有的用人单位在招聘图书编辑时，设置了“居住在望京或上地”这一条件，却仍有很多住在其他区域的人盲目地投递了简历，结果都不会得到面试机会。

（资料来源：张建华，等．个性化求职101个窍门［M］．北京：北京大学出版社，2007.）

（二）求职信

引导案例

罗永浩给俞敏洪的求职信（节选）

俞校长您好：

我先对照一下新东方最新的招聘要求：

1. 有很强的英语水平，英语发音标准

英语水平还好，发音非常标准，我得承认比王强老师的发音差一点。很多发音恐怖的人（宋昊、陈圣元之流）也可以是新东方的品牌教师，我不知道为什么要要求这一条，尽管我没这方面的问题。

2. 大学本科或以上学历，英语专业者优先

真不喜欢这么势利的条件，这本来应该是实力、马力之流的学校的要求。

3. 有过考TOEFL、GRE的经验

GRE考过两次。

4. 有教学经验者，尤其是教过以上科目者优先

教过后来被国家明令禁止的传销课，半年。

5. 口齿伶俐，中文表达能力强，普通话标准

岂止伶俐，简直凌厉，普通话十分标准，除了对卷舌音不太在意（如果在意，平舌音也会发错，所以两害相衡取其轻）。

6. 具备较强的幽默感，上课能生动活泼

我会让他们开心。

7. 具备较强的人生和科学知识，上课能旁征博引

除了陈圣元，在新东方上过课的老师（张旭、王毅峰、王昆嵩）都和文盲差不多，当然他们还小。说到底，陈圣元的全部知识也只是在于让人看不出他没有知识而已。

8. 具备现代思想和鼓动能力，能引导学员为前途奋斗

新东方的学员是最合作、最容易被鼓动的，因为他们来上课的最大目的就是接受鼓动，这个没有问题。

9. 年龄在40岁以下

28岁。

求职信属于专用书信，书写时一定要符合书写格式和书信语言的礼仪规范。它是求职者以书面形式与用人单位进行的第一次接触，是“双向选择”的桥梁，是用人单位决定取舍的首要依据。求职者要注意求职信的写作技巧，写出高质量的求职信。

撰写求职信时应注意以下几点。

1. 格式规范，言简意赅

求职信的格式和一般书信的格式大致相同，由称呼、正文、结尾、落款等几个部分组成。

求职者如果知道阅信人的姓名和职务，最好直接写出来，如“张经理：您好”。如果不知道对方的具体情况，就写“尊敬的先生 / 女士：您好”。在信的结尾要写一些祝愿性及表达对面试机会期望的语言。

现在的求职信绝大多数是用电脑打印的，但如果你的字写得很好，也可以亲笔写。这样不仅给人以亲切之感，还可以向用人单位展示你的特长。不管采用何种方式，行文都应该言简意赅，切忌废话连篇。篇幅不应过长，一般以800字以内为宜。

2. 富有个性，针对性强

求职信的首要目的是吸引对方，引起对方注意，切忌套话、空话连篇。因此，求职信在规范的基础上，也要突出自己的特色，富有个性。

由于用人单位对求职信的要求不尽相同，求职信也应根据不同的需要有所变化。对于不同的公司，最好不要送上相同的求职信。比如：如果给外资企业去信，最好用中文和英文各写一封；如果单位招聘的是技术或档案管理人员，忌谈自己好动，生性活泼等特点；如果单位招聘的是营销、公关或管理人员，可突出你的组织、协调能力和自信心等，这样才能“投其所好”，赢得机会。

3. 朴实诚恳，以情动人

求职信中既要有客观的内容，如对自己几年来知识、能力水平等的描述，也要有主观的情感，如对工作机会的渴望、对用人单位的感谢等。客观部分应朴实无华、真诚可信。主观部分则要言出由衷，以情动人。有些求职者把一些经历当成资本，进行“情感推销”，企图博得用人单位的同情，这样的做法很不可取。因为，这样的做法会使用人单位觉得求职者很虚伪。求职者在求职时应该反映自己的真实状况，尽量给用人单位一种诚实的感觉。

4. 传递有效信息，争取面试机会

求职者要尽量避免在求职信阶段遭到拒绝，应该向用人单位传递一些有效的信息。这些信息包括自己明确的奋斗目标、工作的意愿、团队协作精神等。

（三）其他辅助求职材料的准备

除了简历和求职信，求职者还需要准备一些辅助性的求职材料，以备不时之需。一般情况下，辅助性求职材料主要包括以下内容。

1. 毕业证或学位证

求职者应向招聘单位提供自己最高学历的毕业证和学位证的复印件，或者提供自己与应聘职位专业对口的毕业证和学位证的复印件。

2. 各门功课的学习成绩单

这项内容主要针对应届毕业生。目前，大多数用人单位在招聘新员工时把毕业生各门功课的学习成绩单作为一个重要参考依据。因此，它也属于求职辅助材料中一个重要的内容。成绩单应由学校教务部门开出并加盖教务部门公章，在求职材料中一般采用原件。

3. 专业等级证书、职业资格证书

专业等级证书、职业资格证书包括《英语水平等级证书》《计算机水平等级证书》《导游员资格证书》等。尽管求职者在简历或求职信中已经阐述了有关证书，但若在求职材料中附上这些证书的复印件可以增强可信度。

4. 获奖证书

对于应届毕业生来说，获奖证书包括“三好学生”“优秀学生干部”“优秀党、团员”等荣誉证书。对于有工作经验的求职者来说，获奖证书主要包括其在工作岗位上取得的各种成果及荣誉证书。如果求职者在求职信或简历中写入相关内容，应该在求职材料中提供相关证书复印件，以增强可信度。

5. 学校推荐表、推荐信

学校推荐表是针对应届毕业生的，一般学校会在毕业生毕业时发给学生一份推荐表。目前，有的求职者在简历中制作老师鉴定、系主任意见等内容，并请系主任或自己的老师或是前公司的领导写一封推荐信，以求得更好的求职效果。

对于有工作经历的求职者来说，能拿到原单位的推荐信是非常理想的，这样可以为求职者增加可信度和成功的机会。

推荐信一般包括以下三方面内容：

（1）说明推荐人的身份及与被推荐人的关系。

（2）概述被推荐人的能力、人品、性格及学习、工作取得的成就，证明其真实性。

（3）建议招聘单位录用被推荐人。

6. 其他材料

除了上述材料，求职者还可以附上参加社会实践、毕业实习的鉴定材料和有关科研成果的证明，以及可以佐证自己能力的相关个人照片等。

需要注意的是，以上有关证件的复印件均应采用A4纸的规格进行复印，装订成册。复印时可以将原件小的2件或3件复印在一张纸上，原则上复印时按原件规格复印，既不放大，也不缩小，否则会有失真实感。

二、面试的信息准备

引导案例

面试官：“你对我们公司有多少了解呢？”

求职者：“我知道施耐德电气是一家在工业领域实力相当雄厚的德国公司……”

面试官：“对不起，打断一下，我们是一家法国公司。”

在面试准备时，求职者对应聘单位做背景调查也是十分必要的。面试需要准备的招聘单位的主要信息如下。

（一）招聘单位的背景

1. 调查的主要内容

包括招聘单位的基本情况，如单位的发展历史，主营业务，投资规模，人员结构，招聘单位所处行业的整体发展情况等信息。

求职者应了解一下招聘单位的企业文化，以使自己在面试中表现出与其文化的高度吻合，增加胜出的概率。

2. 调查的主要途径

（1）招聘单位的网站。招聘单位一般都会在自己的网站上详细介绍其发展历史、经营状况、资产规模、业务范围、主要产品，求职者可以直接登录招聘单位网站获取有关信息。

（2）招聘网站。很多招聘单位在招聘网站发布招聘信息时，会简单说明自身的基本情况，求职者可以通过招聘网站获取有关招聘单位背景的相关信息。

（3）期刊。各类财经及专业期刊一般都会刊载各行业或知名企业的最新动态，这类信息很有可能成为面试的谈资。

（4）招聘单位内部员工。若条件允许，可以咨询招聘单位的内部人士，以便能挖掘到招聘单位背景中更深层次的信息，这对面试将非常有利。

（5）媒体报道。求职者也可以通过电视、互联网等对招聘单位的报道等了解招聘单位的动态信息，如招聘单位在行业、社会上的美誉度、影响力及公众对其的评价等。

（6）搜索引擎。利用谷歌、百度、搜狐、新浪等搜索引擎，最大可能地搜索与招聘单位相关的信息。

（二）招聘单位的招聘流程

标准、规范、完整的招聘流程如下。

1. 简历筛选

由于工作岗位有限，求职简历较多，所以招聘人员要从众多简历中进行初步筛选，然后拟定面试官再选。在这一阶段，招聘人员主要根据招聘职位的岗位要求和条件，如专业、学历、相关工作经历等因素进行筛选，然后通知符合招聘要求的求职者参加面试。

2. 初试

通常面试分为初试和复试，但有的招聘单位只需要一次面试。在初试阶段，一般对求职者进行一些专业技能测试、职业素质测试等书面测试，有的招聘单位直接对求职者进行面试，询问一些简单的问题，如个人经历、求职动机、职业规划等。

3. 复试

此阶段的面试主要涉及专业知识和实际案例，主要考查求职者的专业能力、沟通能力、问题解决能力等岗位胜任能力。

三、面试的心理准备

（一）学会顶住求职的压力

给求职者以下建议：

（1）为自己做一份职业测试，以明确自己的职业定位。

（2）做一份科学的职业规划，客观地根据自己的情况选择未来的职业道路。在职业规划中，应该注意除了自己的能力，最需要考虑的是自己的性格和兴趣爱好。

（3）不要期望过高。因为对某一种工作的期望越高，就越接受不了失败的事实，应适当降低期望值。

（4）不要害怕被拒绝。求职者要积极地正视拒绝，查漏补缺，努力让自己在每一次面试中都能有所收获、有所提高，为自己下一次的面试增添胜算。

（5）要认识到失败是暂时的，要用积极乐观的心态面对面试。

（二）面试前的心理放松技巧

为大家提供一些心理放松的方法，以帮助大家顺利通过面试，具体如下。

1. 身体放松法

身体放松法的具体示范如下：

闭上眼睛，从头部开始。

注意各个肌肉组织，并按次序放松。

选择方法：先让各个肌肉组织紧张，然后放松；再进入下一个环节。

当进行到脚趾时，你就等于完全放松了。

2. 冥想放松法

冥想放松法的具体示范如下：

放松身体。

呼气的时候，静静地重复一个字或是短语（如“啊”或“平和”）。

别走神，专心读自己的字词。

持续10～15分钟。

3. 倒数放松法

倒数放松法的具体示范如下：

首先，对所有的肌肉都进行渐进式的放松。

其次，从10数到1，想象数字就在前面。

再次，想象你在下降的电梯里或云端上。

最后，当降到底部时，想象自己到了一个舒适的、令人放松的地方。

4. 想象放松法

首先，想象一个安静、平和的地方，或是让你感到心静的场景。其次，让自己随意漫游在那个场景中，尽览其景、尽闻其声、尽嗅其味。最后，给自己一个积极的评价：“我感觉到镇静”或“我感觉到平静”。试着将幻想变成主动：“无论什么时候有压力，我都能做出镇静的反应并感到平静。”

5. 其他放松法

（1）听音乐。轻柔的音乐会减轻压力并会降低血压。选择一些使人镇静的音乐，以便达到更好的效果。

（2）抚摸一只小宠物。这样做会使人镇静并能降低人的血压。

（3）洗热水澡。淋浴、盆浴或桑拿都会缓解人的紧张情绪，并会促进大脑内积极成分的分泌。

（4）放声大笑。大笑是减缓压力最自然、最有效的方式。

学习评价

一、基础知识测试

（一）填空题

1. 制作简历的过程中，没有工作经验的应届毕业生，可以把（　）乃至研究的相关课题当作是工作经历。
2. 最好在简历后面附上必要的有效证明材料和（　），但要注意不要附加太多，否则会使你的简历臃肿，容易引起面试官的反感。
3. （　）及（　）一般都会刊载各行业或知名企业的最新动态，这类信息很有可能成为面试的谈资。
4. 通常面试分为（　）和（　），但有的招聘单位只需要一次面试。
5. 尽管求职者在简历或求职信中已经阐述了有关证书，但若在求职材料中附上这些证书的（　）可以增强可信度。

（二）不定项选择题

1. 简历中个人基本信息一般包括（　）电子邮箱等基本情况，应注意准确无误地填写清楚相关内容。

A. 姓名　B. 联系地址　C. 联系电话　D. 出生年月

2. （　）是简历的重头戏。

A. 工作经历　B. 教育背景

C. 个人特长和技能　D. 个人基本信息

3. 个人技能主要包括（　）等，只要与应聘职位相关，都可以在简历中着重写出。

A. 外语水平　B. 计算机水平

C. 各项认证考试　D. 从业资格培训证书

4. 撰写求职信时应注意以下几点（　）。

A. 格式规范，言简意赅　B. 富有个性，针对性强

C. 华丽，以情动人　D. 传递有效信息，争取面试机会

5. 面试复试阶段主要涉及（　），主要考查求职者的专业能力、沟通能力、问题解决能力等岗位胜任能力。

A. 专业知识　B. 实际案例

C. 专业技能测试、职业素质测试等书面测试

D. 询问个人经历、求职动机、职业规划等简单的问题

（三）判断题

1. 简历中个人基本信息应该尽量详细，只有详细才容易让用人单位识别并能联系到你，因此有必要填写所有的个人信息。（　）

2. 简历中一般只需要填写最高学历。 ( )

3. 对于应届毕业生或者无任何工作经历的求职者来说，个人基本信息是尤其需要用心准备的内容。 ( )

4. 辅助性求职材料均应采用A4纸的规格进行复印，装订成册。复印时应该将原件小的放大。 ( )

5. 求职者应该学会顶住求职的压力。 ( )

二、能力训练

（一）个人能力作业

青岛香格里拉大酒店拟招聘前厅部秘书一名，招聘条件如下：

前厅部秘书招聘资格要求

×××饭店员工招聘资格要求

部门：前厅部　　职位：秘书

性别：女　　年龄：20 ~ 25

基本资格要求：

学历：文秘或相关专业中专以上学历

工作经验：3年以上相关工作经验

能力要求：

1. 熟悉Windows10系统和Office2010文字处理和电子表格软件
2. 熟练使用各种办公设备
3. 具备一定的英语听说能力
4. 具有良好的人际沟通能力
5. 有较强的责任心

要求：

（1）请登录青岛香格里拉大酒店官方网站，了解企业信息。

（2）充分了解企业信息后，根据拟定的招聘条件及个人素质，撰写一份求职信。

（二）团队能力作业

案例分析一

毕业于北方某知名大学旅游管理专业的李丽通过了一家旅行社的面试，那家单位对她在面试中的表现很满意，决定录用她，先让她在单位实习两个月。能找到自己心仪的单位工作，李丽很高兴。但是以后的事令她做梦也想不到，自己因为在简历中“注水”而被用人单位淘汰。

原来，李丽毕业前曾在一家旅行社实习，带了10多个旅游团。结果在她的简历上，竟然变成了40多个。用人单位开始也没有怀疑，不料经理因为业务上的需要，刚好去李丽原来的实习单位，就顺便了解了一下李丽以前的情况。这样，她的“注水”简历便被揭穿了。

思考题：

请思考制作简历时应该注意哪些问题？

案例分析二

某酒店要招聘3名市场营销人员，待遇相当不错，收到的简历就有几百份，但大多数简历极为平常，其中有一位应届毕业生王苗的简历引起了招聘单位的注意。

她把自己在大学四年里参加过的各种各样的活动展现在简历中，其中包括做过几次促销之类的兼职，她把这些活动的图片编辑好了，然后配上了不错的文字。更为精彩的是，每次活动她都有一个心得，向别人展示了她工作的总结，以事实证明她是在不断进步的。

最后，她被录用了，并且她的简历被公司的人津津乐道。

思考题：

请分析王苗的简历中有哪些值得我们学习的地方？

案例分析三

朱威是北方某大学法学专业的应届毕业生，他为了成功应聘某一法律事务所法律秘书一职，进行了精心的准备。基础知识他认为还行就没有进行太多的准备，只是把他认为很重要的问题进行了准备，如国际司法中“反制”“直接反制”“专制”等类似的问题。他准备的问题还包括：到律师事务所的目的，一个合格的律师必须具备的素质，一个律师秘书必备的技能……

朱威认为准备得很充分了，通过面试应该没有什么问题。只是考官没有问他“反制”的概念，也没有问他为何当法律秘书，而是一开始就问了他一个很基础的问题：“为什么国务院各部委能制定行政法规，而国务院各办公室却不能制定？”这是有关行政法的一个基础知识点，朱威由于平时不太喜欢行政法，认为它与法律实务关系不大，学习行政法的时候就没有上心，这次面试也没有对它进行相应的准备，结果他结巴了半天还是没有回答出来。

由于开局不利，直接影响了朱威整个面试的发挥。最终，他没有通过面试。

思考题：

请分析朱威面试失败的主要原因并想一想自己在求职准备过程中应该怎么做？

学习任务2 求职面试

引导案例

陈磊是职业学校计算机专业的毕业生，由于在校期间的学习成绩优异所以他得到了外企大公司的面试机会。面试时，出于好奇，陈磊进了面试厅后先左顾右看地观察了周围的环境。入座后面试官对陈磊说：“说说你的个人情况。”陈磊答道：“我简历中都写了，您自己看吧！”面试官又问：“说说你对未来岗位的设想。”陈磊耸了耸肩膀，轻松地说道：“我是学计算机专业的，应聘你们的这个办公设备养护师的职务很对口。”出于习惯，陈磊跷起二郎腿，踮着脚继续说道：“苹果啦、索尼啦我都见过，维护你们这儿的办公设备没问题。”

陈磊刚说完话，他的手机铃声响起，陈磊和应聘官打了一个招呼后接起电话，电话另一端传来好朋友的声音。陈磊大声回应道：“喂，小子，你怎么老不接我的电话！等会，我正在应聘呢！一会儿再打给你。”说完，陈磊挂断电话，抬头对面试官说道：“您接着问吧，没关系！”

思考题：

（1）陈磊能应聘到这个工作岗位吗？

（2）他面试时存在哪些问题？

一、面试中的仪表礼仪

（一）仪表要求

仪表礼仪应符合以下四点要求。

1. 干净清爽

保持面部、手部清洁干净，无不洁之物。不留胡须，鼻毛不外现，牙齿洁白，口无异味，不留长指甲等。

2. 整齐简约

发型简约大方。男士头发前不覆额、侧不掩耳、后不及领。女士头发长度不宜超过肩部，如果是长发，不宜任意披散，可将其盘起或扎起等。

3. 庄重自然

化妆清淡自然，忌浓妆艳抹。面部、手部的修饰应事先做好，忌当众化妆、补妆，忌当众修剪指甲。

4. 积极健康

保持良好的精气神，表情自然、友善、专注，面带微笑，不卑不亢。

要满足以上仪表礼仪的基本要求，求职者还要注意以下几点仪表修饰的常识：

（1）及时清除眼部分泌物；眉形刻板或不雅观可进行必要的修饰。

（2）在商务场合不戴墨镜。

（3）经常清洗耳朵，及时清除耳孔中的分泌物。

（4）不要让鼻涕或别的东西充塞鼻孔，经常修剪长到鼻孔外的鼻毛。

（5）在重要应酬前忌食蒜、葱、韭菜、萝卜、腐乳等会让口腔发出刺鼻气味的东西。

（6）禁止在社交场合发出不雅之声。

（7）定期修剪指甲，但不能在开会等场合修剪指甲。

（8）及时清洗头发，防止头发产生异味以及头皮屑。出门前，检查自己的肩上有无头屑和落发。

第一印象对于人们来说有着太大的作用，但常常被人们忽视。如果你不想在面试中失去任何成功的机会，那么请别忘记第一印象的作用，在面试之前做最好的仪表修饰，把握好面试中最初的几秒钟，努力给面试官留下良好的第一印象。

（二）着装原则

着装的原则请参考“得体的服饰”。另外，面试着装需要注意以下几点：

（1）面试一般都在白天进行，并且都是在企业办公的正式场合，所以求职者着装要正式，以表现出专业性。很多大企业的面试还会对求职者的交际礼仪进行考查，会举行一些比较正式的晚宴，因此求职者还需要穿正式的晚宴装。

（2）一般，面试的场合都是比较正式的，虽然有些招聘单位并不十分注重着装的正式性，但是也要尽量做到得体。男士可穿质地较好的西装、打领带，女士可穿正式的职业套装。

（3）很多招聘单位的面试都会采取各种各样的形式，面试的地点也会经常变化，大部分会在自己的单位内进行面试，但有时也会选择一些场地对求职者进行各种不同素质能力的测试。如果是在招聘单位的办公地点进行面试，则需要穿的正式得体。如果招聘单位在其他场地设置考点，则要因地制宜。比如：去健身俱乐部面试，求职者需要穿着运动装，如果穿着西装革履则会显得格格不入。

总之，穿着打扮应该与时间、场合、地点和自身的情况保持和谐，这样不仅能令自己感觉舒适、信心十足，也能给面试官留下良好的第一印象，有助于面试的成功。

二、面试中的行为礼仪

（一）进场礼仪

求职者在面试前应当注意以下几点。

1. 恪守时间

一般来说，求职者需要注意做到以下几点：

（1）提前10～15分钟到达面试地点，因为求职者可以利用这段时间熟悉一下面试环境，稳定情绪。

（2）接到面试通知后了解前往用人单位的交通路线，如路程较远，应早点出发。另外，还要考虑堵车情况，合理安排时间，避免迟到。

（3）不要介意面试官迟到。面试官是允许迟到的，而且面试官迟到可能是对求职者风度、反应力的考验。

2. 留下最好的第一形象

求职者需要注意以下几点：

（1）到了办公区，不要东张西望，晃晃悠悠。

（2）收起口香糖和香烟，千万不要嚼着口香糖或抽着香烟进入办公区。

（3）如果面试单位设有前台，求职者可与前台工作人员有礼貌地打招呼，然后说明自己的情况，再经工作人员指点到指定区域落座，等候面试。

（4）若面试单位未设前台，求职者可就近找工作人员求助。不论工作人员提供了何种帮助，求职者都应当表示感谢。

（5）面试等候期间，求职者不要向工作人员询问单位情况或索要材料，不要对单位加以品评，也不要驻足观看工作人员工作，以免引起他们反感。

（6）等候面试时不要来回走动，也不要与其他求职者聊天。如果在等候时遇到朋友或熟人，不要大声说话或笑闹，以避免干扰其他人工作。

3. 进入面试场地要有礼貌

进入面试场地时，求职者需要把握以下几点：

（1）首先轻叩房门二三下，等得到面试官应允后才可进入（若有工作人员导引则不必如此）。

（2）如果没人应答，可以等1～2分钟后再叩门，千万不能直接推门而入，否则会使面试官感到很不舒服。

（3）走进面试场地后，要背对面试官，将房门轻轻关上，门关上后转身行个礼。

（4）面对面试官时，应有礼貌地微笑，说声“打扰了”，然后对面试官说明自己的身份，同时可以自然地环视整个房间，确定面试场地的基本布局（包括自己的座椅位置）。这期间求职者的举止应彬彬有礼、大方得体，不要过分殷勤、拘谨或谦让。

（5）得到面试官回应后，应从容地走向面试官。注意自己的步态，要想显得朝气蓬勃、矫健有力，就应该以大腿为主动力点，用双胯向上提的力量带动双腿，抬头挺胸，伸直全身，同时保持目光与主面试官的视线接触，不要看着天花板或盯着自己的脚尖，也不要摇头晃脑、东张西望，更不要垂着肩、驼着背，以免给面试官留下悲观消极的印象。时刻都要显得朝气蓬勃、自信。

（6）面试场地一般都会放置椅子、沙发等，求职者可以按照面试官的指示走到椅子或沙发前坐下。若需要挪动椅子，千万不要制造出刺耳的噪音。

（二）站坐礼仪

坐、立、行等动作姿势正确雅观，不仅能表现出求职者的成熟稳重，而且也可以给面试官以有教养、有知识、有礼貌的印象。

1. 面试中正确的站姿

面试中，正确的站姿是站得端正、稳重、自然、亲切。求职者具体应该做到以下几点：

（1）上身正直，头正目平，面带微笑。

（2）微收下颌，肩平挺胸，直腰收腹。

（3）两臂自然下垂，手指自然弯曲，掌心向内轻触裤缝。

（4）两腿相靠直立，两脚靠拢，脚尖呈“V”字形。女性求职者两脚可并拢。

需要注意的是：站立时，如全身不够端正、双脚随意乱动、双脚叉开过大，无精打采、自由散漫等，都是不雅之举或失礼。

2. 面试中正确的坐姿

面试中的坐姿包括就座的姿势和坐定的姿势。求职者要注意以下几点：

（1）入座时要轻而缓，走到座位面前转身，轻稳地坐下，不应发出嘈杂的声音。

（2）女士应用手把裙子向前拢一下。

（3）坐下后，上身保持挺直，头部端正，目光平视前方或交谈的面试官。

（4）坐稳后，身子一般只占座位的2/3，上身挺直，这样能最佳地展示你的精神面貌。

（5）两手掌心向下，叠放在两腿之上，两腿自然弯曲，小腿与地面基本垂直，两脚平落地面，两膝间的距离，男士以松开一拳或两拳为宜，女士两膝两脚并拢为好，这样显得姿势优雅。

（6）无论采用哪一种坐姿方式，求职者都要保持自然放松，面带微笑。

（7）不可仰头靠在座位背上很散漫或低着头注视地面。

（8）身体不可前倾后仰或歪向一侧，那样很不端庄大方。

（9）双手不应有多余的动作，以免给面试官轻浮傲慢、有失庄重的印象。

（10）双腿不宜敞开过大，也不要把小腿放在大腿上，很不礼貌。

（11）不要把两腿直伸，或反复不断地抖动，以免给面试官不舒服的感觉。

（12）避免一些不必要的小动作，如跺脚、搓手，或者伸懒腰、打哈欠等。

（三）介绍礼仪

求职者需要注意以下几点介绍礼仪。

1. 先问好、致谢再自我介绍

在自我介绍之前，求职者千万不要一开口就直接说“我叫某某”，可以先问好并致谢，这样能够表现出自己良好的个人修养，也能赢得面试官的好感。

2. 清楚地说出自己的名字

面试时，求职者不仅要把自己的名字告诉面试官，而且应该设法让面试官记住，因此求职者需要注意把握以下两点：

（1）清楚响亮地说出自己的名字，切忌喃喃自语、吐字不清，而使面试官听不清楚。

（2）求职者不仅应该在自我介绍的最初通报姓名，最好在告别时再巧妙地向面试官告知一遍自己的名字。这样不仅能够使面试官加深印象，也会让面试官被求职者的积极态度所打动。

3. 适时对用人单位进行赞美

求职者在向面试官问好、致谢后，可以适当地赞美用人单位，这样能够满足面试官的自尊心，带给面试官一种愉快的感受，让面试在融洽的气氛中展开。但要注意以下两点：

（1）要赞美得真诚、恰到好处，不要让面试官感觉是一种阿谀奉承。

（2）赞美用人单位一定要具体，不只是说虚伪的客套话，应发自内心地指出用人单位在管理、服务方面有哪些地方非常规范，工作人员的哪些言谈举止表现出非常敬业等，只有真诚而具体的赞美，才会脱离“拍马屁”的嫌疑，真正取悦面试官。

4. 做生动的自我介绍

在做自我介绍时，如果能博得面试官会心一笑，面试的成功率自然大大提高。所以，求职者要尽量让自己的语言生动一些，幽默一些。生动地介绍自己有很多方法，具体如下：

（1）求职者可用个性、趣味十足的语言来介绍自己的姓名。例如：一位名叫钱勇的求职者在自我介绍时说：“我叫钱勇，金钱的钱，勇气的勇。我希望我加入贵公司之后，能让公司的金钱滚滚，财势勇猛。”这样的自我介绍，将给面试官留下很深的印象，也会让面试官在情感的天平上为求职者加上一个砝码。

（2）求职者也可以用讲故事的办法介绍自己，这类故事通常是求职者过去的亲身经历。例如：一些业绩故事、管理故事、品德故事等，这些故事不但能够引起面试官的兴趣，调节面试的气氛，也可以让面试官从中窥见求职者身上的一些优良品质，对面试成功很有帮助。需要注意的是，求职者所讲的故事一定要与自己准备应聘的职位有所联系，绝不能天马行空，想到什么讲什么，更不能编造故事，那样只会适得其反，让面试官失去听下去的耐心。

5. 自我介绍的语言要有说服力

求职者在自我介绍时，要注意介绍的语言要有说服力，不要说一些空话、大话，如“我的身体健康”“我擅长设计”等，这些说法都是空洞而缺乏说服力的，根本无法打动面试官。为此，求职者不妨换种表述方式，如“我每天坚持晨跑3000米，身体素质一直很好”“我擅长设计，曾做室内装修设计或者服装设计”等。这些有说服力的数字与证据会加深面试官的记忆，也让面试官感到非常可信。

6. 自我介绍要投其所好

自我介绍的目的是得到用人单位的认可，因此一定要根据用人单位的需求，投其所好地介绍自己的情况，使他们发现求职者与其提供的职位很匹配。所以，求职者应该做到在面试之前做好调查，要找出用人单位的需求，发现他们正在寻找哪类人才以及他们寻找这类人才的原因和目的。例如，某企业招聘一名行政人员，招聘的原因可能是需要一个能对会议进行有效管理的工作人员，以减少会议管理的失误，提高效率，降低成本。了解了这些信息后，求职者田雨在面试时介绍自己在大学里组织活动的经验和体会，这让面试官眼前一亮，最后录用了他。

7. 自我介绍体现亲切感

求职者初次与面试官和工作人员见面，为了得到他们的认同感，一定要让自我介绍充满亲切感，从而拉近与面试官的距离。为此，求职者的自我陈述中要多用“我们”“我们公司”“我们的品牌”等缩短距离的、很自然亲切的词语，而不能只有“我”，也要尽量少出现“你们”“你”“贵公司”等强化距离感的词语。

8. 表现出自信

求职者的自我介绍也是一种自我推销的过程，因此在介绍时要表现出足够的自信，这里要注意以下几点：

（1）虽然要实事求是地承认自己的某些不足以示诚实，但也不要过分看轻自己，使自我介绍毫无亮点，丝毫不能引起面试官的注意。

（2）自信不等于在自我介绍时要夸夸其谈、自我吹捧，更不等于编造事实作为自己求职天平上的砝码。这不但会导致求职失败，更可能引起面试官的反感，并对求职者的人品产生怀疑。

（3）在自我介绍中简明扼要、自信地描述出自己的特长和优势，让用人单位发现自己的优点即可。

（四）面部礼仪

求职者平时要养成和谐、自然的面部表情，并在面试中恰当地发挥和运用。把握好自己的面部表情，同时还要善于观察面试官的面部表情并做出相应的调整。

求职者应当掌握以下几方面内容。

1. 微笑的礼仪

微笑是求职者自我推荐的润滑剂，微笑很容易使面试官感到求职者亲切。因此，求职者面试时一定要面带微笑，而且微笑应贯穿面试的全过程。在与面试官见面时要面带微笑，在与面试官交谈时要面带微笑，在与面试官打招呼时要面带微笑，在与面试官握手告别时同样需要面带微笑。

求职者微笑时应注意以下内容：

（1）微笑必须真诚、自然，这样才能使面试官感到友善、亲切。

（2）微笑要适度、得体。适度就是笑得有分寸、不出声、含而不露，不能哈哈大笑、捧腹大笑，那样有失端庄稳重；得体就是恰到好处，当笑则笑，不当笑则不笑，否则会适得其反，给面试官留下不好的印象。

（3）如果在面试过程中因为紧张而很难做出自然的微笑，那么在面试前，求职者就应迅速调整自己的情绪，想想快乐的过去、成功的瞬间，让自己露出自然的笑容。

2. 眼神的礼仪

通常，每种眼神都有其特定的含义。在面试中，求职者要善于运用目光与面试官进行交流。求职者需要做到以下几点：

（1）在与面试官打招呼或提问时，要热情地注视对方，不要低着头没精神，这样做可显示出你的自信。

（2）在面试官提问时，眼光不要漂移不定，逃避他的注视，这样做既表现出你比较拘谨，也表示你对于面试官提出的问题有些不自信。

（3）面试过程中，目光要正视面试官，在面试官讲话的过程中要适时点头示意，这是对对方的尊重，也可让对方感到你有风度、大气、不怯场等。

（4）注意注视礼仪，避免引起面试官的反感。例如：正视表示庄重，斜视表示轻蔑，俯视表示羞涩，仰视表示思索等。在面试中，聚精会神地注视面试官，表示对其谈话内容有浓厚兴趣。另外，为了避免过多地注视令面试官不安、不舒服，可把目光聚焦在面试官脸部两眼至额头中部的上三角区。

（5）注视面试官时要注意眨眼的次数。一般情况下，求职者每分钟眨眼6～8次为正常，若眨眼次数过多，就可能表示求职者在怀疑面试官所说内容的真实性，而眨眼时间超过1秒钟就成了闭眼，表示求职者对面试官的语言厌恶、不感兴趣。因此，一定要避免这些不好的行为。

（6）在交谈过程中要学会巧妙地与面试官对视。求职者在面试中若与面试官目光相遇，则不应慌忙移开，而应顺其自然地对视1～3秒钟，然后才缓缓移开，这样会显得心地坦荡，容易取得面试官的信任。而一遇到面试官的目光就闪，很容易引起面试官的猜疑，或被认为是胆怯的表现。要敢于与面试官进行眼神的交流和对话。

3. 善于观察面试官的面部表情

求职者应仔细观察面试官的面部表情，并根据他的表情变化及时调整自己的面试内容。

应注意以下内容：

（1）在交谈时，面试官的目光自下而上注视求职者，一般有“询问”的意思，表示“我愿意听你讲下一句”。

（2）面试官每隔几秒钟就看一下手表，则表示催促、不耐烦的意思。此时求职者应立即中止话题，让面试官发言，或采取转换话题的办法。

（3）如果面试官的头部微微倾斜，目光注视求职者，一般表示“哦，原来是这样”。

（4）面试官的眼睛光彩熠熠，则一般表示他对求职者的话语充满兴趣。

（5）面试官的目光自上而下注视求职者，一般表示“我在注意听你讲话”。

（6）如果面试官的眼神、目光有很明显的疲劳厌倦情绪时，求职者应起身告退，再约面谈时间。

总之，求职者在面试过程中不但要巧妙运用面部礼仪，让自己的面部表情赏心悦目，还要善于观察，仔细“阅读”面试官的面部表情，洞悉他的内心情感，迎合他的情绪变化顺应他的感情迁移，以避免引起他的反感，给他留下轻松愉快的印象。

三、面试中的交谈礼仪

（一）礼貌用语：注意语言的细节

求职中应注意以下礼貌细节，以便给用人单位留下有礼貌、素质高的好印象。

1. 见面问好，离去说“再见”

初次见面时，求职者应主动与面试官打招呼，说声“先生／女士，您好”，并可以用握手、点头、微笑等方式来表示礼貌。面试结束后，也应向面试官道一声“再见”，这样可能会给面试官留下一个良好的第一印象。

2. 始终保持谦虚的态度

初次见面态度要谦虚，尽量多使用敬语“您”和“请”，如“请您多介绍一下这个岗位的情况好吗”“请问公司如何为员工提供保险和福利”“很高兴和您见面，希望尽快得到您的面试反馈”“和您谈话学到很多东西，非常希望能在贵公司就职”。短短的几句话，能让面试官感觉到求职者很有教养、很懂礼貌。

3. 为自己不周之处及时道歉

在面试过程中，求职者由于紧张或其他原因，总会有很多不周到的地方，这是无可厚非的。在这种情况下，求职者必须诚恳地向面试官道歉，用“对不起”来化解面试被意外打断等尴尬，否则将可能触怒面试官，导致面试失败。

（二）交谈禁忌

一般情况下，求职者应该把握以下交谈禁忌。

1. 忌以“我”为中心的夸夸其谈

在面试中，如果总是喜欢夸耀甚至是炫耀自己的成就，总想突出自己的经验与才能，很容易让别人讨厌。

求职者语言要言简意赅，夸耀自己的语言一定要谨慎出口。另外，除非面试官要求求职者谈自己的经历，否则不要以“我”为中心，句句不离“我”字。此外，求职者在沟通时应注意面试官的反应，话题应尽可能地投其所好，与面试官产生互动。切勿自说自话，使面试官听得厌烦，产生反感。

2. 忌抢话或争辩

有些求职者为了表示自己悟性高、聪明，喜欢在面试官说话未结束时插嘴，这种抢话是非常没有礼貌的，很可能给面试官留下不良的印象。

此外，求职过程中说话态度要和气。即使是在与面试官意见不一致的时候，也不要大声争辩，更不能用手指面试官，否则会让面试官觉得求职者没有礼貌。面试时，即使你不赞成面试官的意见也不要产生正面冲突，正确的做法是迂回反驳，可以用诸如“是的，您说得也有道理，在这一点上您经验丰富，不过我也遇到过一件事……”来进行交流，从而引导面试官自己做出正确的结论，这样既可挽回面试官的尊严和面子，又巧妙地表明了自己的观点。

3. 忌牢骚满腹，批评前单位

不少求职者在面试时喜欢批评、抱怨前单位。实际上，面试官会从这种“厚此薄彼”的沟通中，看出求职者对自己下一个工作单位的态度。但如果求职者采用客观的态度说明自己离职的原因，并突出自己对原单位的感激之情，反而会给面试官留下好的印象。此外，面试中切勿用激烈的言辞去评价以前的上司、同事等。

4. 忌随意夸海口

面试中面试官一直在对求职者的能力进行评估，一直对求职者抱着谨慎的态度。求职者越说大话，面试官的戒备心越强。因此，面试时勿夸海口。否则会给面试官留下不踏实、浮夸的坏印象。

知识链接

面试中应避免下意识的小动作

1. 扮鬼脸

有些求职者总爱在脸上表露出对面试官说话的反应，或惊喜，或遗憾，或愤怒，或担忧。表达这些情绪时，他们总是歪嘴、眨眼、皱眉、瞪眼、耸鼻子，这就是扮鬼脸。这种鬼脸在平时的人际交往中或许有好的效果，但在面试时却有害无益，会让面试官觉得非常不雅，因此应加以克服。

2. 跷二郎腿

二郎腿是一种很不端庄的坐姿，如果求职者平时有这种坏习惯，在面试中就要有意识地克服，最好双脚平放，采取最基本的坐姿。

3. 肢体动作太过夸张

面试时，太过于活泼、夸张的动作，很容易招致不稳重的印象。因此，求职者在面试中要尽量避免肢体动作过多、幅度过大。

4. 拨弄头发

留着长发的求职者，与面试官交谈时，常常会不自觉地拨弄头发，这在面试官看来是一种不尊重人的表现。因此，为避免这种习惯影响到面试的结果，求职者最好将长发扎起来，或理个有层次、清爽、整齐的发型。

5. 拉裙子或松领带

部分女性求职者在面试时总觉得自己穿着的裙子太短，坐下时生怕“曝光”，而不断地拉裙摆，这样容易让面试官觉得求职者的个性太过浮躁。因此，为避免这种窘境的发生，女性求职者在面试前最好不要穿过短的裙子。有些男性求职者在面试时总会不自觉地松动领带，这是一种非常紧张的表现，会给面试官留下不自信的印象，应该尽量避免松动领带。

6. 时不时地看时间

在和别人交谈的过程中，不停地看时间，会让人产生一种压迫感、紧张感，在面试考场上，这一动作一方面，会让面试官觉得反感；另一方面，自己也会因怕时间不够用而草率地回答问题以致影响面试结果。因此，在面试时，求职者最好不要总是看时间。

7. 咬嘴唇

经常会有一些求职者在面试过程中不自觉地咬嘴唇，这一动作传递给面试官的信息是求职者不够自信或过于紧张，这对面试成功没有什么帮助。

8. 吐舌头

有的求职者在回答完问题后，会不自觉地吐一下舌头，这一动作在面试官看来是极不成熟的表现，也是不够自信的表现。

9. 挠头

有的求职者在回答不出面试官提出的问题时，往往会做这一动作。这一动作会让面试官觉得求职者不够冷静、太毛躁，还会影响求职者的整体形象和礼仪，在面试考场上应避免这一动作。

10. 晃动或抖动双腿

这个动作在面试过程中也经常出现。有的求职者一坐下便开始晃动或抖动双腿，还有的求职者在回答问题时会不自觉地晃动和抖动双腿，不管是由于紧张还是其他原因，在面试考场上，这个动作只会让面试官产生反感，因此一定要避免。

11. 鞠躬时双手前后摆动

鞠躬本可以表示对面试官的尊敬，但有的求职者在鞠躬时，双手会不自觉地前后摆动，虽然幅度不大，但在面试官看来，会觉得求职者是个过于随便、不够沉稳的人。因此，鞠躬的动作一定要做到位、做规范，以免产生适得其反的效果。

以上这些小动作是在面试中比较典型而且确实存在的，希望能给求职者一点借鉴，在面试的时候，能够避免发生这些下意识的小动作，帮助自己在面试中取得成功。

（资料来源：张德华. 面试应对技巧和制胜策略［M］. 宁夏：宁夏人民出版社，2012.）

四、面试中的通信礼仪

（一）拨打电话礼仪

求职者应注意以下几点。

1. 拨打电话前的准备

首先，做好思想准备，保持心态平和，平静理智地面对通话过程中出现的任何问题。其次，做好姿势准备，找一个合适舒服的坐姿，不影响声音的发出。同时，保持心情愉悦、面带微笑，使自己的声音好听。此外，准备好自己的问题、笔和纸，以便记录重要的信息。

2. 选择合适的拨打时间

一般说来，以下几点应该注意：

（1）若想给面试官打电话，应避开对方吃饭和休息的时间。通常，早晨8点之前，晚上10点之后，给对方打电话是不合适的，除非有急事。当然，对方可能非常忙碌的时候打电话也是不合适的。比如：对方准备出门上班前几分钟打电话，可能会使对方迟到。另外，工作上的事情，最好不要打对方的家庭电话。

（2）若想给招聘单位打电话，最好不要选择星期一一大早。因为经过一个周末，对方需要处理的公务也许很多。当然，在对方快要下班的前几分钟打电话，也是不适合的。因为你的电话可能耽误对方的私人时间，因而引起对方不满。

（二）接听电话礼仪

在接到招聘单位的面试电话时，求职者要注意以下礼仪。

1. 别让电话铃声超过三声

通常，听到电话铃声，应在三声之内接听。若长时间无人接听电话，招聘单位往往会认为这个求职者的精神状态不佳。

2. 左手持听筒、右手拿笔

多数人习惯用右手拿电话。但是，在电话面试过程中往往需要对招聘单位的重要信息做必要的记录。为了方便记录，提倡用左手拿电话，右手写字。

3. 主动问好

电话接通后，求职者应主动问好。很多人接电话后习惯说："喂，找谁，干吗……"这些语言是很不礼貌的，应该改正，养成主动问好的习惯。

4. 确定来电者身份、姓氏

确定来电者的身份很重要。如果没有确定来电者的身份，在面试问询时就很难回答清楚，从而给对方留下不良的印象。在确定来电者身份的过程中，要注意给予对方亲切的问候，避免对方不耐烦、不想说。

5. 保持正确的姿势

通常，当人的身体稍微下沉，丹田受到压迫导致声音无法发出。因此保持端坐的姿势，不要趴在桌面边缘，这样可以使声音自然、流畅和动听。

6. 注意声音和表情

接听电话时要注意声音和表情。面带微笑时，声音好听，会给面试官留下好的印象。而在接听电话的过程中暴露自己的不良心情，可能会毁了自己的面试机会。

（三）挂断电话礼仪

求职者在挂断电话时应注意以下礼仪：

（1）通常情况下，求职者应等面试官先挂断电话后再挂断自己的电话，这样虽然会浪费一些时间，但却能避免电话面试过程中的虎头蛇尾。

（2）如果事情紧急或者是赶时间，应用手指轻轻切断通话键，这样可以降低话筒放回主机时可能产生的声音，切勿用手掌拍断电话或者用听筒重重地按断电话。

（3）在电话旁竖立警示牌，提醒自己注意“小心轻放”，慢慢训练自己轻放的习惯。

知识链接

面试常见问题及应答技巧

1. 请做一下自我介绍

在面试官没有规定时间的情况下，要学会合理分配时间，通常安排在1～3分钟为宜，一次好的自我介绍能大大增加你的入职成功率。自我介绍说什么？不是介绍性别、年龄等个人信息，而是要与应聘的岗位进行关联介绍。主要突出以下三点：

（1）个人工作经验，也就是自己的背景介绍。

（2）公司为什么要选择你，证明过往经历适合该岗位。

（3）为什么要选择这家公司。

应答参考：××经理，你好。我叫××，今年××岁，毕业于××大学。之前在××公司担任过××职位，有××年工作经验。

面试前我对公司招聘的岗位做了初步了解，主要事项有A、B……几部分组成。这几部分都有不错的成效。

贵公司属于××行业，同时也是一家创业型公司，很符合我的要求。对于××行业，我是长期看好并且立志要在这行业长久发展，同时创业型公司对个人能力等方面都有着高要求。

因此，我向贵公司招聘的××岗位投递了简历，很荣幸今天与您面对面沟通。

2. 谈谈你对加班的看法

很多人参与面试时都会被问到对加班的看法，但是并不证明一定要加班。面试官只是想要测试你是否愿意为公司做奉献。

应答参考：如果是工作需要，那么是可以选择加班的。但同时，我会努力提升工作效率，减少不必要的加班。

3. 你还有其他问题要问的吗

通常，企业不喜欢说“没有问题”的人，因此他们想通过这个问题来对你做出判断。同时，企业还没有表明会给你发Offer或暗示邀请你入职，不要问薪资、福利、加班等问题，这些问题等企业明确提出让你入职时可以问清楚。

应答参考：作为新进员工，公司是否会先进行相关培训？或者是公司的晋升机制是怎么样的？有幸被公司录用，有没有哪些是需要提前学习和准备的？

4. 你能为公司带来什么

对于这个问题，求职者可以试着告诉面试官能为企业减少费用，如自己已经有××年工作经验，积累了××人脉，任职既可以上手工作。同时，你能为公司带来什么，这里可以突出自身的优势，同时可以引用过往的成绩，因为数字才具备说服力。

应答参考：比如你是应聘营销类的职位，可以说："我从事销售××年，具备开发大量客户的能力，在上家企业做过××业绩，同时也会兼顾维护好老客户，开发老客户的新需求和消费等。"

5. 阐述下个人优缺点有哪些

回答个人优点建议提取与应聘职位所需工作能力的契合点，比如应聘新媒体运营，那么可以突出有文字功底、追热点能力、思维活跃等，给面试官一个直观感受。

在回答个人缺点的时候千万不要太过实诚，有不少人因此丢失即将到手的工作。建议还是从个人应聘岗位入手，说一些不影响工作的小缺点。比如：应聘技术岗，那么则可以说自己不太喜欢热闹，平时比较宅等。

6. 谈谈从上一家公司离职的原因是什么

这里建议不要直接说出对上家公司抱怨性的原因，如果刚好这家公司也存在着相同的问题，那么求职者很可能会被pass掉。回答的时候可以找出这家公司与上家公司的区别来答。

应答参考：上家公司的线下销售占主导，公司的投入主要在线下，线上被弱化，发挥不出自身的价值；或者需要经常到北方出差，作为南方人不适应等。

7. 在团队项目中遇到冲突你是如何处理的

面试官主要想考察面试者处理冲突的能力以及处理人际关系的能力，因为不管做什么工作，免不了要和不同类型的人来往。

应答参考：在回答时可以简要描述冲突发生的背景，同时谈谈自己是如何采取行动的，然后突出你的行动取得的积极成果。

（资料来源：百城珠海招聘网https://baijiahao.baidu.com/s？id=1612559564325373971&wfr=spider&for=pc）

五、面试中的告辞礼仪

（一）结束面试的最佳时间

面试是陌生人之间的沟通。通常，没有规定面试的具体时间，谈话时间的长短要视面试内容而定。

怎么才能把握好离开面试考场的时间呢？一般来说，在高潮话题结束之后或者是在主考人暗示之后就应该主动告辞。

应聘者做完自我介绍之后，主考人会相应地提出问题，然后话题转移到工作。主考人会先把工作性质、内容、职责介绍一番，接着会让应聘者谈谈自己对今后工作的打算和设想。此后，双方会谈及福利待遇问题。这些都是高潮话题，谈完之后，你就应该主动做出告辞的姿态，不要盲目拖延时间。

主考官认为该结束面试时，往往会说以下暗示的话语：

“我很感激你对我们公司这项工作的关注。”

“谢谢你对我们招聘工作的关心，我们做出决定后会立即通知你。”

“你的情况我们已经了解了。你知道，在做出最后决定之前我们还要面试几位申请人。”

（二）告辞礼仪

告辞时，应聘者应该主动站起身来、微笑并和主考人握手告辞，即使在你求职无望的情况下，也应及时结束谈话，而不应申辩理由，强行“推销”自己。然后拿好随身携带的物品，在离开面试考场之前要转向屋内，边点头边转过身轻轻地退出面试室，关上屋门。

适时离场还包括不要在主考人结束谈话之前表现出浮躁不安、急欲离去或另赴约会的样子，过早地想离场会使主考人认为你应聘没有诚意或干事没有耐心。

面试结束后，不能马上在走廊等地方打电话，不能无精打采地走出办公大楼。在出门时应向接待人员道谢。

学习评价

一、基础知识测试

（一）填空题

1. 面试时男士可穿质地较好的西装、打领带，女士可穿正式的（　）。
2. 面试中的坐姿包括（　）的姿势和（　）的姿势。
3. 面试时，忌以（　）为中心的夸夸其谈。
4. 一般情况下，求职者每分钟眨眼（　）次为正常，若眨眼次数过多，就可能表示求职者在怀疑面试官所说内容的真实性，而眨眼时间超过1秒钟就成了闭眼，表示求职者对面试官的语言厌恶、不感兴趣。
5. 在交谈时，面试官的目光（　）注视求职者，一般有“询问”的意思，表示“我愿意听你讲下一句”。

（二）不定项选择题

1. 面试中的仪表礼仪应（　）。

   A. 干净清爽　B. 整齐简约　C. 庄重自然　D. 积极健康

2. 面试时应提前（　）分钟到达面试地点，因为求职者可以利用这段时间熟悉一下面试环境，稳定情绪。

   A. 1 ~ 5　B. 5 ~ 10　C. 10 ~ 15　D. 15 ~ 20

3. 面试时正确的是（　）。

   A. 到了办公区，不要东张西望，晃晃悠悠

   B. 收起口香糖和香烟，千万不要嚼着口香糖或抽着香烟进入办公区

C. 若面试单位未设前台，求职者可就近找工作人员求助

D. 等候面试时不要来回走动，但应该与其他求职者聊天

4．面试中，正确的站姿是站得（　）。

A. 端正　　B. 稳重　　C. 自然　　D. 亲切

5．以下关于面试中的自我介绍正确的是（　）。

A. 语言要有说服力　　B. 要投其所好

C. 要体现亲切感　　D. 要表现出自信

（三）判断题

1．面试一般都在白天进行，并且都是在企业办公的正式场合，所以求职者着装要正式，以表现出专业性。（　）

2．面试时必须穿正装。（　）

3．面试中坐稳后，身子一般只占座位的2/3，上身挺直，这样能最佳地展示你的精神面貌。（　）

4．在面试中，求职者要微笑，但不需要运用目光与面试官进行交流。（　）

5．面试中应注意的细节包括见面问好，离去说“再见”。（　）

二、能力训练

（一）个人能力训练

1. 面试应答演练

问题1：你为什么想进我们公司？

回答：公司培训机会很多，我想好好学习。

问题2：你认为自己适合做什么？

回答：只要公司需要，我什么都可以做。

问题3：你对工资的期望值是多少？

回答：4000。

问题：对于以上求职者的回答，你认同么？如果不认同，作为应聘者，你将如何回答这几个问题？

2. 案例分析

有一位女大学毕业生应聘教师岗位，为了显示自己与众不同的修养与风度，她刻意准备了一套名牌职业套装和一个高档手提包，然后又在美容院做了一次美容，整个人显得高贵美丽。

她一进屋，人们就闻到一股淡淡的香味，不用问就知道肯定是价格不菲的名牌香水。但面试官对她的第一印象却是：这么上档次的包装，是大学生求职者吗？她太喜欢装扮了，能安心教学吗？

她最终没有被录用，招聘单位的理由是此人不适合当教师。

思考题：

（1）此案例中这位女大学毕业生在求职中有哪些失败之处？

（2）学校即将召开就业招聘会，请你根据面试要求准备面试并进行展示。

（二）团队能力作业

案例分析

聘者与应聘者谈话实录

这是某著名中国高等学府学生的一个应聘过程的案例。此同学应聘企业管理岗位，招聘者不小心把应聘者的简历放在了市场营销类里了，下面是聘者与应聘者的一段对话。

应聘者：杨先生，我应聘企业管理岗位，但怎么被安排到市场营销部门这里面试？

招聘者：啊，真对不起，是我的疏忽，把你的简历放错了。那么，我想问你，你应聘企业管理的哪个岗位？

应聘者：办公室管理或者行政管理，你看怎么样？

招聘者：请问你了解办公室工作或行政工作吗？

应聘者：行政工作就是进行企业管理工作，请问咱们公司的办公室的工作都有哪些方面的内容？

招聘者：办公室工作细密琐碎，主要是为各部门和员工服务的一个部门，很辛苦，当然还不一定凸显成绩，你觉得你愿意从事这样的工作吗？

应聘者：那么，你们公司的市场营销的工作怎么样？我可以试一试吗？

招聘者：你觉得你从事市场营销工作有什么优势吗？

应聘者：我善于交往，善于处理各种人际关系。我的演讲才能也不错，你也许能从我的交谈中感觉出来。再者，我的学习能力十分强，这是知识经济时代中人才竞争的本质。

招聘者：那么，你告诉我什么叫市场营销？

应聘者：市场营销比销售大一些，市场营销还要管到研究、开发、生产、销售等方面。

招聘者：还有吗？

应聘者：市场比销售高级一些。

招聘者：你能告诉我市场营销的“4P战略”是什么？并告诉我4P的英文。

应聘者：产品Products、渠道Place、价格 Price、推销Promotion……

招聘者：你能告诉我市场营销与推销的出发点有何不同吗？

应聘者：推销是往外出卖产品，而市场营销是有组织有计划地销售自己的产品。

招聘者：NO，很抱歉，我不能给你机会，因为你出错的地方太多了。

应聘者：您能不能再问一些问题，跟我再谈一谈？

招聘者：NO！

思考题：

（1）应聘的时候应注意哪些问题？

（2）上例当中应聘者的失误在哪些方面？